Die Deutschen und der Nationalsozialismus
Herausgegeben von Norbert Frei

Sybille Steinbacher
«Dass ihr mich gefunden habt»
Hitlers Weg an die Macht

Dietmar Süß
«Ein Volk, ein Reich, ein Führer»
Die deutsche Gesellschaft im Dritten Reich

Markus Roth
«Ihr wißt, wollt es aber nicht wissen»
Verfolgung, Terror und Widerstand im Dritten Reich

Moritz Föllmer
«Ein Leben wie im Traum»
Kultur im Dritten Reich

Tim Schanetzky
«Kanonen statt Butter»
Wirtschaft und Konsum im Dritten Reich

Birthe Kundrus
«Dieser Krieg ist der große Rassenkrieg»
Krieg und Holocaust in Europa

Norbert Frei
«Niemand will Nazi gewesen sein»
Die Nachgeschichte des Dritten Reiches

Moritz Föllmer

«*Ein Leben wie im Traum*»

Kultur im Dritten Reich

C.H.Beck

für Wolfgang Hardtwig

Mit 5 Abbildungen

Originalausgabe
© Verlag C.H.Beck oHG, München 2016
Satz: Druckerei C.H.Beck, Nördlingen
Druck und Bindung: CPI – Ebner & Spiegel, Ulm
Umschlagentwurf: Geviert, Grafik & Typografie, Michaela Kneißl
Umschlagabbildung: KdF-Werkspause; Veranstaltung vom 18. Juli 1938
© bpk | Bayerische Staatsbibliothek | Archiv Heinrich Hoffmann
ISBN 978 3 406 67905 6
Printed in Germany

www.beck.de

Inhalt

«Ein Leben wie im Traum»

Es ist wie in einem Traum», notierte Joseph Goebbels in sein Tagebuch, als er im Sommer 1940 das besetzte Paris besichtigte.[1] Die Entwicklungen der zurückliegenden Jahre schienen ihm recht zu geben. Nach spektakulären Wahlerfolgen war den Nationalsozialisten am 30. Januar 1933 die Macht in Deutschland übertragen worden, die sie dann «ergriffen» und ausbauten. Politische Gegner und Minderheiten waren mit allen Mitteln aus der neuen Volksgemeinschaft ausgegrenzt worden. Das Regime hatte den Krieg zielstrebig vorbereitet und seit dem 1. September 1939 so rücksichtslos wie effektiv geführt. Die Ambitionen des Propagandaministers und von Millionen seiner Gesinnungsgenossen waren zunächst befriedigt – und wurden dadurch nur noch weiter stimuliert. Das Dritte Reich präsentierte sich als Kontrast zur Wirklichkeit der Weimarer Republik, die von vielen Deutschen als niederdrückend und profan empfunden worden war. Die Nationalsozialisten wollten fantasievoller sein als die von ihnen verachteten Demokraten und «Spießer». Aber sie beließen es nicht bei Fantasien, sondern stellten eine neue Realität her – von den SA-Aufmärschen um 1930 bis hin zu den Siegen der Wehrmacht gegen Polen und Frankreich ein Jahrzehnt später. Auf diese Weise kamen sie ihrem Ziel immer näher: das Leben der Deutschen und der Europäer auf so radikale Weise zu verändern, dass es ihren Träumen entsprach.

Für die tatsächlichen oder vermeintlichen Feinde des Dritten Reiches gab es dagegen kein Leben «wie in einem Traum». Verfolgte berichteten stattdessen von Alpträumen, oder sie malten sich eine Rückkehr in die Freiheit aus. Auch jenseits der marginalisierten Gruppen gab es Vorbehalte gegen die Nationalsozialisten und Zweifel am Realitätsgehalt ihrer Verheißungen. Zugleich arrangierten sich Millionen von Deutschen nicht nur mit dem Dritten Reich, sondern erhofften sich von ihm die Erfüllung ihrer eigenen Wünsche. Das Paar, das auf dem Cover dieses Buches zu sehen ist, dachte vermutlich beim Tanzen nicht an Politik, obwohl im Hintergrund die Hakenkreuzfahne zu sehen ist. Vielleicht waren seine Zukunftsträume ganz privater Natur. Aber mit Sicherheit hatte sich auch sein Leben bereits tiefgreifend verändert: zum einen, weil viele Freizeitaktivitäten im Dritten Reich von der nationalsozialistischen Organisation Kraft durch Freude organisiert wurden – und zum anderen, weil es sich um Wiener handelte, die seit März 1938, vier Monate vor Aufnahme des Bildes, an das Deutsche Reich «angeschlossen» waren.

Das Motiv des Traumes führt uns in die Thematik dieses Buches hinein. Denn Kultur verlieh den für die Geschichte des Dritten Reiches so wichtigen Wünschen und Fantasien Ausdruck. Bereits im späten 19. Jahrhundert hatten völkische Publizisten eine neue Welt entworfen, in der sich die Deutschen auf ihre angeblichen germanischen Ursprünge besannen und zu Herrschern über Europa erhoben. Die Opern Richard Wagners hatten in ästhetisch neuartiger Form von Helden erzählt, die sich gegen eine feindliche Welt auflehnten und dabei entweder siegreich waren oder untergingen. Solche Wunschbilder waren in den ersten Jahrzehnten des 20. Jahrhunderts durch neue Träume ergänzt worden, die um die Umgestaltung ganzer Gesellschaften durch moderne Medien, Technologien und wissenschaftliche Methoden kreisten. Diese unterschiedlichen Fantasien übten erheblichen Einfluss auf das Denken Adolf Hitlers, Joseph Goebbels' und zahlreicher anderer Nationalsozialisten aus. Von 1933 bis 1945 schlugen sie sich in Filmen, Theaterstücken und Zeitungen, auf Plakaten und in Radiosendungen nieder. Kultur sollte den «Volksgenossen» Vorstellungen vermitteln, die noch wenige Jahre zuvor extrem und wirklichkeitsfern gewirkt hatten: Vorstellungen von einer deutschen Weltmacht ohne Juden oder geistig behinderte Menschen.

Im Dritten Reich hatte Kultur aber auch eine andere, weniger offensichtlich nationalsozialistische Seite. Was auf der Bühne aufgeführt, im Konzertsaal gespielt oder im Museum ausgestellt wurde, entstammte überwiegend dem bürgerlichen Kanon des 19. Jahrhunderts, war eher konservativ als radikal. Die modernen Medien wurden zwar zu Propagandazwecken eingesetzt, aber die Genres orientierten sich am bestehenden Geschmack: Die Kinos zeigten Romanzen und Komödien, das Radio sendete Unterhaltungsmusik, die Illustrierten veröffentlichten attraktive Bildreportagen. Bürgerliche Kultur wie populäre Kultur waren deshalb so wichtig, weil unpolitische und sogar viele rechtsstehende Deutsche sich die nationalsozialistische Weltanschauung nur teilweise aneigneten. Goebbels selbst wusste, dass sich die «Volksgenossen» einerseits nach Kontinuität sehnten und sich andererseits neue Konsumchancen wünschten. Kultur hatte deshalb sowohl für Erneuerung zu werben als auch Anschlussfähigkeit herzustellen. Musik-, Theater- und Filmerlebnisse mussten nationalsozialistische Inhalte subtil vermitteln – und eher skeptische Zeitgenossen beruhigen und ablenken.

Dass die nationalsozialistischen Fantasien so ambitioniert waren, erschwerte ihre künstlerische Umsetzung. Natürlich gab es Gemälde von kraftstrotzenden Bauern und gebärfreudigen Frauen, wurden «Thingspiele» inszeniert, die das Publikum zur emotionalen Identifikation mit einem sich erhebenden Volk aufriefen. Aber sie sprachen nur eine Minderheit der Deutschen an und waren insofern propagandistisch wenig effektiv. Völkische Innovationsbestrebungen verliefen sich häufig im Dickicht institutioneller Rivalitäten und persönlicher Feindschaften zwischen Nationalsozialisten. Zudem hielten einflussreiche Politiker des Dritten Reiches, nicht zuletzt Hitler selbst, an einem traditionellen Ideal deutscher Kultur fest – aus nationalen Prestigeerwägungen, aber auch aus Drang zur eigenen Inszenierung. Deshalb blieb eine genuin nationalsozialistische Kultur schwer fassbar. Was sie an Profil hatte, gewann sie zum einen aus dem Kontrast zu «den» Juden, die im Dritten Reich auch noch aus dem kleinsten Symphonieorchester oder Theaterensemble ausgeschlossen wurden, und zum anderen aus dem imperialen Anspruch des Dritten Reiches. Dieser Anspruch schlug sich bereits vor 1939 in der öffentlichen Architektur nieder und prägte dann die Kriegsjahre. Denn jetzt konnte versucht werden, einen weiteren Traum zu verwirklichen: den von der Dominanz der deutschen Kultur über Europa. Die Methoden zu seiner Realisierung umfassten propagandistische Überwältigung, ökonomischen Druck und nackte Gewalt – vor allem gegen die jüdische Minderheit, deren kulturelle wie physische Präsenz nicht nur im Deutschen Reich, sondern auch in Frankreich oder in Polen eliminiert werden sollte.

Der Nationalsozialismus war ein Produkt der deutschen Kultur sowohl des 19. Jahrhunderts als auch der Weimarer Republik: So bedeutend der Einschnitt der «Machtergreifung» war, so wichtig blieben zugleich Kontinuitäten aus der Zeit vor 1933. Eine «nationalsozialistische Kultur», die sich von der «Weimarer Kultur» deutlich abgrenzen ließe,[2] gab es allenfalls in Ansätzen. Ihre Besonderheit lag weniger in weltanschaulichen Inhalten oder stilistischen Formen als in ihrem engen Zusammenhang mit Politik, Gesellschaft und Kriegführung. Kultur war deshalb mehr als der «schöne Schein des Dritten Reiches»;[3] sie gehörte entscheidend zur Dynamik, die das Regime entfaltete. Eben das hatte mehrfache Kurswechsel und unbeabsichtigte Veränderungen zur Folge: Kultur «im Dritten Reich» bedeutete 1936 nicht mehr dasselbe wie 1933, gestaltete sich 1944 anders als 1940. Und neben nationalsozialistischen Innovationen, bürgerlichen Traditionen und modernen Medien müssen auch die Selbstbehauptungsversuche politischer Gegner und der jüdischen Minderheit zu ihr gezählt werden. Zudem reichten ihre Auswirkungen weit über die deutschen Grenzen hinaus. Schon vor dem Krieg wurde das Dritte

Reich vom Ausland aus intensiv beobachtet, und nach 1939 forderte es Europäer und Nordamerikaner in kultureller ebenso wie in politischer Hinsicht heraus.

Überall und zu jeder Zeit ist Kultur mit Wünschen und Träumen verbunden – sie ist aber ebenso abhängig von den konkreten Umständen ihrer Realisierung. Zwischen 1933 und 1945 nahm dieses Spannungsverhältnis extreme Züge an. Wie diese Radikalisierung zustande kam, lässt sich am besten verstehen, wenn man zeitlich in die Weimarer Republik zurückgeht, die nationalsozialistische Herrschaft ebenso wie die deutsche Gesellschaft einbezieht und den Blick nicht auf das Reichsgebiet beschränkt. Die Träume, welche die Deutschen mit Kultur verbanden, hatten tiefgreifende Konsequenzen: für Deutschland, für Europa und für die Welt. Sie mobilisierten enorme Energien – und führten in die totale Zerstörung.

Vossische Zeitung
Lokal-Anzeig
JUNO
VOGUE
B.Z. Mittag
Daheim
Hackebeils Illustrierte
Deutsche Illustrierte
Berlin im Licht
Der erste Schritt zum Pol

I.

Von der Weimarer zur «deutschen» Kultur

Berlin, Oktober 1928: Ein Mann blickt auf die Hauptstraße im Bezirk Schöneberg. Aus seinem fahrbaren Kiosk heraus bedient er die dynamische Konsumgesellschaft, die seit der Jahrhundertwende das kulturelle Leben in Deutschland zunehmend prägt. Die großstädtischen Passanten können aus einer Vielzahl von Zeitungen und Magazinen auswählen. Das ist keine Selbstverständlichkeit: Zwar hat sich die Wirtschaft mittlerweile von den Kriegs- und Inflationsjahren erholt, doch die Mehrheit der Deutschen lebt in bescheidenen Verhältnissen. Weil ein Rundfunkgerät für sie kaum erschwinglich wäre, bekommen sie von den Radioprogrammen wenig mit. Aber Lesestoff lässt sich auch für wenig Geld auf der Straße kaufen, über einen Lektürezirkel beziehen oder aus einer Bibliothek leihen. In dieser Zugänglichkeit kann man sowohl eine Chance als auch eine Gefahr sehen. Viele Zeitgenossen hängen nämlich einem Einheitsideal an. Ihrer Meinung nach soll sich die Identität der Deutschen auf eine Kultur gründen, die von Bildungsbürgern definiert wird. Aus dieser Perspektive sind Zeitungskioske, Bahnhofsbuchhandlungen oder kommerzielle Leihbibliotheken hochgradig problematisch. Denn sie ermöglichen den Konsumenten (und, was vor dem Hintergrund hergebrachter Geschlechterbilder besonders bedenklich erscheint, den Konsumentinnen), nach eigenem Gusto Unterhaltung mit Information zu kombinieren. Das wiederum trägt zu einer Geschmacksdifferenzierung bei, die den Anspruch auf nationalkulturelle Einheit immer schwerer erfüllbar macht. Gleichzeitig werden in vielen Kinos Filme gezeigt, die in den Augen besorgter Beobachter die deutsche Kultur zu trivialisieren, zu sexualisieren und zu internationalisieren drohen.

Das alles bringt konservative Bildungsbürger aber nicht dazu, den Kampf um die kulturelle Definitionsmacht aufzugeben. Im Gegenteil: Soweit die Programmgestaltung öffentlicher Kontrolle unterliegt, behalten sie erheblichen Einfluss. Die große Mehrheit der Theater und Konzertsäle bleibt daher dem bürgerlichen Geschmack des Kaiserreiches verpflichtet. Der staatliche Rundfunk füllt seine Hauptsendezeiten vorzugsweise mit Symphonien von Beethoven oder Vorträgen über Goethe. Doch in den späten zwanziger Jahren, als die wirtschaftliche Situation ebenso stabilisiert scheint wie das politische System der Republik, wird das Kulturangebot in Deutschland pluralistischer. Sogar im Radio kommen jetzt linke und modernistische Stimmen zu Wort. Die Ansicht, Erwachsene könnten selbst über ihren Lesestoff oder Filmgeschmack entscheiden, breitet sich immer weiter aus. Für diesen Pluralismus steht das Angebot des abgebildeten Kiosks. Es erstreckt sich vom linksliberalen Intelligenzblatt *Vossische Zeitung* über die politisch ähnlich ausgerichtete Boulevardzeitung *B. Z. am Mittag* bis zum konservativen *Berliner Lokal-Anzeiger*, von der bildungsbürgerlichen Familienzeitschrift *Die Gartenlaube* bis zum mondänen Modemagazin *Vogue*.

Nichts scheint an diesem Zeitungskiosk darauf hinzudeuten, dass keine fünf Jahre später die Nationalsozialisten an der Macht sein und das kulturelle Leben in Deutschland tiefgreifend verändern werden. In der Kultur der Weimarer Republik gibt es verschiedene Tendenzen und Möglichkeiten, nicht bloß Vorzeichen des Dritten Reiches. Und doch fallen bei näherem Hinsehen einige Aspekte auf, die für die spätere Entwicklung wichtig sind: So verzichtet der Kioskverkäufer im liberal geprägten Bezirk

Schöneberg darauf, den Passanten den *Vorwärts*, das trockene Parteiorgan der Sozialdemokraten, in der Auslage anzubieten. Offenbar übt die Sozialdemokratie als stärkste und verlässlichste republikanische Kraft über ihr angestammtes Milieu hinaus wenig kulturellen Einfluss aus.

Gleich zweifach vertreten ist hingegen die *Deutsche Illustrierte*. Auf deren Titelblatt ist das Luftschiff «Graf Zeppelin» zu erkennen, dessen erfolgreiche Flüge sowohl die Technikbegeisterung als auch die Sehnsucht nach nationalen Prestigeerfolgen ansprechen. Überhaupt hat es sich die *Deutsche Illustrierte* zur Gewohnheit gemacht, eine breite Themenpalette unter dem Gesichtspunkt des nationalen Wiederaufstiegs zu betrachten. Ob es um Martin Luther oder Friedrich den Großen, um die technischen Leistungen, die Segelflugaktivitäten oder die Geographiekenntnisse der Deutschen, um die Auflösung des Reichstags oder um die Kriegsveteranen geht – immer steht am Ende die Behauptung, die Nation werde vom Ausland niedergehalten. Deshalb gelte es, mit vereinten Kräften und auf allen Gebieten für deren Erstarken zu kämpfen. Selbst der Berlin-Besuch des afghanischen Monarchen bietet Anlass für eine larmoyante Bildunterschrift: «Solche Tankattrappen müssen wir benutzen, wenn eine Truppenschau vor einem ausländischen König stattfinden soll.»[1]

Freilich lässt sich auch von solchen Äußerungen keine gerade Linie zum Dritten Reich ziehen. So bleiben Hitler und die NSDAP (die bei der Reichstagswahl im Mai auch nur 2,6 Prozent der Stimmen erreicht) das gesamte Jahr 1928 über in der *Deutschen Illustrierten* unerwähnt. Doch die nationalistische Grundstimmung, die in dem Blatt – wie in vielen anderen – greifbar wird, ist fester Bestandteil der Weimarer Kultur: In der zweiten Hälfte der zwanziger Jahre breitet sie sich immer weiter aus. Sie fördert maßgeblich die Schwächung der oberflächlich stabilisierten Republik ebenso wie den rasanten Aufstieg der Nationalsozialisten ab 1930.

Nationalismus in jeder Form kann zwar weniger denn je verordnet werden, erfreut sich aber großer Nachfrage bei den deutschen Medienkonsumenten. Das am Schöneberger Zeitungskiosk ebenfalls doppelt ausgelegte Familienblatt *Daheim* gibt sich unpolitisch, doch malt es angesichts aus dem Ausland stammender Tänze und Moden das Schreckbild einer «Entdeutschung» an die Wand. Anlässlich des 30. Todestages des ersten Reichskanzlers heißt es: «Wir wollen wieder stark werden. Wir möchten wieder in Bismarcks Sinne deutsche Führung fühlen.»[2] Was unter anderen politischen und ökonomischen Umständen früher oder später an Bedeutung verloren hätte, wird in der späten Weimarer Republik zu einer machtvollen Bewegung. In der Metropole Berlin ist das 1928 noch nicht klar erkennbar, weil die rechten Wähler hier zwar durchaus vorhanden, aber in der Minderheit sind. Doch ein Zeitungskiosk in Brandenburg, Franken oder Schleswig-Holstein, wo die Presse unermüdlich eine «Krise» von parlamentarischem System und moderner Kultur an die Wand malt und für autoritäre politische Lösungen wirbt, sähe bereits deutlich anders aus. Denn abseits der Hauptstadt zeichnet sich schon früh eine unheilvolle Entwicklung ab: von der Weimarer zur «deutschen» Kultur.

Weimar als «Krise»

Der Abend war ein Reinfall. Elisabeth Gebensleben-von Alten war außer sich über die Aufführung von Bertolt Brechts «Dreigroschenoper». Während sie dem Stück selbst noch einen satirischen Charakter zubilligte, konnte sie auf der Bühne nur eine «Verherrlichung des Verbrechertum[s]» erkennen. Sie musste eine forcierte «Darstellung von allem Schlechten, was es auf Erden leider gibt», ansehen, derweil ihr Gehör der «dazugehörigen elenden Jazzmusik» ausgesetzt war. Zahlreiche Zuhörer teilten ihren Eindruck – mit einer wichtigen Ausnahme: «Viele Juden klatschten Beifall.» In den Augen der 46-Jährigen brachten sie damit nicht bloß eine andere Meinung zum Ausdruck. Vielmehr entweihten sie das traditionsreiche Braunschweiger Hoftheater, wo «wir uns an höchster und reinster Kunst erbauten», noch stärker, als es die Aufführung selbst getan hatte. Schlimmer noch, ihr zahlreiches Erscheinen und Beifallklatschen waren Teil eines sorgenerweckenden Trends: «Die Juden wieder am Werk, die unser Volk immer tiefer zerren wollen.»[3]

Dass eine Braunschweiger Bürgerin Brechts «Dreigroschenoper» nicht goutierte, kann zunächst nicht verwundern und stellt auch keine Besonderheit der Jahre um 1930 dar. Vehement ablehnende Reaktionen etwa auf naturalistisches Theater oder moderne Musik hatte es bereits vor dem Ersten Weltkrieg gegeben, und keineswegs nur in Deutschland. Kultur als eine Art Angebotspalette zu verstehen, aus der man – auch bei der Gefahr, dabei den einen oder anderen Missgriff zu tun – einfach auswählt, lag im frühen 20. Jahrhundert noch vielen Menschen fern. Ein solches individualisiertes Kulturverständnis hätte der Weimarer Zeit entsprochen: Damals nahm die Vielfalt an Formen, Medien und Orten zu, und die Grenzen zwischen den Genres wurden durchlässiger. Doch weil sie von Kultur weit mehr erwarteten als bloße Angebote, akzeptierten einflussreiche Beobachter diese Entwicklung nicht. Während sich die einen nach Integration und Kontinuität sehnten, drängten andere auf Polarisierung und Transformation. Ein Paradebeispiel für Letztere ist Bertolt Brecht, dessen Theaterarbeit für eine kommunistische Umwälzung mobilisieren sollte – obwohl sie vom Beifall klatschenden Publikum wohl eher als innovative Unterhaltung geschätzt wurde. Für die Hoffnung auf Integration und Kontinuität kann stellvertretend Elisabeth Gebensleben-von Alten stehen: Sie sah ihr Kulturverständnis durch Brechts Stück missachtet und verband dies mit einem allgemeineren Gefühl der Bedrohung. Deshalb diagnostizierte sie eine Krise des «Volkes», für die sie vor allem «die Juden» verantwortlich machte. Sie brachte damit ein bei national denkenden Bürgern verbreitetes Unbehagen zum Ausdruck.

Wer sich für die Weimarer Kultur interessiert, blickt gewöhnlich eher nach Berlin als nach Braunschweig. Dabei wird über dem damals Neuen und noch heute Faszinierenden eine wichtige Dimension übersehen: Tradierte bürgerliche Werte wirkten in den zwanziger und frühen dreißiger Jahren nicht bloß fort – sie wurden rigider verstanden und energischer verteidigt als noch vor dem Ersten Weltkrieg. Deutschland zeichnete sich damals durch eine reiche und weiter wachsende kulturelle Landschaft aus. Theater, Konzertsäle und Museen waren für die lokale wie für die nationale Identität wichtig, weshalb sie selbst in Zeiten knapper Budgets großzügig mit öffentlichen Geldern gefördert wurden. Antworten auf die kulturellen Herausforderungen der Gegenwart versprachen sich viele Besucher nach wie vor vom Geniekult des 19. Jahrhunderts oder von der Neuromantik, wie sie durch Richard Wagners oder Hans Pfitzners Kompositionen repräsentiert wurde. Auch Elisabeth Gebensleben-von Alten bekannte sich zu einem kunstreligiösen Verständnis von Schönheit. So heißt es etwa in einem Brief an ihre Tochter über eine Aufführung von Wagners «Meistersinger von Nürnberg»: «Es mag Dir wunderbar vorkommen, solch alberne Gefühlsschwärmerei; aber es hatte mich überwältigt. Ich mußte nur immer denken: Gibt es wirklich etwas so Schönes auf der Welt! Und wie dumm ist man, daß man dieses Schöne so wenig genießt und über dem Alltag den geistigen Reichtum unseres deutschen Volkes oft vergißt.»[4]

So sehr Elisabeth Gebensleben-von Alten an einem dem 19. Jahrhundert entstammenden Ideal «höchster und reinster Kunst» festhielt, war sie doch alles andere als rückwärtsgewandt. Regelmäßig berichtete sie nämlich von nationalistischen und bald auch nationalsozialistischen Versammlungen, die sie mit Begeisterung erfüllten und an eine bessere Zukunft Deutschlands glauben ließen. Im Juni 1931 besuchte sie ihren studierenden Sohn in Heidelberg und schrieb von dort über ein Spektakel «zu Ehren einer großen Nazitagung». Auf dem Neckar habe es «von kleinen und großen Booten mit Lampions» gewimmelt: «Plötzlich ein Kanonenschuß, und aus dem Dunkel tauchte das Schloß auf in seiner ganzen Romantik. Es sah aus, als ob es in Flammen stünde. Dann noch ein großartiges Feuerwerk über dem Wasser. Aber überall gute Ordnung.»[5]

Wie in Heidelberg und in Braunschweig entfaltete die nationalsozialistische Bewegung in weiten Teilen Deutschlands eine regelrechte Eventkultur. Das wirkte mitreißend und bezog das Publikum ein. Es schuf Verbindlichkeit und nationalistischen Optimismus. Die Nationalsozialisten griffen bürgerliche und neuromantische Werte auf, präsentierten diese aber auf innovative Weise. Daraus ergab sich eine dynamische Synthese, die aus der frustrierenden Verteidigungsstellung gegen die Linke herausführte. Auch wenn sich durchaus ein antibürgerlicher Gestus bei den Nationalsozialisten finden lässt, sollte man ihn nicht überbewerten: Weder beim Gymnasiallehrerspross Heinrich Himmler noch beim Komponistensohn Reinhard Heydrich – um nur zwei prominente Beispiele zu nennen – kann man so etwas wie einen ideologisch motivierten Bruch mit dem Vaterhaus erkennen.[6] Und Elisabeth Gebensleben-von Alten fühlte sich durch die Begegnungen mit dem Nationalsozialismus in ihren bürgerlichen Werten eher bestätigt als erschüttert. Für sie verbanden sich nun Krisendiagnose und Erneuerungshoffnung: «Hier in Braunschweig kriselt es mächtig. Sonntag kommt Hitler.»[7]

Dass es allenthalben «kriselte», war in der späten Weimarer Republik ein Gemeinplatz. Nicht alle, die ihn im Munde führten, standen den radikalen Nationalisten oder gar den Nationalsozialisten nahe. Sozialdemokraten plädierten dafür, die Krise durch graduelle Reformen zu überwinden, durch den Ausbau des Wohlfahrtsstaates und die Humanisierung des Erziehungswesens. Andere setzten das Schlagwort mit liberaler Stoßrichtung ein, um etwa gegen die konservative Richterschaft zu argumentieren.

Kommunisten warben für revolutionäre Solidarität, indem sie die ökonomische Depression als Krisenszenario voller frierender Familien, verarmter Straßenhändler und herzloser Sozialbürokraten darstellten. Für manche Zeitgenossen hatte das Klischee von Berlin als «Weltstadt in der Krise» offenbar auch seinen Reiz: Ein Fremdenführer führte gar Touristen zu Wohlfahrtsämtern, stillgelegten Betrieben und politischen Versammlungen – und engagierte junge Männer, die aufmüpfige Arbeitslose spielen und so den «notwendigen ‹Krisen›-Eindruck» hervorrufen sollten.[8]

In seiner Vielschichtigkeit war das Reden über die «Krise» selbst Teil einer differenzierten kulturellen Landschaft. Aus heutiger Sicht beeindruckt an der Weimarer Republik das Nebeneinander verschiedener Strömungen: Sozialisten und Katholiken bewegten sich in ihren jeweils eigenen Milieus, innerhalb derer sie mit Gleichgesinnten sangen, fotografierten oder wanderten. In den Mittelschichten gab es neben bürgerlichen Gegnern der Konsumkultur großstädtische Eklektiker, die sowohl Jazzcafés als auch Kunstausstellungen besuchten und Boxkämpfe ebenso verfolgten wie Theateraufführungen. Ein Teil der Architekten erweiterte das Stilrepertoire des Kaiserreiches allenfalls vorsichtig und baute unspektakuläre Einfamilienhäuser oder öffentliche Gebäude. Andere hingegen bemühten sich um stilistische und alltagskulturelle Innovationen: etwa die gradlinige Funktionalität des Bauhauses oder die geschwungenen Linien von Erich Mendelsohns Woga-Komplex (der heutigen Schaubühne am Berliner Kurfürstendamm). Die meisten Menschen mussten zwar aus wirtschaftlichen Gründen auf Reisen oder Rundfunkgeräte verzichten. Zugleich aber entwickelte sich eine auf knappe Budgets zugeschnittene Infrastruktur von Busunternehmen, Bahnhofsbuchhandlungen und günstigen Kinos. Und die Bilderwelt der Werbung entwarf bereits eine Gesellschaft von Autofahrern und Hausbesitzern, die spätere westdeutsche Trends vorwegnahm.

Die Weimarer Kultur war vielfältig und bot darum verschiedene Entwicklungsmöglichkeiten. Aus den katholischen und sozialistischen Milieus gingen nach 1945 Politiker der Christlich Demokratischen Union und der Sozialdemokratischen Partei Deutschlands hervor. Im Kommunismus der Depressionsjahre machten die späteren Spitzenfunktionäre der Sozialistischen Einheitspartei Deutschlands ihre prägenden Erfahrungen. Facharbeiter, Angestellte und Hausfrauen konnten in der Bundesrepublik genießen, was ihnen die Weimarer Konsumkultur noch eher versprochen als tatsächlich ermöglicht hatte. Kunstinteressierte und Intellektuelle beziehen sich bis heute auf die Malerei, die Literatur und die politische Theorie dieser Zeit. Das gilt auch außerhalb Deutschlands: «Weimar Culture» hat sich zu einem internationalen Sammelbegriff entwickelt – nicht zuletzt durch den Einfluss der deutschen Exilanten. Architektur und Design des Bauhauses werden ebenso darunter gefasst wie die Kompositionen Arnold Schönbergs oder Paul Hindemiths. Bereits damals war die Weimarer Kultur nicht bloß deutsch geprägt, weil Gemeinsamkeiten und Beziehungen mit anderen europäischen Ländern sowie den Vereinigten Staaten von Amerika bestanden.

Bei aller Wertschätzung solcher Vielfalt muss man sich über eines im Klaren sein: Auch der Nationalsozialismus ging aus der Weimarer Kultur hervor. Seine mythischen Erzählungen und utopischen Visionen, seine inszenierten Welten und rhetorischen Figuren gehörten zu einer Epoche, die Traditionsbindung und Zukunftsorientierung zu verbinden suchte. So sehr es uns missfallen mag: Der im Kaiserreich entstandene Nationalismus, der sich bereits in den zwanziger Jahren immer weiter radikalisierte, war ebenso Teil «Weimars» wie etwa die neusachliche Malerei und Literatur. Und er war auch nicht weniger «modern», obwohl er konservative Elemente integrierte. Der radikale Nationalismus schuf die Voraussetzungen für Hitlers Aufstieg. Er war bereits in den zwanziger Jahren bis in die bürgerliche Mitte der Gesellschaft plausibel und durchschlagskräftig, Jahre bevor die

Nationalsozialisten reichsweit Wahlerfolge erzielten. Diese Plausibilität lag maßgeblich in der zeitgenössischen Krisenrhetorik begründet.

Zwar war auch die Krisenrhetorik vielstimmig. Doch sie passte besonders gut zur Rede von Größe, Niedergang und beginnendem Wiederaufstieg Deutschlands. Wer von «Krise» sprach, maß meist die Gesellschaft seiner Gegenwart am Ideal einer homogenen Nation. Aus dieser Perspektive war kulturelle Vielfalt gleichbedeutend mit «Zerrissenheit» – eine Diagnose, die sich mit den Sorgen um Bankenzusammenbrüche, Massenarbeitslosigkeit oder einen angeblich funktionsuntüchtigen Parlamentarismus verband. Weil es einerseits so schlicht und andererseits so universell anwendbar war, ließ das Schlagwort von der «Krise» die Grenzen zwischen unterschiedlichen Zeiterscheinungen verschwimmen. Natürlich gab es in den frühen dreißiger Jahren reale Probleme; doch als «Krise» mussten sie erst definiert werden. Das brauchte nicht auf pessimistische Untergangsvisionen hinauszulaufen. Wichtiger waren Alles-oder-Nichts-Szenarien, denen zufolge eine kämpferische Einstellung zur nationalen Erneuerung führe. Wer etwa vom «kranken Volkskörper» sprach, ging von der Möglichkeit einer baldigen «Gesundung» aus – vorausgesetzt, die nötigen drastischen Heilmethoden würden angewendet.

Die Rhetorik der nationalen Krise kann erklären, warum vormalige Außenseiter mit ihren extremen Positionen derart breite Akzeptanz fanden. Zeitgenossinnen wie Elisabeth Gebensleben-von Alten wollten ihre konservativen Wertvorstellungen keineswegs über Bord werfen. Aber ihnen war klar, dass sie sich auf kulturelle Innovationen einlassen mussten, um diese Wertvorstellungen unter veränderten Umständen zu bewahren. Radikale Nationalisten konnten sich daher bürgerlicher Unterstützung sicher sein, wenn sie nach Ansatzpunkten für eine neue Volksgemeinschaft suchten. Sie fanden diese oft außerhalb oder am geografischen Rande der angeblich dekadenten und zersplitterten Weimarer Gesellschaft. Hierfür waren Deutsche aus dem

Baltikum und aus den an Polen abgetretenen Gebieten wichtig. Der ehemals expressionistisch-linke Dramatiker Arnolt Bronnen etwa wandelte sich zum völkischen Romanautor und verherrlichte in «O.S.» (1929) die Freikorps, die kurz nach dem Ersten Weltkrieg gegen Polen gekämpft hatten, um ein deutsches Oberschlesien zu bewahren. Auch die deutschen Leistungen in den verlorenen afrikanischen Kolonien boten Vorbilder für die Gegenwart, wie viele Autobiografien, Romane und Filme betonten. Die Inspirationssuche in einer auf nationalistische Deutungsbedürfnisse zugeschnittenen Vergangenheit äußerte sich im Beschwören mythisierter Germanen. Zudem wurde Otto von Bismarck – auf eine Weise, die seinem politischen Handeln in den sechziger bis achtziger Jahren des 19. Jahrhunderts kaum entsprach – zum «Führer» stilisiert. Schließlich erhob man die Soldaten des Weltkrieges zu «Helden», so wenig dies auch mit der Realität in den Schützengräben zu tun hatte.

Zwischen der Krisenrhetorik und dem wieder aufkommenden deutschen Selbstbewusstsein bestand ein Zusammenhang. Nationalistischen Deutschen lag es daher fern, sich auf andere Kulturen einzulassen oder gar ihr Leitbild kultureller Homogenität in Frage zu stellen. Fremde nahmen sie nur durch die Brille von Negativstereotypen, Selbstbestätigungsbedürfnissen und Herrschaftsansprüchen wahr. Die Erfahrungen von Kriegs- und Nachkriegszeit hatten die Weltoffenheit, die im wilhelminischen Bürgertum noch durchaus verbreitet gewesen war, verdrängt. So durchlebte Elisabeth Gebensleben-von Alten auf einer Paris-Reise im April 1931 gemischte Gefühle. Zwar rollten ihr «ein paar Tränen herunter», als sie sich «im Louvre zum letzten Mal nach der Venus von Milo» umschaute. Auch genoss sie den Ausblick von der Spitze des Arc de Triomphe sowie den Besuch des Versailler Schlosses. Doch jenseits dieser bürgerlichen Kulturaneignung sammelte sie «nicht nur erfreuliche Eindrücke» und empfand es als «Wohltat, wieder in unser sauberes akkurates Deutschland zu kommen». Noch negativer war ihr Eindruck von einem russischen Juden, der auf einer Reise in die Niederlande in ihrem Bahnabteil saß und ihr «sehr unsympathisch war und verdächtig erschien». Sie war froh, als ihn Grenzpolizisten mangels Visum festnahmen, obwohl er sie «ja eigentlich nicht belästigt hatte».[9]

Träume von einer anderen Zukunft und ressentimentgeladene Selbstbezogenheit hatten für sich genommen noch wenig politische Zugkraft: Dazu mussten sie erst in eine Vision deutschen Wiederaufstiegs übersetzt werden. Diese Vision richtete sich ebenfalls auf die Gebiete außerhalb des Weimarer Staates. Den Nationalisten gelang es, die Frage der deutschen Grenzen in der öffentlichen Debatte zu halten und sogar noch anzuheizen – und das in einer Zeit, in der viele Deutsche durchaus bereit gewesen wären, sich mit den durch den Versailler Vertrag auferlegten Gebietsverlusten abzufinden. Sie betrachteten Minderheiten, insbesondere in Ostmittel- und Osteuropa, als Hebel zukünftiger imperialer Entfaltung. Nicht wenige Geistes- und Sozialwissenschaftler lieferten ihnen hierfür die nötigen Argumente. Als «Westforscher» oder «Ostforscher» konstruierten sie Rechtfertigungen deutscher Dominanz von Frankreich und den Beneluxländern bis nach Polen und ins Baltikum. Dabei knüpften sie an die Annexionspläne des Ersten Weltkrieges an. Sie bezogen sich auf angebliche ethnische Affinitäten, etwa zu den Niederländern, sowie auf die vermeintliche rassische Höherwertigkeit der Deutschen gegenüber Slawen und Juden. «Kulturraum» und «Volksboden» waren keineswegs Begriffe wissenschaftlicher Außenseiter. Im Gegenteil genossen die beteiligten Geografen, Linguisten, Archäologen und Historiker die Unterstützung von Universitäten und Ministerien, so dass sie sogar neue Formen interdisziplinärer Zusammenarbeit entwickeln konnten.

Die nationalistische Kultur bot somit imaginäre Fluchtwege aus einer als krisenhaft wahrgenommenen Gegenwart in alternative Welten – eine Tendenz, die es auch in einer gemäßigten, scheinbar harmlosen Variante gab. Viele Unterhaltungsfilme und -romane schienen zwar auf unpolitische Weise konservativ statt offen nationalistisch zu sein, hatten aber nichtsdestoweniger politische Folgen. Seit dem Ende der zwanziger Jahre waren die Kinoprogramme zunehmend deutsch geprägt, was mit der Einführung des Tonfilms zu tun hatte. Die Produktionen aus Hollywood gerieten zeitweilig ins Hintertreffen, weil Synchronisierungstechniken noch unzureichend entwickelt waren. Die notwendige Umrüstung der Kinos war kostspielig und führte daher zu einem Konzentrationsprozess, welcher die Vorherrschaft des Ufa-Konzerns weiter ausbaute. Dieser befand sich seit 1927 im Besitz des Medienunternehmers Alfred Hugenberg, der den rechtsradikalen Flügel der Deutschnationalen Volkspartei vertrat und bald auch ihren Vorsitz übernahm. Hugenbergs politische Ansichten schlugen zwar nicht unmittelbar auf die Filminhalte durch, weil kommerzielle Erwägungen einer plumpen propagandistischen Vereinnahmung entgegenstanden. Nicht anders als die zahlreichen von Hugenberg kontrollierten Lokalzeitungen hatten sie aber eine indirekte Wirkung: Sie drängten linke Gesellschaftskritik an den Rand der Weimarer Kultur.

Operettenfilme wie «Die drei von der Tankstelle» mit Lilian Harvey, Willy Fritsch und Heinz Rühmann (1930) entwarfen eine fröhliche Welt, in der Gegensätze spielerisch aufgehoben wurden und «ein Freund» immer «ein guter Freund» blieb. «Der blaue Engel» mit Marlene Dietrich, Emil Jannings und Hans Albers (ebenfalls 1930) hatte die gesellschaftskritische Stoßrichtung der Romanvorlage von Heinrich Mann («Professor Unrat», 1905) eingebüßt: Zwar ging es immer noch um einen autoritären Gymnasiallehrer aus der wilhelminischen Zeit, der sich unsterblich in eine Kabarettsängerin auf Tourneebesuch verliebt und diese daraufhin ehelicht. Doch «Professor Unrat» destabilisiert nun nicht mehr die kleinstädtische Gesellschaft, indem er sich nach seiner Entlassung aus dem Schuldienst anarchistischen Positionen zuwendet und Honoratioren zu Glücksspiel und käuflichem Sex verführt. Stattdessen kehrt er als gebrochener Mensch in den «Blauen Engel» zurück, um auf der Bühne den Clown zu spielen und am Ende in seinem alten Klassenzimmer zu sterben. Der Film ließ sich noch konservativer interpretieren, nämlich gar nicht mehr als Satire, sondern als Lehrstück über männlichen Kontrollverlust und bedrohliche weibliche Sexualität. Für den Kritiker des *Göttinger Tageblatts* handelte es sich um eine «menschliche Tragödie»: Der Gymnasiallehrer lasse sich von einem «Triebwesen» aus seiner «kleinen, wohlgeordneten Welt herausreißen und entpersönlichen», bis er schließlich erkenne, «daß er sein Leben dem Glauben an eine Dirne geopfert hat».[10]

Diese Deutung des Filmes «Der Blaue Engel» illustriert, wie in der allgegenwärtigen Krisenrhetorik der späten Weimarer Jahre ‹unpolitische›, konservative und radikalnationalistische Kultur ineinanderflossen. Bildreportagen über deutsche Schlachtschiffe, Panzer oder Jagdflugzeuge waren Teil des medialen Angebots, während Segelfliegen sich zu einer neuen, elitären Freizeitmöglichkeit entwickelte. Beides war insofern hochpolitisch, als sich damit die Botschaft vom nationalen Wiederaufstieg und die Vorbereitung auf einen zukünftigen Krieg verbanden. Als Publikumssport setzte sich der Fußball durch, mitsamt einer regional und lokal differenzierten Fankultur. Zugleich wurde er zum Schauplatz von «Gemeinschaft» und «Kampf» hochstilisiert. Zwar stießen Vermischungen von Gesinnung und Kommerz auch auf Kritik: Im prominenten Organ des intellektuellen Rechtsradikalismus *Die Tat* war beispielsweise der Vorwurf zu lesen, der Film «Yorck» (in dem es um den Krieg Preußens gegen Napoleon ging) degradiere «die Idee der Nation zu einem Potpourri von Märschen».[11] Doch solchen kritischen Stimmen zum Trotz machte gerade die Kombination von ideologischer Orientierung und alltäglicher Erlebniswelt die kulturelle Durchschlagskraft des zeitgenössischen Nationalismus aus.

Der Nationalsozialismus vereinte seinerseits bürgerlich-konservative und völkisch-radikale Aspekte, ließ die Grenzen zwischen ihnen verschwimmen und integrierte sie in eine ganzheitliche Vision. Die Anfänge dieses Projekts lagen im München der frühen zwanziger Jahre. Dort hatte sich die vor dem Weltkrieg noch liberale und experimentierfreudige Stimmung nach der Niederschlagung der Revolution von 1918/19 deutlich verschoben – was wiederum Adolf Hitler die Gelegenheit eröffnete, sich zur Leitfigur einer rechtsextremen Kultur aufzuschwingen. Sein Rednertalent entfaltete er in verschiedenen Brauhäusern; in Cafés inszenierte er sich als Gesinnungspolitiker und Bohemien. Darüber hinaus suchte er die Gesellschaft von völkischen Künstlern, Publizisten und Professoren. Seine Verbindungen zum Münchner und Bayreuther Kreis von Wagner-Anhängern ließen ihn salonfähig werden und verliehen ihm hochkulturelles Prestige. Der «Führer» sicherte sich so verlässliche Unterstützer im lokalen Kultur-Establishment, schon bevor sich um 1930 die Konturen einer genuin nationalsozialistischen Kulturpolitik abzuzeichnen begannen: Die NSDAP ließ jetzt das zentral gelegene Palais Barlow aufwändig zum «Braunen Haus» umbauen und verfügte fortan über ein repräsentatives Hauptquartier, in dem sich die Parteimitglieder im hauseigenen Casino amüsieren konnten. Ihre Sektionen in den Stadtvierteln hatten eigene Musikkapellen oder Leihbibliotheken; innerhalb der örtlichen SA gründete sich eine Theatergruppe. Der vom Schriftsteller Alfred Rosenberg initiierte «Kampfbund für deutsche Kultur» veranstaltete Vortragsreihen, Filmvorführungen, Liederabende und Kabarettauftritte. Der Kampfbund stellte sogar ein eigenes Symphonieorchester zusammen, das nicht nur in München Konzerte gab, sondern auch eine Bayerntournee unternahm.[12]

Gleichzeitig weiteten die Nationalsozialisten ihre kulturelle Präsenz auf ganz Deutschland aus. Dabei knüpften sie einerseits an etablierte Sichtweisen und Wertvorstellungen an: Sogar im *Völkischen Beobachter*, der sich eher an Parteimitglieder als an eine breitere Leserschaft richtete, waren Artikel über die «Wikingerstadt Schleswig», über Tübingen als «Kleinod deutscher Städteromantik» oder über «Ferientage im bayerischen Allgäu»

zu lesen, die sich kaum vom Duktus der zeitgenössischen Hei-
matbewegung unterschieden.[13] Lokale wie regionale Identitäten
wurden aufgewertet und in einen neuen Zusammenhang
gerückt: Geschulte Propagandaredner betonten ihre Nähe zu
ländlichen und kleinstädtischen Wählern, stellten dabei aber
stets die Verbindung zum großen Ganzen der Volksgemeinschaft
her. Andererseits traten die NSDAP als innovative Kraft auf, die
sich für das Zeppelin-Luftschiff und den Tonfilm interessierte
und auf dem neuesten Stand der Technik agitierte: Während der
Kampagne zur Präsidentschaftswahl von 1932 ließ sich Hitler unter intensiver propagandistischer Begleitung mehrmals täglich
zu Reden an verschiedenen Orten einfliegen. Besonders in der
Provinz bedienten die Auftritte des «Führers» die Nachfrage nach
außeralltäglichen Erlebnissen, ebenso wie die politischen Versammlungen der NSDAP, für deren Besuch beträchtliche Ein-
trittspreise verlangt und bezahlt wurden. Auf die Bedürfnisse der
eher individualistisch geprägten großstädtischen Gesellschaft
wussten die Nationalsozialisten allerdings ebenso einzugehen:
So bot etwa Joseph Goebbels' Zeitung *Der Angriff* ihren Berliner
Lesern ein Bewerbungstraining an und setzte sich für eine soziale
Öffnung des Tennissports ein.[14]

Auch wenn sich die NS-Presse damit in vieler Hinsicht offen
und integrativ zeigte, ließ sie keinen Zweifel an der imperialistischen und antisemitischen Stoßrichtung der «Bewegung» aufkommen. So wurde suggeriert, dass andere Staaten und Völker
die Deutschen nicht nur machtpolitisch, sondern auch kulturell
bedrohten, etwa indem sie diese angeblich durch Radiogroßsen-
der im Äther einkreisten. Eindringliche Reportagen porträtierten
deutsche Minderheiten in Osteuropa, die sich in ihrem historischen Selbstverständnis und im Gebrauch ihrer eigenen Sprache
unterdrückt fühlten. Ein anderes wichtiges Thema war der vermeintlich zerstörerische jüdische Einfluss auf die deutsche Kultur, für den etwa der aus Württemberg stammende «Filmjude»
Carl Laemmle stehen sollte. Laemmles Hollywoodstudio Univer-

sal hatte die Filmrechte an Erich Maria Remarques pazifistischem Kriegsroman «Im Westen nichts Neues» erworben: Jetzt wurde er dafür verantwortlich gemacht, dass «der Deutsche heute der Kuli der Welt geworden ist, den man – bildlich gesprochen – überall anspuckt und mit Füßen tritt». Die vom Ausland und dem Judentum ausgehende Aggression wurde aus Sicht des *Völkischen Beobachters* erst dadurch gefährlich, dass so viele Menschen im Reich ihr Deutschsein verleugneten. So habe etwa die griechisch-orientalische Archäologie die «Lüge von der Kulturlosigkeit unserer Vorfahren» verbreitet und ihr Publikum dazu erzogen, «zu dem kleinen Mischvolk der Juden mit besonderer Verehrung aufzublicken».[15]

Das Szenario einer umfassenden Bedrohung sollte zum Handeln drängen und zu einer kulturellen Kehrtwende führen – wenn sich die Deutschen nur auf ihre Identität als Rasse besännen. Die Beteiligung an einem derart radikalen Erneuerungsprojekt verhieß ebenso ideellen wie materiellen Gewinn. Die Parteipresse sprach das Sicherheitsbedürfnis von Kulturschaffenden an, die sich auf einem instabilen und durch die ökonomische Depression geschrumpften Markt behaupten mussten. Für ihre Schwierigkeiten wurden jüdische Schauspieler oder ausländische Filme verantwortlich gemacht. In einem zukünftigen nationalsozialistischen Deutschland winkten somit Stellen und Aufträge – ein Argument, das der NSDAP und dem Kampfbund für deutsche Kultur eine ganze Reihe neuer Mitglieder verschaffte. Gleichzeitig wurden solche materiellen Anreize durch die Suggestion ergänzt, an etwas Großem mitwirken zu können. In den zwanziger Jahren war häufig die Verdrängung des künstlerischen Individuums durch eine rein kommerzielle und technologische Massenkultur beklagt worden. Nun konnten sich Künstler eine Aufwertung ihrer sozialen Stellung erhoffen, sofern sie sich mit der nationalsozialistischen Ideologie identifizierten und die Verbindung zum «Volk» suchten. Im *Völkischen Beobachter* wurde etwa dazu aufgerufen, in Abgrenzung von der «internationalen, allgemein gültigen Massennormierung» der modernen Architektur «Materie und Technik in den Ideen zu bändigen, welche aus dem Wesen unserer Landschaft, aus dem natürlichen und geistigen Leben unseres Volkes entspringen».[16]

Die nationalsozialistische Bewegung verdankte ihren Erfolg also nicht zuletzt einer kulturellen Anziehungskraft, die wiederum auf thematischen Überschneidungen mit bürgerlich-nationalen Strömungen beruhte. Sie spitzte bereits vorhandene Tendenzen zu, gab ihnen eine eindeutige Richtung und verlieh ihnen einen utopischen Überschuss. Aus genau diesem Grund konnten sich viele Zeitgenossen auf einige Aspekte der Bewegung beziehen und sie mit Vertrautem verbinden, während sie sich von anderen distanzierten. Im Tagebuch der Luise Solmitz wird das ebenso greifbar wie bei Elisabeth Gebensleben-von Alten: Die Hamburger Lehrerin fand im Nationalsozialismus die ersehnte große Idee, «für die man opfern, an der man sich aufrichten kann». Aus ihrer bildungsbürgerlichen Perspektive bescheinigte sie dem «Führer» «ein klassisches, knappes, eindringliches Deutsch» und sprach sich gegen seine kommerzielle Vereinnahmung aus. Die Geschäftstüchtigkeit eines Bekannten widerte sie an: «X. macht unähnliche Hitlerbüsten und will dadurch reich werden.»[17]

Die kulturelle Attraktivität des Nationalsozialismus war zwar groß, aber keineswegs unbegrenzt. Auch in den letzten Jahren der Weimarer Republik gab es Anhänger einer liberalen Version von Bürgerlichkeit, und dies nicht nur unter jüdischen Deutschen. Sozialdemokraten, Kommunisten und Katholiken blieben von ihren Milieukulturen geprägt. Filme, Sportveranstaltungen oder Theateraufführungen wurden millionenfach ohne Bezug zu weltanschaulichen Fragen konsumiert. Die unbestreitbare Zugkraft der nationalsozialistischen Bewegung reichte also noch nicht aus, um zu definieren, was als «deutsch» zu gelten hatte. Dazu war es nötig, die eigene Macht zu demonstrieren und Andere durch Gewalt zu marginalisieren.

Machtdemonstration und Marginalisierung

«Für meinen Teil wird mir immer klarer, wie völlig ich ein nutz-
loses Geschöpf der Überkultur bin, lebensunfähig in primitiveren
Umgebungen. [...] nicht einmal Sprachlehrer kann ich sein, nur
Geistesgeschichte vortragen, und nur in deutscher Sprache und
in völlig deutschem Sinn. Ich muß hier leben und hier sterben.»
Diese düsteren Sätze notierte der Dresdner Romanistikprofessor
Victor Klemperer am 9. Juli 1933 in sein Tagebuch. Wenige Tage
zuvor hatten sich Bekannte zutiefst pessimistisch über die Zu-
kunftsperspektiven von Juden in Deutschland geäußert und von
konkreten Auswanderungsplänen berichtet. Klemperer selbst
fühlte sich jedoch nicht nur von den praktischen Anforderungen
eines Lebens in Palästina überfordert. Auch die nötige kulturelle
Anpassungsfähigkeit vermeinte er nicht aufbringen zu können.
Ein zionistisches Umfeld, in dem man bloß «Nationalismus und
Enge für Nationalismus und Enge» austauschen würde, empfand
er als wenig attraktiv.[18] Doch «in deutscher Sprache und in völlig
deutschem Sinn» über Literatur- und Geistesgeschichte zu leh-
ren und zu schreiben erwies sich als immer schwieriger. Im Laufe
der Jahre 1933 und 1934 sah sich Klemperer zunehmend der
antisemitischen Stimmung an der Technischen Universität Dresden ausgesetzt: Er verlor seine Prüfungsberechtigung und rech-
nete mit einer baldigen Entlassung aus dem Hochschuldienst.
Der Verleger eines bereits begonnenen Buches trat von dem Projekt zurück; dem Vorschlag, es der besseren Publikationsaussich-
ten wegen auf Französisch zu schreiben, konnte der Professor
nichts abgewinnen. Weil damit nun wichtige und bereits ein-
geplante Nebeneinkünfte wegfielen, wurde neben Klemperers
Selbstentfaltung als Wissenschaftler auch seine materielle Situation immer stärker eingeschränkt.

Den Aufstieg des Nationalsozialismus hatte Klemperer bereits
vor 1933 aufmerksam verfolgt. Zunächst waren dem Weltkriegs-

veteranen antifranzösische Ressentiments und sogar Revanche-
gedanken nicht fremd gewesen, doch distanzierte er sich schon
bald von der radikalnationalistischen Kultur. Denn der Radikal-
nationalismus grenzte ihn als Juden aus, obwohl er schon 1912
zum Protestantismus konvertiert war. Seit den späten zwanziger Jahren fielen Klemperer zudem immer mehr Überschneidungen dieser Kultur mit der nationalsozialistischen Bewegung auf.
Befremdet notierte er nach einem Spaziergang durch Naumburg
an der Saale, wie die örtliche Buchhandlung «die Vereinsmittei-
lungen des ‹Stahlhelms›, des ‹Werwolfes›, der ‹nationalsozialistischen Partei›» an ihre Tür gehängt hatte: «Und auf den Straßen u.
im Caféhaus Studenten-Mützen, auch ein Stahlhelm-Abzeichen.»
Diese Entwicklung fasste Klemperer jedoch noch nicht als Bedrohung seiner Existenz auf – vorrangig beschäftigten ihn seine Reisen nach Französisch-Algerien und in die Türkei, der Bau seines
vorstädtischen Hauses und sein gekürztes Beamtengehalt. Furcht
vor der politischen Entwicklung diagnostizierte er bei Anderen:
beim rechtsliberalen sächsischen Kultusminister («von den Na-
tionalsocialisten abhängend, vor ihnen zitternd») oder bei einem
Bekannten, dessen pessimistische Lageeinschätzung für ihn die
Frage «Jüdische Angstpsychose? Oder mehr?» aufwarf.[19]

Das alles änderte sich durch die nationalsozialistische Machtübernahme. Auch für Klemperer wurden jetzt politische zu persönlichen Sorgen. Zwar betrafen ihn Gewalt und Publikations-
verbote gegen die Linke nicht direkt. Doch nahm er sie als Auf-
hebung von Rechtsstaat und kritischer Öffentlichkeit wahr, die
sich schon bald auf das universitäre Leben auswirkte – und
ebenso auf sein soziales Umfeld: Ein jüngerer Freund, mit dem
ihn fast väterliche Gefühle verbanden, bekannte sich voller
Überzeugung zum neuen Regime. Andere Bekannte äußerten
sich zwar kritisch, gestanden aber gleichzeitig ihre Hilflosigkeit
ein. Seine Ausgrenzung als Hochschullehrer, Geisteswissenschaft-
ler und Deutscher konnte Klemperer nur bedingt durch kulturelle Aktivitäten kompensieren. Er las «schleppend und hoff-

nungslos» französische Literatur des 18. Jahrhunderts, fand darin aber dennoch «Halt und Trost». Filmvorführungen eröffneten dem passionierten Kinogänger vorübergehend eine Traumwelt: «Es war mir eine richtige Erlösung. Es wirkte noch einen Tag lang nach.» Zwar missfiel ihm die «gräßliche Ghetto-Bedrücktheit» jüdischer Bekannter, aber er konnte ihr wenig entgegensetzen.[20]

Hinzu kam, dass sich Klemperer – ähnlich wie viele kritische Zeitgenossen – mit der intellektuellen Einordnung der Ereignisse schwertat. Er konnte sich vorstellen, dass Italiener, die er für «Analphabeten, südliche Kinder und Tiere» hielt, Gewaltrituale inszenierten, doch dem deutschen Kulturvolk traute er das nicht zu. Und er unterschätzte die Modernität des Nationalsozialismus, wenn er von «gräßlichen mittelalterlichen Judenbeschimpfungen» oder einer «Stimmung der Angst, wie sie in Frankreich unter den Jakobinern geherrscht haben muß», sprach.[21] Doch dann kam ihm die Idee zu einem Projekt, das ihm eine distanziertere Beobachterposition ermöglichte: einer Analyse der Sprache des Nationalsozialismus, die 1947 unter dem Titel «LTI. Notizbuch eines Philologen» veröffentlicht wurde und bis heute nicht an analytischer Kraft verloren hat.

Wie Millionen andere jüdische oder linke Deutsche wurde Victor Klemperer aus dem deutschen Kulturleben ausgeschlossen. Dass öffentlicher Protest oder gar Widerstand dagegen so schwierig waren, lag an der nationalsozialistischen Gewaltausübung, die in diesem Ausmaß neuartig war. Wie Klemperer hellsichtig erkannte, setzte die Dynamik von Machtdemonstration und Marginalisierung nicht erst mit dem 30. Januar 1933 ein: Schon Jahre zuvor war es rechten Kräften gelungen, die Entwicklung zu einer pluralistischen Kultur umzukehren, wie sie sich in der Weimarer Republik abgezeichnet hatte.[22] In München waren die Nationalsozialisten bereits früh gewaltsam gegen die Präsenz von Linken und Juden auf den Theaterbühnen vorgegangen, was unter anderem Brecht zum Umzug nach Berlin veranlasst hatte. Über Bayern hinaus ging diese Tendenz spätestens mit dem nationalsozialistischen Regierungseintritt in Thüringen im Januar 1930, der einer mehrheitlich bürgerlichen Koalition die nötige parlamentarische Mehrheit sicherte.

Als Innen- und Kultusminister dieser Regierung ließ sich Wilhelm Frick von dem Rassetheoretiker Hans F.K. Günther und dem rechtsextremen Architekten Paul Schultze-Naumburg beraten. Er ging mit aller Härte gegen die modernistische Kultur in Thüringen vor. Frick ließ Bilder von Malern wie Ernst Barlach oder Paul Klee aus dem Weimarer Schlossmuseum entfernen und ordnete an, unliebsamen Dramatikern und Komponisten den Zugang zu Bühnen und Konzertsälen zu verwehren. Sein Erlass «Wider die Negerkultur für deutsches Volkstum» diente dazu, Auftritte von Jazzbands durch eine politische Auslegung der Gewerbeordnung zu unterbinden. Sozialdemokratische Lehrer wurden entlassen und völkische Schulgebete eingeführt (wenngleich diese Neuerung vom Staatsgerichtshof für verfassungswidrig erklärt wurde). Der Durchbruch der NSDAP bei den Reichstagswahlen am 14. September 1930 verlieh dem konservativen Antipluralismus im ganzen Land neuen Schwung. In vorauseilendem Gehorsam verweigerten die Kontrollgremien des Rundfunks linken und pazifistischen Stimmen den Senderaum. Filmproduktionsfirmen, die wegen des krisenbedingten Publikumsrückgangs und der kostspieligen Einführung des Tonfilms ohnehin zur Vorsicht neigten, schreckten zunehmend vor politisch kontroversen Stoffen zurück. Denn Thüringen und das konservativ regierte Bayern versuchten, positive Entscheidungen der reichsweiten Zensurstellen auszuhebeln, und übten damit ökonomischen Druck aus.

Vor diesem Hintergrund entfalteten die nationalsozialistischen Demonstrationen gegen Lewis Milestones Film «Im Westen nichts Neues» eine durchschlagende Wirkung. Schon seit der Reichstagswahl hatte der Berliner Gauleiter Joseph Goebbels die Macht seiner Bewegung gewaltsam inszeniert und dabei auch das Zentrum der Metropole einbezogen. Am Kurfürstendamm die Fenster von Cafés jüdischer Besitzer und des Kaufhauses Wertheim einzuschlagen oder Unter den Linden sozialdemokratische Studenten zu attackieren hatte jedoch nur begrenzte Wirkung. Was Goebbels benötigte, war ein Kulturereignis, das sich zur wochenlangen Mobilisierung eignete und von weiten Teilen der konservativ gesinnten Bevölkerung abgelehnt wurde. Damit ließ sich die kulturelle Atmosphäre bereits zu einer Zeit entscheidend beeinflussen, in der die Nationalsozialisten selbst noch keinen Zugang zum Rundfunk hatten und nur wenige, allenfalls für Parteimitglieder attraktive Filme produzierten. Als die Verfilmung von Erich Maria Remarques pazifistischem Roman in Berlin gezeigt wurde, warfen nationalsozialistische Aktivisten im Kinosaal Stinkbomben, ließen weiße Mäuse frei und griffen Kinozuschauer an. Goebbels, der selbst im Saal war, hielt währenddessen eine seiner hochgradig aggressiven Reden. Im Dezember 1930 demonstrierten die Nationalsozialisten beinahe täglich zwischen Nollendorf- und Wittenbergplatz gegen den Film: Die Polizei musste sie vom benachbarten Kurfürstendamm fernhalten und das Kinopublikum schützen. Schließlich wurde «Im Westen nichts Neues», der zuvor die Zensur ohne Probleme passiert hatte, von der Obersten Filmprüfstelle im ganzen Reich verboten. Die Begründung lautete, dass er das deutsche Ansehen im Ausland gefährde und Unruhe im Inneren hervorrufe.

Das Verbot des Filmes wurde von der Rechten begrüßt, welche nun deutlich den Nutzen nationalsozialistischer Machtdemonstrationen sah. Für die *Deutsche Zeitung* hatte zum ersten Mal seit Kriegsende «das entschiedene Auftreten nationalen *Widerstandes* die dreiste Willkür ausländischer und *eingebürgerter Juden* gebrochen». Goebbels bescheinigte seiner Bewegung im *Angriff* einen Durchbruch im Kampf um die kulturelle Hegemonie in Berlin. Den «gegenwärtigen Gewalthabern in Preußen» habe man gezeigt, «daß die Zeit vorbei ist, wo sie sich der deutschen Volksehre gegenüber alles, aber auch alles, leisten konnten».

Mitglieder und Sympathisanten der «Bewegung» in Provinz-
städten fühlten sich ermuntert, in ähnlicher Weise gegen Filme
vorzugehen, von denen sie sich aufgrund der politischen Stoßrichtung, der Darstellungsweise oder der Beteiligung von Juden
beleidigt fühlten. Studentische Störaktionen richteten sich sogar
gegen so harmlose Produkte der Weimarer Kultur wie «O alte
Burschenherrlichkeit» und «Ein Burschenlied aus Heidelberg».
Unterdessen übten Liberale und Sozialdemokraten scharfe Kritik an der Zensurentscheidung gegen «Im Westen nichts Neues»,
in der etwa der *Vorwärts* nicht bloß einen «*unerhörten Skandal*»,
sondern auch eines der «Symptome einer bedrohlichen Gesamt-
situation» sah.[23] Der republikanische Veteranenverband «Reichs-
banner Schwarz-Rot-Gold» demonstrierte wochenlang und mit
vielen Teilnehmern gegen das Verbot, während sozialdemokratische Parlamentarier den Film in hitzigen Diskussionen verteidigten.

Auch wenn «Im Westen nichts Neues» im September 1931 in ab-
geänderter Form erneut zugelassen wurde, blieb eine erhebliche
Rechtsunsicherheit im kulturellen Bereich bestehen: Weil gesellschaftskritische Filme oder Theaterstücke Gefahr liefen, verboten zu werden, war ihre Produktion ökonomisch riskant und
daher unwahrscheinlich. Zwar gab es in den letzten Jahren der
Weimarer Republik durchaus noch kulturelle Innovationen, doch
diese beschränkten sich entweder auf Hinterhof-Aufführungen
kommunistischer Agitproptheaterstücke oder auf Filme wie
Brechts und Slatan Dudows «Kuhle Wampe» (1932), die ein (sub-)
proletarisches Publikum zu mobilisieren versuchten. Gleichzeitig propagierten die Boulevardblätter der liberalen Berliner Verlage Mosse und Ullstein einen Individualismus, der um selbstbestimmte Privatheit und Freizeit auch in wirtschaftlich schwierigen Zeiten kreiste. Zwischen optimistisch getönten Artikeln
über Familienausflüge ins Grüne oder Appartementhäuser für
Junggesellen war dort jedoch Bedrohliches zu lesen. Berichtet
wurde von politischen Gewaltakten, die nicht nur die Bewohner

umkämpfter proletarischer Kieze, sondern auch unbeteiligte Passanten im Zentrum Berlins in Mitleidenschaft zogen. Dagegen wurden brandenburgische Badeseen, wo es keinen politischen Streit gab, «nur das Zirpen der Liliput-Grammophone» zu hören war und selbst Hakenkreuztätowierungen niemandem Angst machten, zu idyllischen Gegenorten stilisiert – deren Friedlichkeit indes von den Nationalsozialisten jederzeit aufgekündigt werden konnte.[24]

Die wichtigste kulturelle Innovation der späten Weimarer Republik lag im Auftreten der rechtsextremen Bewegung. Besonders die Sturmabteilung (SA) entwickelte eine regelrechte Ästhetik der Gewalt, die von ihrer konkreten Ausübung nicht zu trennen war. Ihre Umzüge durch Arbeiterviertel und Stadtzentren sprachen mehrere Sinne zugleich an und erzeugten ein Gefühl zeitweiliger Omnipräsenz. SA-Einheiten wurden dazu oft mehrfach hintereinander an verschiedenen Orten eingesetzt oder marschierten sternförmig aufeinander zu. Die uniformierten Kolonnen mit Fahnen, Standarten und Transparenten erzeugten den Eindruck visueller Geschlossenheit. Körperhaltung, Gesichtsausdruck und die ausgestreckten Arme der Marschierenden suggerierten Überzeugungsstärke und Energie. Blaskapellen und Trommeln verstärkten den militärischen Rhythmus und vervollständigten die symbolische Besetzung des öffentlichen Raumes auch in akustischer Hinsicht. Die SA dichtete – ohne großen Originalitätsanspruch – Volks- oder Arbeiterbewegungslieder um und unterstrich damit die lautstark beanspruchte kulturelle Wende. In Verbindung mit anderen, eher freizeitorientierten Aktivitäten ließ sich so das Leben von Ortschaften und selbst ganzen Städten tagelang dominieren. So wurde das niederrheinische Hamminkeln, wie der Oberpräsident der preußischen Rheinprovinz 1930 berichtete, «zwei volle Tage durch die nationalsozialistische Propaganda bearbeitet. Zapfenstreich, Umzüge, geschlossener Kirchgang für Protestanten und Katholiken an beiden Ostertagen, Stand- und Abendkonzerte der SA-Kapelle, ein

‹Sportfest› [...] zogen das Interesse der Bevölkerung auf den Werbetrupp.»[25]

Dieser Inszenierung kultureller und politischer Ordnung standen für Außenstehende unkalkulierbare Gewaltausbrüche gegenüber. Wann und aufgrund welcher angeblichen Provokationen die SA Sozialdemokraten, Kommunisten oder unpolitische Passanten angriff, entschied sie selbst nach Gutdünken: Mit ihren Aktionen erzeugte sie eine Choreographie der Unordnung und demonstrierte Macht über die Körper ihrer Gegner. Diese Kultur der öffentlichen Gewalt unterschied sich von der Geheimbündelei anderer rechtsextremer Verbände – und zog deshalb junge Männer auf nationalistischer Sinnsuche an. Ihr Engagement in der SA ermöglichte nicht nur vielen Arbeitern, öffentlich Gewalt auszuüben und weltanschaulich zu überhöhen, sondern auch Adeligen, Handwerkergesellen oder Studenten. Der Sturmführer Horst Wessel kam beispielsweise aus einem Pfarrhaus und war an der Berliner Universität in Rechtswissenschaften eingeschrieben. In seiner 1929 verfassten Autobiografie schilderte er, wie ihn Bismarck- und Wiking-Bund erst angezogen, dann aber wegen ihrer politischen Wirkungslosigkeit enttäuscht hatten. Die SA hingegen bot ihm reichlich Gelegenheit zur rednerischen und organisatorischen Tätigkeit, die er selbst in unzähligen Fotografien dokumentierte und im Text des später nach ihm benannten Liedes verherrlichte. «Straßenumzüge, Pressewerbeaktionen, Propagandafahrten in die Provinz», schwärmte Wessel, «schufen eine Atmosphäre des Aktivismus und der Hochspannung, die der Bewegung nur dienlich sein konnte. Zusammenstöße gab es unzählige. Verwundete, sogar Tote blieben auf dem Platze.» Die «Hochspannung» im Bezirk Friedrichshain oder im Berliner Umland war für ihn integriert in ein deutschlandweites «Erlebnis des einheitlichen Wollens», das er 1927 auf dem ersten Nürnberger NSDAP-Parteitag mit Tausenden von Gleichgesinnten teilte.[26]

Horst Wessel gehörte schon bald selbst zu den Toten der SA:

Im Januar 1930 wurde ihm an seiner Wohnungstür ins Gesicht geschossen – kurze Zeit darauf erlag er seinen Verletzungen. Die Hintergründe der Tat zwischen persönlich motivierter Abrechnung, Milieukriminalität und kommunistischer Vergeltungsaktion blieben diffus. Doch das hinderte Goebbels nicht daran, Wessel sogleich zum «Märtyrer für das Dritte Reich» und «Christussozialisten» zu stilisieren.[27] In feierlichen Reden und verschiedenen Textgenres wurde die Biografie des Sturmführers folgerichtig als Passionsgeschichte erzählt: Die leidvolle Selbstaufopferung des Protagonisten mündete in eine posthume Vorbildrolle. Horst Wessel nahm damit eine zentrale Stellung in einem Gefallenenkult ein, der die Toten der «Bewegung» bewusst in Dienst nahm. Abbildungen ihrer Leichen, ihre in Sturmfahnen eingestickten Namen und eigens veranstaltete Trauermärsche riefen bei den Überlebenden Emotionen hervor und verpflichteten sie auf weitere Gewaltausübung. Der Aktivismus der SA wurde auf diese Weise als existenzieller Kampf einer verschworenen Männergemeinschaft gerechtfertigt, der den Weg zur Neuordnung Deutschlands wies.

Kaum weniger als die Märsche und Gewaltorgien der SA war die Wahlkampfrhetorik der NSDAP darauf angelegt, ihre Rezipienten zu überwältigen und Gegner zu marginalisieren. Auf Plakaten standen Parolen wie «Schluß jetzt!», «Platz da!» oder «Faust unter die Nase! Weg mit ihnen! Abrechnung! Den eisernen Besen her! Wir wollen ausmisten!». Die Nationalsozialisten drohten, sozialdemokratische «Verräter» und «Bonzen» ebenso gewaltsam zu beseitigen wie jüdische «Drahtzieher» und «Volksfeinde».[28] Bilder von Bauern oder Arbeitern, die karikaturhaft gezeichnete politische Gegner mit der Mistgabel entfernten oder mit Hammerschlägen verjagten, verliehen dieser Botschaft visuellen Ausdruck. Zwar konnten die Nationalsozialisten auch gemäßigter auftreten: In den auf breite Anschlussfähigkeit ausgerichteten Wahlkämpfen von 1932 verzichteten sie darauf, den Antisemitismus zu betonen, und bekundeten ihren Willen zur

Machtübernahme auf legalem Wege. Dennoch ließen sie keinen Zweifel an ihrer grundsätzlichen Gewaltbereitschaft aufkommen. Auch Hitlers Selbststilisierung bewegte sich zwischen Drohung auf der einen und Werbung auf der anderen Seite, was sich sowohl in Wortwahl und Redestil als auch in Gestik und Mimik niederschlug. Abbildungen zeigten Hitler mit seiner Reitpeitsche oder als «Führer» fahnenschwingender Parteigenossen, dann aber auch wieder sehr persönlich, etwa Arm in Arm mit zwei blonden Jungen. Beide Formen dieser Selbstinszenierung sprachen die verbreitete Sehnsucht nach einem Erlöser an, der normale wie außergewöhnliche Züge in sich vereinte, gleichzeitig Nähe und Distanz ausstrahlte, sich zwar soweit wie möglich an die Gesetze hielt, nötigenfalls aber zum Einsatz auch radikalster Mittel entschlossen war.

Bevor sich Schockwirkung und Anziehungskraft des Nationalsozialismus abnutzen konnten (wofür es im letzten Halbjahr der Weimarer Republik durchaus Anzeichen gab), ernannte Reichspräsident Hindenburg Hitler am 30. Januar 1933 zum Reichskanzler. SA-Männer und nationalsozialistische Studenten, die zuvor noch von Justiz und Polizei eingeschränkt worden waren, konnten jetzt völlig ungehindert agieren. Mit Märschen und Fackelzügen zelebrierten sie die «Machtergreifung». In den folgenden Wochen richtete sich der von ihnen ausgeübte Terror gerade auch gegen kulturelle Akteure, Institutionen und Produkte. Nationalsozialisten zerstörten, was immer sie als «undeutsch» definierten. Das Berliner Anti-Kriegs-Museum, dessen Tür mit Beilhieben eingeschlagen wurde und dessen Exponate auf der Straße landeten, war nur eine der betroffenen Einrichtungen. Linke Schriftsteller, die nicht noch im letzten Moment aus Deutschland fliehen konnten, wurden verhaftet und in eines der zahlreichen frühen Konzentrationslager eingeliefert. Die dort üblichen Misshandlungen zielten unter anderem auf die Umkehrung kultureller Statusunterschiede: Sie dienten dazu, Menschen mit akademischen Titeln oder künstlerischen Meriten zu erniedrigen.

Dem anarchistischen Schriftsteller Erich Mühsam, der den ihm nahegelegten Suizid verweigerte, zerschlug man in Sonnenburg, Brandenburg und Oranienburg systematisch Gesicht und Körper. Er wurde gezwungen, schmutziges Wasser vom Boden aufzulecken, bei «Varietévorstellungen» einen Hund zu spielen und über stacheldrahtbesetzte Gräben zu springen. Weil er es nach wie vor ablehnte, sich selbst zu töten, wurde er am 10. Juli 1934 in Oranienburg ermordet.[29]

Gewaltakte auf der einen und Zensur, Berufsverbote oder organisatorische Gleichschaltung auf der anderen Seite griffen ineinander. Der Rundfunk geriet sogleich fest in die Hand der Nationalsozialisten und diente ihrer Propaganda vor der Reichstagswahl am 5. März 1933. Bereits vor und dann endgültig nach dem Reichstagsbrand in der Nacht vom 27. zum 28. Februar wurden kommunistische und sozialdemokratische Blätter mit einer Gesamtauflage von ca. zwei Millionen Exemplaren verboten, die dazugehörigen Verlagshäuser und Druckereien besetzt. Auch der Liberalismus war betroffen, weil Zeitungen eingestellt und Journalisten von ihrem Beruf ausgeschlossen wurden. Welche Folgen sich aus dem Ende der Pressefreiheit ergaben, machte der neue Minister für Volksaufklärung und Propaganda, Joseph Goebbels, auf seiner ersten Reichspressekonferenz deutlich: «Selbstverständlich sollen Sie hier Informationen bekommen, aber auch Instruktionen. Sie sollen nicht nur wissen, was geschieht, sondern sollen auch wissen, wie die Regierung darüber denkt und wie Sie das am zweckmäßigsten dem Volk klar machen können.»[30]

Ähnlich tiefgreifend wie die Presselandschaft wurde das literarische und künstlerische Leben umgestaltet. Die Preußische Akademie der Künste drängte angesichts der nationalsozialistischen Auflösungsdrohung den Schriftsteller Heinrich Mann und die Malerin Käthe Kollwitz zum Austritt. Nur wenige Mitglieder der renommierten Institution verweigerten sich den neuen Maßnahmen – darunter die Publizistin Ricarda Huch, die aus Protest austrat. Aktivisten des Kampfbundes für deutsche Kultur übernahmen die für Theater, Musik, bildende Kunst und Architektur zuständigen Institutionen und Verbände. Wo nötig, verlieh die drohende Präsenz von SA-Männern ihren Forderungen Nachdruck. Der Schutzverband deutscher Schriftsteller schloss sofort nach dem Reichstagsbrand die ihm angehörenden Kommunisten aus. Nachdem der Hauptvorstand zum Rücktritt gezwungen und durch überzeugte Nationalsozialisten ersetzt worden war, «reinigten» in den folgenden Wochen Kommissionen die Mitgliederlisten. Auf diese Weise wurde die Berufsorganisation in den regimeloyalen «Reichsverband deutscher Schriftsteller» umgewandelt.

Im Bestreben, sich die Anerkennung des Regimes zu sichern, schickte der Dachverband Deutsche Studentenschaft Listen mit «zersetzender» Literatur in die Universitätsstädte. Er warb um Unterstützung für eine kommende Großaktion, während lokale «Kampfausschüsse» Druck auf Buchhandlungen und Leihbüchereien ausübten. Am 6. Mai plünderten und zerstörten Studenten der Berliner Hochschule für Leibesübungen das Institut des bereits exilierten jüdischen Sexualwissenschaftlers Magnus Hirschfeld. Die derart vorbereitete und in der Presse angekündigte Bücherverbrennung fand am 10. Mai nicht nur in Berlin, sondern auch in Städten wie Breslau, Göttingen oder München statt – unter Rückgriff auf das Vorbild des studentischen Nationalismus zu Beginn des 19. Jahrhunderts. Werke zahlreicher renommierter Schriftsteller wie Heinrich Heine, Bertolt Brecht oder Erich Maria Remarque und Wissenschaftler wie Sigmund Freud oder Albert Einstein landeten auf dem Scheiterhaufen. Auf symbolischer Ebene demonstrierten die in Flammen aufgehenden Bücher einmal mehr die Macht der Nationalsozialisten über die Definition der deutschen ebenso wie der «undeutschen» Kultur.

Physische Angriffe auf Regimegegner und Bücherverbrennungen wurden durch eine Fülle weniger spektakulärer Gewaltakte und Ausgrenzungsschritte ergänzt. Jüdische Deutsche mussten dies ebenso erfahren wie die Millionen von Menschen, die sich nach wie vor der sozialdemokratischen Milieukultur verbunden fühlten. In den Arbeitervierteln griff die Angst um sich, was wiederum dadurch verstärkt wurde, dass auch sie gegenüber der Attraktivität des Nationalsozialismus nicht immun blieben. So notierte Karl Dürkefälden aus Peine bei Hannover in sein Tagebuch, wie sein Vater, «der jetzt dauernd von Hitler und den Nazis phantasiert», äußerte, «wir müßten auch öfters in die Kirche gehen, es käme jetzt so wie früher, man würde sonst als Ketzer bezeichnet». In den folgenden Wochen berichtete Dürkefälden von sichtbaren Veränderungen: An Häuserwänden tauchten Hakenkreuzfahnen oder (bei Bewohnern, die dem Regime ablehnend gegenüberstanden) die weiterhin tolerierten schwarz-weiß-roten Fahnen auf; öffentliche Plätze wurden umbenannt. Ein örtlicher Gesangverein trat vorsichtshalber aus dem Deutschen Arbeiter-Sängerbund aus. Dürkefäldens eigener Bruder gehörte zu den Arbeitern, die am mit großem Aufwand als Nationalfeiertag begangenen 1. Mai 1933 in SA-Uniform marschierten und das Horst-Wessel-Lied sangen. Resigniert nahm Dürkefälden zur Kenntnis, dass abweichende Meinungsäußerungen bestraft wurden – auf Grundlage neu erlassener Gesetze. So verurteilten die Gerichte «vier junge Leute, die SPD-Abzeichen bei[m] Turnen trugen, zu je 150 M.» und einen Mann, «dem eine Fahne (Schwarz-rotgold) von seinem Mast heruntergeholt» worden war, «zu mehreren Monaten Gefängnis».[31]

Was Dürkefälden schockierte, nahm Elisabeth Gebensleben-von Alten freudig zur Kenntnis. Zwar zeigte auch sie sich beunruhigt über Gewaltakte, etwa das Einschlagen von Schaufenstern jüdischer Geschäfte in der Braunschweiger Innenstadt. Doch waren diese für sie nicht Bestandteil der nationalsozialistischen Machtausübung, sondern Randerscheinungen, «die Hitler ja auch aufs schärfste bekämpft». Dass der ihr persönlich bekannte sozialdemokratische Oberbürgermeister zusammengeschlagen und anschließend mit roter Schärpe durch die Straßen der Stadt gezerrt wurde, veranlasste sie nur zu der Bemerkung, sie hätte sich seinen Abgang «etwas weniger schmachvoll» gewünscht.[32] Die ausgrenzende Wirkung von Fackelzügen, Hakenkreuzfahnen und dem Horst-Wessel-Lied konnte sie als erklärte Gegnerin der Linken und des angeblich übermäßigen jüdischen Einflusses nur begrüßen. Gewalt rechtfertigte sie einerseits als notwendige Härte, leugnete aber andererseits ihr Ausmaß. Gegenüber ihrer skeptischeren, in den Niederlanden wohnenden Tochter empörte sie sich über «Schauermärchen» exilierter Regimegegner. Ihr Kulturverständnis half ihr dabei, Hitler selbst als Opfer und Überwinder statt als Initiator von Gewalt zu sehen: «Dieser Mann kennt keine Furcht. Ich habe so oft an ihn gedacht, als ich neulich im *Siegfried* saß, der das Fürchten lernen soll und es nicht lernen kann.»[33]

Auch Luise Solmitz äußerte sich «wie berauscht vor Begeisterung» über einen Fackelzug von SA, Stahlhelm und nationalsozialistischen Studenten in Hamburg. Eher beiläufig fügte sie hinzu: «‹Juda verrecke›, wurde auch mal gerufen und vom Judenblut gesungen, das vom Messer spritzen sollte.» In den folgenden Monaten wuchs zwar ihre Skepsis gegenüber der rhetorischen wie physischen Gewalt gegen die nun als «undeutsch» definierte Minderheit. Sie erkannte, dass auch ihr Gatte, ein getaufter Jude, und die gemeinsame Tochter davon betroffen sein könnten. Außerdem störten sie die nationalsozialistische Bildungsfeindlichkeit im Erziehungswesen und allgemein der Anspruch des Regimes auf völlige Unterordnung. Doch auch für sie blieb Hitler «ein Mensch ohne Flecken und Fehler», dessen Vorgehen gegen «rote Künstler» und «Moskowiter von der Straße» umso bewundernswerter war, als diese die «Zerstörung aller Kulturgüter, wie in Rußl.: Schlösser, Museen, Kirchen» geplant hätten.[34]

Wenngleich das volle Ausmaß antisemitischer Ausgrenzung zunächst unklar blieb, war die Stoßrichtung der nationalsozialistischen Gewalt schon für die Zeitgenossen nicht zu übersehen. Sie bestand darin, durch Maßnahmen wie die Bücherverbrennung und die Inhaftierung prominenter Schriftsteller in Konzentrationslagern linke und pazifistische Kultur aus dem öffentlichen Raum zu verdrängen. Jüdische Deutsche sahen sich zunehmend aus dem künstlerischen und wissenschaftlichen Leben ausgeschlossen. SA-Männer und nationalsozialistische Studenten, bei denen Gewaltausübung und kulturelle Mission einhergingen, spielten dabei eine zentrale Rolle. Vor 1933 hatte sich dagegen durchaus noch Widerstand geregt – aber parallel dazu erfreute sich das Ineinandergreifen von Machtdemonstration und Marginalisierung unter bürgerlichen Nationalisten breiter Zustimmung. Mehr noch, der nationalsozialistische Umbruch wurde weithin begrüßt, als Entscheidung quälender Konflikte und als Chance zur umfassenden kulturellen Erneuerung.

Entscheidung und Erneuerung

Für Carl Schmitt brachte die nationalsozialistische Machtübernahme zunächst Unsicherheit mit sich. Seit rund einem Jahrzehnt hatte sich der Staatsrechtsprofessor einen Namen als Kritiker der parlamentarischen Demokratie gemacht. Eingetreten war er dabei jedoch nicht für die nationalsozialistische Bewegung, sondern für eine autoritäre Wende, wie sie in den unübersichtlichen Konstellationen des Jahres 1932 von Franz von Papen und General Kurt von Schleicher betrieben worden war. Den «Preußenschlag», die Absetzung der demokratisch gewählten Regierung im größten deutschen Einzelstaat durch Reichskanzler Papen, hatte Schmitt vor dem Staatsgerichtshof juristisch gerechtfertigt. Jetzt hingegen erschienen ihm sowohl sein politisches Projekt als auch seine persönlichen Ambitionen gefährdet. Am Tag nach der Ernennung des neuen Reichskanzlers war er «aufgeregt» und verspürte «Wut über den dummen, lächerlichen Hitler». Doch schon bald stellte sich heraus, dass das Dritte Reich Schmitts weiteren beruflichen Aufstieg sogar begünstigte: Das

Regime hatte Bedarf an akademischer Legitimation. Umgekehrt war Schmitt selbst flexibel genug, um rasch inhaltliche Schnittmengen mit dem Nationalsozialismus zu entdecken. «Zeitungen gekauft», notierte er Mitte März in sein Tagebuch, «erwartungsvoll wegen der Nazis, Wutanfall gegen den Juden Kaufmann und die ordinäre Masche dieser Assimilanten.»[35]

Was Erich Kaufmann betraf, blieb es nicht bei einem privaten Wutausbruch Schmitts. Vielmehr wandte er sich aktiv gegen den protestantisch getauften Berliner Staatsrechtler. An das Kultusministerium schrieb er, jegliche weitere Lehrtätigkeit eines solchen «besonders ausgesprochenen Typus jüdischen Assimilantentums» liefe auf eine «seelische Schädigung» der Studenten hinaus. Schmitt tolerierte und betrieb nicht nur den Ausschluss jüdischer Kollegen – unter anderem Hans Kelsens, dessen Unterstützung er seine Kölner Professur verdankte. Er trat auch in die NSDAP ein und definierte kurz darauf im Parteiorgan *Westdeutscher Beobachter* das «gute Recht der deutschen Revolution»: «Ein Volk erwacht zum Bewusstsein seiner eigenen Art und besinnt sich auf sich selbst und seinesgleichen.» Dieses Erwachen rechtfertige sowohl den Ausschluss von Juden aus der Beamtenschaft als auch die Schaffung neuer Grundlagen von Legalität im Ermächtigungsgesetz. Solche Formulierungen belegen mehr als Schmitts Fähigkeit, sich rasch an die vorherrschende völkische Rhetorik anzupassen: Der Staatsrechtler begrüßte die Überwindung von parlamentarischer Demokratie und positivem Recht zugunsten einer neuen Ordnung. Diese Ordnung beruhe auf «Gleichartigkeit» und unterscheide «Freund und Feind richtig», nämlich nach rassischen Maßstäben.[36]

Auf dieser intellektuellen Basis integrierte sich Schmitt in den folgenden Monaten immer mehr in das neue Regime. Seine universitäre Tätigkeit und die Pflege seiner vielfältigen Kontakte waren davon nicht zu trennen: «Dann 8 Uhr zur Fahnenweihe in das Stadtrestaurant. Sehr schön, freute mich dabeizusein. Das Horst-Wessel-Lied gesungen. Um $^1/_2$ 10 müde nach Hause, noch

eine Stunde gearbeitet, Vorlesung vorbereitet.»[37] Im Bund Nationalsozialistischer Deutscher Juristen nahm er bald eine führende
Stellung ein und half, die Gleichschaltung von Ländern und Gemeinden umzusetzen. Im Juli 1933 wurde er mit vielen anderen
Angehörigen der alten Eliten in den Preußischen Staatsrat berufen, dessen Gründung er als «Schritt zur Verwirklichung dieses
nationalsozialistischen Gedankens der politischen Führung und
ihrer unzerstörbaren Verbindung mit dem deutschen Volk und
dem deutschen Staatsgedanken» feierte. Neben der Möglichkeit,
an der Ausgestaltung der nationalsozialistischen Herrschaft konkret mitzuwirken, ging es Schmitt um Grundsätzlicheres: Er
wollte die Erneuerung zu Beginn des Dritten Reiches definieren
und sie gleichzeitig zur Krönung einer längerfristigen preußisch-
deutschen Kontinuität stilisieren. So stellte er auf dem Leipziger
Juristentag im Oktober 1933 dem «Gebirge alter Denkgewohn-
heiten und Begriffe» das «Gesetz des unbedingten Vorranges der
politischen Führung» gegenüber.[38]

Über den «Fall Schmitt» wird bis heute diskutiert. Doch handelte es sich bei dem prominentesten deutschen Juristen des
20. Jahrhunderts nicht um eine Ausnahmeerscheinung, sondern um einen durchaus typischen Vertreter der Bildungselite
im Dritten Reich. Zu ihr gehörten Geistes-, Sozial- und Rechts-
wissenschaftler ebenso wie bildende Künstler, Schriftsteller und
protestantische Pfarrer: Sie alle hatten sich bereits im 19. Jahrhundert und vermehrt während des Ersten Weltkrieges für die
kulturelle Sinngebung der Nation zuständig erklärt. Von der
Weimarer Republik waren sie darin zwar keineswegs entmutigt
oder behindert worden. Aber ihre Machtansprüche hatten sich
nur schwer in eine intellektuelle Szenerie gefügt, die sich in erster
Linie durch eine Vielfalt an Auffassungen und Ansätzen aus-
zeichnete. Vom Dritten Reich versprachen sich viele Angehörige
der Bildungselite persönliche Karrierechancen und sahen diese
auch erfüllt – so konnten beispielsweise einige Schüler Schmitts
die freigewordenen Stellen entlassener jüdischer Professoren

übernehmen. Allerdings war Opportunismus nicht ihre einzige Motivation: Zahlreiche Wissenschaftler, Pastoren und Künstler zeigten sich fasziniert vom Klima der Entscheidung und Erneuerung seit dem 30. Januar 1933. Sie sehnten sich nach politischem, gesellschaftlichem und kulturellem Einfluss – und zwischen ihren Überzeugungen und denen der Nationalsozialisten gab es erhebliche Schnittmengen. So gesehen wurden sie nicht einfach «gleichgeschaltet», sondern stellten sich der neuen Ordnung zur Verfügung und füllten diese selbst mit Inhalt.

Um welche Überzeugungen handelte es sich dabei? Viele Geistes- und Sozialwissenschaftler, aber auch Mediziner und Juristen hatten in den zwanziger Jahren an einem Ganzheitsideal festgehalten, das sich jedoch in einer Periode der Ausdifferenzierung immer weniger realisieren ließ. Wer sich in diesen Disziplinen etablieren wollte, musste in immer spezialisierteren Fachzeitschriften veröffentlichen. Wer außerdem weltanschauliche Traktate verfasste, konkurrierte mit anderen Produkten auf dem literarischen Markt. Einzelforschung und Großinterpretation zu vereinbaren, wie es im Kaiserreich noch üblich gewesen war, fiel unter den Bedingungen der Weimarer Universitäts- und Publikationslandschaft schwer. Die systematische und formale Entwicklungstendenz moderner Wissenschaft stand der zeitgenössischen Forderung entgegen, die Kluft zwischen Wissen und «Leben» zu überwinden. Gleichzeitig war der vorläufige und «relative» Charakter aller wissenschaftlichen Erkenntnis den vielen Professoren, die sich nach Eindeutigkeit und Autorität sehnten, zuwider – zumal in einer Zeit, in der Albert Einsteins Theorie wenig verstanden, aber oft schlagwortartig erwähnt wurde. Bei jüngeren Wissenschaftlern kam hinzu, dass sie sich gegenüber einer älteren Generation positionieren mussten, die im Weltkrieg nationalistische Meriten erworben hatte. Sie konnten andere politische Wege einschlagen und sogar linke oder pazifistische Ansichten vertreten – was jedoch selten vorkam und ein hohes Karriererisiko bedeutete. Oder sie konnten den Nationalismus der Älteren noch übertrumpfen, was in vielen Fällen schon lange vor 1933 zu rechtsradikalen Sympathien führte.

Eine Antwort auf diese umfassende Herausforderung bot das Leitbild des «Volkes»: Es verhieß Ganzheit, Eindeutigkeit und Lebensnähe. Zugleich ermöglichte seine Vagheit akademischen Nachwuchskräften, sich dem aktuellen Umbruch aus verschiedenen Richtungen anzuschließen. 1933 suchten aber auch bereits etablierte Wissenschaftler die ideelle Nähe zum neuen Regime. Welche Rolle spielte dabei das Verhältnis zu «den» Juden? Warum griffen Gelehrte, darunter auch solche, die wie Carl Schmitt vielfältige Kontakte zu jüdischen Kollegen gepflegt hatten, nun zu antisemitischen Argumenten? Hier ging es um mehr als um die Gelegenheit, herkömmliche Konflikte zwischen Professoren unter Anwendung neuer Mittel für sich zu entscheiden. Antisemitismus war in der Weimarer Republik unter Wissenschaftlern gewissermaßen latent geblieben. Vorurteile gegenüber Juden waren durchaus vorhanden, wenngleich es sich nicht schickte, diese öffentlich zu äußern. Gleichwohl legten es diese Vorurteile nahe, die intellektuell erfolgreiche Minderheit mit dem differenzierten, formalen und relativen Charakter moderner Wissenschaft zu identifizieren – und damit mit dem, was dem Leitbild des «Volkes» entgegenstand.

Seit dem Frühjahr 1933 war klar, dass sich die Wissenschaften erneuern und Linke ebenso wie Juden fortan ausgeschlossen sein würden. Antisemitische Äußerungen wurden nun nicht nur toleriert, sondern stimuliert und honoriert. Darüber hinaus blieb die Richtung der «Erneuerung» jedoch noch unbestimmt, was allenthalben Gestaltungs- und Aufstiegsambitionen weckte. So machten sich Mediziner Hoffnungen, dass ihnen die rassenhygienische Politik der Nationalsozialisten neue Einflussmöglichkeiten bieten würde. Das Gesetz zur Verhütung erbkranken Nachwuchses vom Juli 1933 verbuchten sie dementsprechend als Erfolg ihres politischen Engagements. Rechtsstehende Physiker sahen nun die Chance gekommen, die «jüdische» Relativitätstheorie zu beseitigen und den allgemeinen Trend zur Mathematisierung ihrer Wissenschaft zurückzudrängen. Ihre Gesinnungsgenossen in der Nachbardisziplin Mathematik wollten das Fach wieder auf intuitive und anschauliche statt auf die «formalistischen» Grundlagen stützen, die seit der Jahrhundertwende entwickelt worden waren. Die eigene Tätigkeit und Forschungsrichtung zum «Kampf» zu erheben war oft taktisch motiviert, entsprach aber gleichzeitig dem Drang, selbst wesentlich zur Stärkung der Nation beizutragen – und passte zu der Vision, durch «Führung» und «Entscheidung» zu einem neuen, postindividualistischen Freiheitskonzept zu gelangen.

Für Carl Schmitt ergaben sich daraus Überschneidungen mit seinem autoritär-etatistischen Denken sowie allgemein mit seinem Verständnis von Politik als Gegensatz zwischen Freund und Feind. «Es gibt keine freie Wissenschaft in einem von Fremden beherrschten Volk˙ und keinen wissenschaftlichen Kampf ohne diese politische Freiheit», formulierte er in seiner Kölner Antrittsvorlesung, «setzen wir alles daran, den großen Kampf auch wissenschaftlich zu bestehen, damit wir nicht zu Sklaven werden, sondern zu freien Menschen.»[39] Der Freiburger Philosoph Martin Heidegger fühlte sich unterdessen durch den nationalsozialistischen Umbruch an die Anfänge griechischen Denkens erinnert. Er sah die Chance gekommen, endlich die «Verkapselung der Wissenschaften in gesonderte Fächer» und die «Beliebigkeit der Absichten und Neigungen» zugunsten einer Ausrichtung auf die «weltbildenden Mächte des menschlich-geschichtlichen Daseins» sowie auf die «Ehre und das Geschick der Nation» zu überwinden: «Alle willentlichen und denkerischen Vermögen, alle Kräfte des Herzens und alle Fähigkeiten des Leibes müssen durch Kampf entfaltet, im Kampf gesteigert und als Kampf bewahrt bleiben.»[40] Diese Erneuerungsrhetorik der Wissenschaftler wies in manchen Fällen (neu-)religiöse Züge auf, besonders, wenn sie anlässlich kultischer Rituale wie der Bücherverbrennung gebraucht wurde. Rhetorisch besungen wurde der Übergang zu einem neuen Heilszustand, den erst die rauschhafte Wiedererweckung Deutschlands und die Messiasfigur Hitler möglich gemacht hätten. Der Umbruch schien den Akademikern die Chance zu bieten, sich mit der jüngeren Generation und der arbeitenden Bevölkerung zu vereinigen. Diese seien, wie es ein Göttinger Privatdozent für Deutsche Philologie formulierte, noch nicht «durch Reflexion, Intellekt und einen atomistischen Individualismus hochmütig und steril» geworden und öffneten sich daher «den Kräften der Wiedergeburt am völligsten und gläubigsten».[41] Mit dieser Interpretation stand er der so zahlenstarken wie aktiven Fraktion unter den protestantischen Pfarrern nahe, welche die Machtergreifung nicht bloß vorsichtig begrüßte, sondern selbst vorantrieb und gestaltete. Die nationalsozialistischen Deutschen Christen waren bereits vor 1933 immer einflussreicher geworden und konnten nun als dominierende Kraft auftreten. Die ihnen angehörenden Pfarrer waren meist vergleichsweise jung, hatten einen kleinbürgerlichen Hintergrund und stammten aus den durch den Versailler Vertrag besonders betroffenen grenznahen oder verlorenen Gebieten. Statt theologischer Debatten favorisierten sie einen volksnahen Glauben der «Tat». Eine solche Neuorientierung versprach neben innerkirchlichen Karrierechancen Erfolge im Kampf gegen die materialistisch-säkulare Konsumkultur sowie die Arbeiterbewegung mit ihren marxistischen Prinzipien.

In Berlin, wo sowohl Konsumkultur als auch Marxismus besonders sichtbar gewesen waren, konnten die Deutschen Christen nach dem 30. Januar 1933 triumphieren. Sie veranstalteten Dankgottesdienste und Totengedenkfeiern unter anderem in der Marienkirche, der Kaiser-Wilhelm-Gedächtniskirche und dem Dom. Hakenkreuzfahnen und SA-Standarten schmückten nun die Altarräume und bildeten den Hintergrund für die völkischen Predigten von der Kanzel. Führergeburtstagsfeiern, später auch

Massentrauungen und -taufen erweiterten das liturgische Repertoire. Deutschchristliche Versammlungen fanden in Gemeinde-
häusern statt, wo Hitlerporträts aufgestellt und neben den herkömmlichen protestantischen auch nationalsozialistische Lieder
gesungen wurden. Der politische Umbruch schien den lange
gehegten Traum einer religiös-nationalistischen Erneuerung zu
erfüllen. Für den Kreuzberger Pfarrer und Reichsleiter der Deutschen Christen, Joachim Hossenfelder, hatte Gott Hitler gesandt,
um «das deutsche Volk aus der Verzweiflung zu reißen und ihm
den Glauben an das Leben wiederzuschenken». Das wiederum
ermögliche die Schaffung einer «Millionen-Armee», die auf das
Selbstopfer und den «himmlischen Wachdienst» der gefallenen
Weltkriegssoldaten und toten SA-Männer bauen könne. In ähn-
lichem Duktus bezeichnete ein Friedenauer Pfarrer das erste Jahr
des Dritten Reiches als «‹Sieg des Glaubens›»: «Erst das vergan-
gene Jahr gab uns wieder Heldentum und Größe. Es stellte uns
alle als Kämpfer in die gemeinsame Front, nach außen und nach
innen und bis ins innerste Geschehen hinein.»[42]

Ebenso wie von den Wissenschaftlern wurde der nationalsozialistische Umbruch von den Pastoren aus jeweils unterschiedlichen Motiven begrüßt. Während in der Hauptstadt Materialismus und Marxismus die vorherrschenden Feindbilder waren,
versprach man sich in den konfessionell gemischten Teilen
Deutschlands vom neuen Regime Unterstützung gegen den Einfluss der Katholischen Kirche. Auch der Antisemitismus, den
viele Protestanten mit Überzeugung vertraten, spielte eine zentrale Rolle. In denjenigen Kirchengemeinden, in denen die Deutschen Christen besonders einflussreich waren, trieben sie die
Entlassung «nichtarischer» Pfarrer, Organisten oder Kinder-
gärtnerinnen voran. Der Umbruch bot ihnen die Möglichkeit, den
jahrhundertealten christlichen Antijudaismus und den Antisemitismus des späten 19. Jahrhunderts weiter zu forcieren. Die
Erinnerung an die jüdischen Ursprünge des Christentums sollte
ausgelöscht werden. Stattdessen wurden «Volk» und «Rasse»

zu zentralen, gottgegebenen Bezugspunkten des Glaubens erhoben – womit man nicht zuletzt auch der grundsätzlichen
Ablehnung des Christentums durch die ebenfalls einflussreiche
neuheidnische Bewegung begegnen wollte.

Zwar waren viele protestantische Pastoren und Gemeindemitglieder nicht bereit, den Deutschen Christen derart weit zu
folgen, weshalb sich schon bald die Gegenbewegung des Pfarrer-
notbundes und der Bekennenden Kirche formierte. Dieser Gegenbewegung ging es jedoch eher um die Verteidigung institutioneller Handlungsspielräume und religiöser Kernbereiche als
um prinzipielle Opposition gegen das neue Regime. Der Ausschluss von getauften Juden und vermeintlichen jüdischen Einflüssen aus der Kirche sowie der deutschen Kultur im Allgemeinen stieß auf breite Zustimmung. Das lag neben überlieferten
Vorurteilen daran, dass Juden von vielen Protestanten mit den
wirklichen oder vermeintlichen Folgen des Säkularisierungspro-
zesses identifiziert wurden. Sie standen symbolisch für den kapi-
talistischen ebenso wie den marxistischen Materialismus – und
sie ließen sich mit moralischem Relativismus, gesellschaftlichem
Pluralismus und intellektueller Abstraktion in Verbindung bringen. Selbst für Martin Niemöller, Pfarrer in Berlin-Dahlem, Kritiker der Ausschlusspolitik und späterer Protagonist des Widerstands, lastete auf den Juden als den Kreuzigern Christi ein
«Fluch». Folglich legte er ihnen den freiwilligen Verzicht auf
kirchliche Ämter nahe.[43]

Auch von vielen bildenden Künstlern, Musikern und Schriftstellern wurde der nationalsozialistische Umbruch positiv aufgenommen, denn er ging mit einer laut bekundeten Aufwertung
der «deutschen Kultur» einher. Wer daran mitwirkte, konnte sich
Stellen, Aufträge oder Auszeichnungen erhoffen. Zudem präsentierte sich die Erneuerung zunächst offener und widersprüch-
licher, als es im Lichte der späteren Entwicklung der Kultur im
Dritten Reich scheinen mag. Einerseits wurde der völkische
Kampfbund für deutsche Kultur bereits ab dem Frühjahr 1933 auf

lokaler Ebene aktiv: Er veranstaltete Orchesterkonzerte und Liederabende und schickte sich an, die Macht über Stadttheater und
Musikvereine zu übernehmen. Unter Ausstellungstiteln wie «Re-
gierungskunst 1918–1933», «Novembergeist» oder «Schreckens-
kammern der Kunst» wurden moderne Stilformen denunziert.
Andererseits stieß der Kampfbundaktivismus innerhalb von
Partei und Staat auf Gegenwind, insbesondere im NS-Studen-
tenbund und in Goebbels' neu geschaffenem Propagandaministerium. Dort hielt man am Leitbild einer Kultur fest, die
teilweise autonom bleiben solle und auf dieser Grundlage mehr
zur Erneuerung und zum Prestige des Dritten Reiches beitragen
könne. So gab es durchaus die Haltung, expressionistische Kunst
nicht nur stillschweigend zu dulden, sondern sie auch öffentlich zu zeigen – sofern ihre Sujets deutsche Landschaften statt
großstädtischer Szenerien waren. Goebbels selbst hielt mit seiner Wertschätzung der Gemälde von Ernst Barlach und Emil
Nolde nicht hinter dem Berg. Für Noldes Werk richtete die
Berliner Nationalgalerie im Sommer 1933 zwei eigene Räume
ein. Das war insofern nicht erstaunlich, als der renommierte
Maler sich in privaten Briefen ausgesprochen positiv über die nationalsozialistische Erneuerung äußerte: Die ländlich-norddeut-
schen Bezüge seines Werkes kontrastierte Nolde mit der angeblichen Überfremdung des Weimarer Kunstbetriebs. Und er ging
gegen seinen Konkurrenten Max Pechstein vor, indem er ihn
beim Propagandaministerium – fälschlich – als Juden denun-
zierte.[44]

Jenseits des offenkundigen Eigeninteresses speisten sich diese
Aussagen und Handlungen aus Kernelementen des damaligen
künstlerischen Selbstverständnisses. Die Mischung aus stilisier-
tem Außenseitertum und Sehnsucht nach Zugehörigkeit hatte
bereits um 1900 verschiedentlich in rechtsradikale Haltungen
gemündet. Das Aufkommen einer populären Massenkultur mit
unverkennbaren amerikanischen Elementen hatte bei vielen
Künstlern Sorgen um die eigene gesellschaftliche Rolle hervorge-

rufen, die sich nun mit nationalistischen Ressentiments verbanden. Die Annäherung der Kunst an die urbane und technisierte Gesellschaft im Zeichen der «Neuen Sachlichkeit» war schon in der Weimarer Republik nicht nur auf begeisterte Zustimmung, sondern ebenso auf erbitterte Ablehnung gestoßen. Vor diesem Hintergrund suchten Expressionisten wie Nolde oder der Schriftsteller Arnolt Bronnen nach Wegen, ihre Kunstrichtung zu revitalisieren. Sie wollten sich für ein größeres Ganzes engagieren, aber auf andere Weise als die vielen Linken im kulturellen Leben der späten zwanziger und frühen dreißiger Jahre. Neben zweitrangigen Autoren und völkischen Hardlinern wie dem nationalsozialistischen Literaturfunktionär Hanns Johst gehörte auch Gottfried Benn zu dieser Gruppe.

Benns Lyrik und Prosa waren zwar experimentell, erprobten die Grenzbereiche von Körper und Psyche. Aber der Dichter gehörte 1933 bereits zum literarischen Establishment. Er war regelmäßig im Radio zu hören und Mitglied der Sektion für Dichtkunst der Preußischen Akademie für Künste. Im Unterschied zu vielen anderen Schriftstellern hielt Benn pazifistische Utopien und sozialistische Gleichheitsforderungen für gleichermaßen fruchtlos. Mit der amerikanischen Kultur der «Einheitsidole, Schemen im Drilltanz, Stapelware» konnte er ebensowenig anfangen wie mit der republikanischen Realität der «ewigen Parlamentsauflösungen, Krisen, Parteipalaver, Zollzänkereien, zwei Fahnen, drei Religionen». Stattdessen bestand er auf der Distanz zwischen Literatur und Welt und einem antirationalistischen Verständnis mythischer Größe. Das trug ihm verletzende Angriffe von links ein und ließ ihn später die nationalsozialistische Machtübernahme als «neue Epoche des geschichtlichen Seins» begrüßen. Als Klaus Mann aus Südfrankreich brieflich sein Unverständnis für Benns Haltung ausdrückte und den von ihm verehrten Autor zu einer moralischen Entscheidung aufforderte, reagierte dieser vehement: In der Emigration, so gab er öffentlich zu Protokoll, sehe er nichts weiter als einen verfehlten demonstrativen Akt. Damit hätten sich kosmopolitische Literaten vollends von ihrem Volk entfremdet und des Rechtes beraubt, über die jüngsten Entwicklungen zu urteilen. Die Machtergreifung stellte er in visionären Formulierungen als historisch notwendigen Schritt dar, der die Chance zum «Hervortreten eines neuen biologischen Typs» und damit zu einer der «großartigsten Realisationen des Weltgeistes überhaupt» eröffne.[45]

«Erneuerung» war somit ein wirkungsmächtiger rhetorischer Topos, zugleich aber mehr als das: Es handelte sich um einen Prozess, dessen Auswirkungen Universität, protestantische Kirche und Kulturbetrieb drastisch veränderten und gleichzeitig weit über sie hinausgingen. Festliche Inszenierungen und Massenaufmärsche, die zudem durch Rundfunkübertragungen und Zeitungsreportagen verbreitet wurden, gaben der «Erneuerung» ein populäres Gesicht. Die Einführung des Hitlergrußes brachte sie bis in die Wohnviertel. Auf Bildstrecken und in Radioreden personifizierte Hitler die tatkräftige «Entscheidung», der die neue Volksgemeinschaft zu verdanken sei. All dies war tatsächlich attraktiv, vermittelte aber auch ein Gefühl der Alternativlosigkeit. Diese Entwicklung zwang die Deutschen, sich bis in familiäre Beziehungen und persönliche Reflexionen hinein zum nationalsozialistischen Umbruch zu positionieren. In den meisten Fällen bedeutete dies, das eigene Selbstverständnis, sofern es nicht ohnehin bereits nationalsozialistisch eingefärbt war, entsprechend anzupassen.

Karl Dürkefäldens Friseur, der noch wenige Jahre zuvor bereitwillig von seiner Desertion aus dem Weltkriegsheer erzählt hatte, behauptete nun, er sei anschließend wieder an die Front zurückgekehrt, dort verwundet und ausgezeichnet worden. Dürkefäldens Bruder entwickelte in der Folge des Umbruchs «mehr Interesse für Tradition» und fragte plötzlich nach dem Verbleib seiner jahrelang unbeachtet gebliebenen Kriegstagebücher. Und der örtliche Pastor, mittlerweile Mitglied der Deutschen Christen, besuchte ihn, «um mal zu horchen, was die Umwälzung auf mich für einen Eindruck gemacht hätte». Auf seine vorsichtig geäußerte Skepsis erwiderte der Pfarrer, «das Geistige, nicht das Wirtschaftliche, sei die Hauptsache»; überhaupt «läge ein fortschrittlicher Gedanke in der Sache».[46] Elisabeth Gebensleben-von Alten trat ihrerseits den Deutschen Christen bei. Die Vermischung von protestantischem und nationalsozialistischem Gedankengut äußerte sich bei ihr immer wieder in quasireligiösen Deutungen des Erfahrenen, zum Beispiel angesichts der Umzüge, Fahnen und Girlanden am 1. Mai 1933: «So etwas Großes, Erhebendes hat kaum je ein Volk erlebt.» Ihre Bewunderung für «Deutschlands Retter» veranlasste sie zur Frage, ob es «überhaupt möglich» sei, «daß in einem Menschen solche Kraft steckt». Diese Kraft erklärte ihrer Meinung nach die «feste Zustimmung zu Hitlers erlösender Tat» in der deutschen Bevölkerung.[47]

Der Aspekt der «Entscheidung», die der nationalsozialistische Umbruch mit sich brachte, wurde in massenwirksamen Ritualen inszeniert und von der bereits weitgehend gleichgeschalteten Presse gefeiert. Viele Zeitgenossen begrüßten die Herrschaft Hitlers und seiner Anhänger, weil nun endlich innere Feinde ausgeschaltet und gesellschaftliche Konflikte überwunden werden könnten. Allenthalben war Erleichterung über das Ende einer «Zerrissenheit» spürbar, die mit der Weimarer Republik identifiziert wurde. Luise Solmitz war nicht nur froh, dass dank dem «Heiland» Hitler gegen Kommunisten und Schwerverbrecher «endlich durchgegriffen werden» konnte. Bereitwillig gestand sie auch: «Ich persönlich fühle mich unter der Diktatur außerordentlich wohl.» Trotz zunehmender Sorge um die Zukunft ihres jüdischen Ehemannes und der gemeinsamen Tochter machte ihr «die Gleichschaltung großen und tiefen Eindruck», weil sie Eindeutigkeit und Gewissheit herstellte: «Mal einen, einen einzigen Willen fühlen.»[48] Bis in die Diktion hinein stand die Hamburger Lehrerin damit Martin Heidegger nahe, mit seiner «Erfahrung und Beglückung, daß der Führer eine neue Wirklichkeit erweckt hat, die unserem Denken die rechte Bahn und Stoßkraft gibt».[49]

Der nationalsozialistische Umbruch war somit nicht allein das Werk einer aggressiven Minderheit: Von weiten Teilen der deutschen Bevölkerung wurde er als grundstürzende Entscheidung begrüßt und auch mitgestaltet. Für die Geschichte der deutschen Kultur, deren Vielfalt zwar seit Jahren durch Zensur und Gewalt bedroht, jedoch noch nicht am Ende gewesen war, bedeutete der Umbruch eine tiefe Zäsur. Viele Menschen, darunter zahlreiche Geistliche und Intellektuelle, rechtfertigten diesen Einschnitt nicht nur aus opportunistischen Motiven, sondern aus Überzeugung. Genügend Stimmen hatten seit etwa 1930 die «Krise» der Weimarer Republik heraufbeschworen, dabei autoritäre bis rechtsextreme Positionen eingenommen und die Gewalt der «Bewegung» stillschweigend akzeptiert, um jetzt dem Nationalsozialismus auch im Bereich der Kultur zur Dominanz zu verhelfen. Die von Hitler angeführte Erneuerung galt ihnen als Antwort auf grundlegende Herausforderungen der Moderne, von der Massenkultur über die Säkularisierung bis zur Wissenschaftsentwicklung. Die nationalkulturelle Mission, die sich die deutschen Bildungseliten seit dem 19. Jahrhundert selbst zugeschrieben hatten, schien nun wieder erfüllbar zu sein.

Kaum jemand wollte dabei das Rad der Zeit einfach nur zurückdrehen; nur wenigen ging es um eine Rückkehr zur Kultur des Kaiserreiches. Vielmehr wurde der nationalsozialistische Umbruch auch deshalb begrüßt, weil er etwas grundsätzlich Neues versprach. Was dies «Neue» sein sollte, blieb innerhalb der von Anfang an durch die Diktatur definierten Grenzen offen. Gerade diese inhaltliche Unbestimmtheit ermöglichte es, Wünsche und Träume der Zeitgenossen ebenso anzusprechen wie persönliche oder institutionelle Interessen: Heidegger konnte innerhalb des nationalsozialistischen Rahmens an die Anfänge griechischen Denkens anknüpfen, Schmitt sich in seinem Freund-Feind-Denken bestätigt fühlen und mancher Pfarrer auf einen Wiederaufschwung des protestantischen Glaubens hoffen. Sie alle wollten sich nicht nur in die Kultur des Dritten

Reiches integrieren, sondern sie beeinflussen – doch wie diese Kultur genau aussehen würde, sollte sich erst in den folgenden Jahren erweisen.

II.

Nationalsozialismus als kulturelle Synthese

Irgendwo in Bayern, 1937: Drei junge Leute sitzen auf Klapp-
stühlen in der Sonne und blicken auf eine verschneite Hoch-
gebirgslandschaft. Die beiden Männer haben lässig die Beine
hochgelegt, während die Frau zwanglos zwischen ihnen Platz genommen hat. Was wie ein banales Urlaubsfoto aussieht, ist von
großer symbolischer Bedeutung. Denn es steht für eine neue
Epoche, in der alle Deutschen Zugang zu alpinen Aussichten und
frischer Winterluft haben oder bald haben werden. Das Bild suggeriert Gesundheit, doch denkt man dabei allenfalls beiläufig
an die Erstarkung des «Volkskörpers». Im Vordergrund stehen Erholung und Entspannung, gemeinsam mit guten Freunden oder
neuen Bekannten, als wohlverdienter Ausgleich zur intensiven
Arbeit der Aufrüstungsjahre. Gerade hierin liegt ein Gegensatz
zur späten Weimarer Republik, in der Erzählungen vom «kleinen
Mann», der durch die allgegenwärtige Krise verarmt, erschöpft
und verunsichert sei, vorgeherrscht haben. Auch ohne dass man
ihren Gesichtsausdruck erkennen könnte, scheinen die beiden
Urlauber mit den hochgelegten Beinen selbstsicher in ihrer
Männlichkeit, zugleich aber bereit, der Frau «kameradschaftlich»
einen Platz zwischen ihnen einzuräumen – so wie es zur gemäßigt modernen Kleidung und den Frisuren der drei jungen Leute
passt.

Das Foto wurde vom Presseamt der Deutschen Arbeitsfront aufgenommen, um eine Winterreise von «Kraft durch Freude», der Freizeitorganisation der Deutschen Arbeitsfront, propagandistisch zu verwerten. Es gehört zu einer ganzen Reihe von Bildern, die vergleichbar entspannte Situationen zeigen: ganz normale Menschen beim Schwimmen in einem See, in Liegestühlen auf einem Schiffsdeck oder beim Spaziergang nach dem Anlegen auf Madeira. Man sieht ihnen nicht an, dass Juden, politische Gegner und «Asoziale» von solchen Aktivitäten ausgeschlossen sind. Solche Aufnahmen ähneln den speziell angefertigten Bildern für ausländische Besucher, die seit 1933 zahlreicher als je zuvor besonders nach Bayern strömen. Zumeist vermitteln die auf ihnen gezeigten Gebirgslandschaften ein unpolitisches Deutschlandbild. Doch zuweilen wird die nationalsozialistische Rhetorik auch eingesetzt, um die Neugierde potenzieller Touristen anzuregen und auf die Aufbruchsstimmung im Dritten Reich aufmerksam zu machen: Ein Faltblatt des vom Reichspropagandaministerium beauftragten britischen Reisebüros Thomas Cook & Sons trägt die Überschrift: «Heil! Summer!»[1]

Bilder von Bergen lassen sich auf verschiedene Weise verwenden und interpretieren. Winterreisen werden im Dritten Reich einerseits durch Kraft durch Freude angeboten, können aber andererseits nach wie vor über private Reisebüros gebucht werden. Adolf Hitler selbst zieht sich oft an den Obersalzberg bei Berchtesgaden zurück, wo sein mit Zentralheizung und Heimkino ausgerüsteter «Berghof» inmitten eines riesigen «Führersperrgebietes» liegt. In unmittelbarer Umgebung besitzen auch Hermann Göring und Albert Speer Häuser; der Sicherheitsdienst bezieht Quartier, und die SS errichtet eine Kaserne. Hitlers «Volksgenossen» verfügen nicht über vergleichbaren Luxus, aber auch sie machen von Bergen Gebrauch: Sie unternehmen Wanderungen, schauen Heimatfilme im Kino oder träumen davon, auf modernen Autobahnen durch Mittelgebirgslandschaften zu fahren.

Bemerkenswert ist bei alledem, wie nahe scheinbar Gegensätzliches beieinander liegt: Normales und Außergewöhnliches, Kontinuität und Erneuerung, Alltag und Politik. Völkische Ideen und diktatorische Eingriffe existieren parallel zu bürgerlichen Traditionen und modernen Trends. Weit über das Beispiel der Berge hinaus liegt darin das wichtigste Merkmal der Kultur in Deutschland um die Mitte der dreißiger Jahre. Diese Kultur nimmt auf verschiedenen Ebenen konkrete Gestalt an: Die Führungsriege des Regimes ist bestrebt, sich kulturelles Prestige zu verschaffen und auch auf diese Weise ihre Macht zu unterstreichen. Neue Formen der Freizeitgestaltung und der Unterhaltung bieten vielen Deutschen neue Erlebnisse und appellieren an ihre Fantasie – allerdings längst nicht allen: Die Dissidenten des Dritten Reiches beispielsweise bleiben davon ausgeschlossen. Im Untergrund oder im Exil versuchen sie, ihre kulturelle Isolation zu überwinden. Dass ihr Einsatz letztlich erfolglos bleibt, liegt zum einen am System der Überwachung und Repression – zum anderen aber auch an der attraktiven Synthese des Nationalsozialismus, in die völkische, bürgerliche und populäre Strömungen einfließen.

Prestige und Patronage

Für Joseph Goebbels war der Januar 1935 ein ebenso genussreicher wie erfolgreicher Monat. Der Minister für Volksaufklärung und Propaganda besuchte eine «große Aufführung» von Wagners «Tristan» in der Deutschen Oper in Berlin; Shakespeares «König Lear» im dortigen Staatstheater fand ebenso seinen Beifall wie eine «glänzende Milieuschilderung» im Komödienhaus.[2] Selbstbewusst führte er diesen Kulturgenuss auf den nationalsozialistischen Umbruch zurück: «Wir haben in Berlin wieder ein Theater. Das ist unser Verdienst.»[3] Nachdem sich Goebbels zunächst noch kritisch über die Bühnendekoration der «Tristan»-Inszenierung geäußert hatte, konnte er bei einem zweiten Besuch kurz darauf befriedigt Verbesserungen konstatieren: «Meine Regieanweisungen sind durchgeführt. Es ist eine wunderbare Aufführung. Szenisch und musikalisch. Führer begeistert.» Nicht immer blieb es bei derartigen «Regieanweisungen» des Ministers. Die Inszenierung einer komischen Oper aus dem späten 19. Jahrhundert erschien ihm mittelmäßig, was er zum Anlass nahm, dem zuständigen Intendanten neue «Richtlinien» vorzuschreiben: «‹Bocaccio› [sic] war eine Niete. Muss gutgemacht werden.» Goebbels verhinderte außerdem, dass ein Film, den er als «unerträglich» und «in der Tendenz ganz verfehlt» empfand, in die Kinos kam. Zugleich setzte er sich nicht nur dafür ein, Rundfunk, Theater und Film stärker zu subventionieren, sondern steuerte auch eigene Ideen zur kulturellen Entwicklung des Dritten Reiches bei: «Filmberatung: Cromwellstoff im Groben fertig. Wird ganz groß. Meine Idee.»[4]

Goebbels' Tagebucheinträge werfen ein Schlaglicht auf die Logik seiner Kulturpolitik. Der promovierte Literaturwissenschaftler und Romanautor war seit den zwanziger Jahren zum führenden Propagandisten des Nationalsozialismus aufgestiegen. Sein Ministeramt erlebte er als immense persönliche Aufwertung, weil es ihm institutionelle Macht verlieh und einen luxuriösen Lebensstil ermöglichte. Die Kompetenzen seines Ministeriums baute er rasch aus: Persönlich übernahm er die Kontrolle der Berliner Philharmoniker sowie einer Reihe weiterer Spielstätten, darunter die Deutsche Oper. Zutiefst überzeugt vom eigenen Sinn für Kultur traute Goebbels sich zu, bei jedem Theaterbesuch oder Filmabend ein treffendes Urteil zu fällen. Gefiel ihm eine Inszenierung, verbuchte er sie als eigenen Verdienst, weil er sie zugelassen, gefördert oder überhaupt erst ermöglicht hatte. Wahrgenommene Defizite stellten sein Selbstbewusstsein keineswegs in Frage, denn im Vollgefühl seiner Macht konnte er sie als solche identifizieren, entsprechend Druck ausüben oder gar direkt in Form und Inhalt der Aufführung eingreifen. Auf diese

Weise nahm Goebbels beträchtlichen Einfluss auf das Theater-
leben und die Filmpolitik. Neben seinem persönlichen Prestige
ging es ihm dabei vor allem darum, das Ansehen des Dritten
Reiches im In- und Ausland zu erhöhen. Deshalb fand er es
auch nicht opportun, die Grenzen legitimer Kultur allzu eng zu
definieren. Gerne grenzte er sich von anderen Größen des Regimes ab: Der sächsische Gauleiter Mutschmann erschien ihm
provinziell («Wohnung Denkmal neudeutscher Kultur. Fürchter-
lich!»), während er den völkischen Ideologen Alfred Rosenberg
für verbohrt hielt: «Wenn er zu sagen hätte, gäbe es kein deutsches Theater mehr, sondern nur noch Kult, Thing, Mythos und
ähnlichen Schwindel.»[5]

Goebbels' Position war insofern konsistent, als er die historischen und gegenwärtigen kulturellen Leistungen der Deutschen
für immens hielt. «Wie hoch steht doch die musikalische Kultur
in Deutschland! Und was haben wir an den Berliner Philharmonikern und Furtwängler», schrieb er in sein Tagebuch, «Musikalität
gehört zu einer primitiven Rasse. Beim Deutschen bringt das nor-
dische Element noch die konstruktive Begabung dazu.» Dieses
Potenzial wollte er keinesfalls ersticken, sondern für das Dritte
Reich politisch nutzbar machen. Darüber hinaus war er sich als
versierter Propagandist der Bedeutung populärer Unterhaltung
für die Stabilisierung des Regimes bewusst. Daher vermied er
es, das Film- und Theaterpublikum durch allzu deutliche Propaganda zu vergraulen. Goebbels selbst sah etablierte Künstler
ebenso wie neue Stars gerne auf der Bühne. Auch genoss er ihre
Gesellschaft, weil er sie «anregend und begeisterungsfähig»
fand: «Ein richtiges Kindervölkchen. Aber zum Liebhaben.»[6] Statt
ihnen präzise Vorschriften zu machen, zog er es vor, ihre Freund-
schaft zu gewinnen und sie in Abhängigkeit von seinen persönlichen Gunstbezeugungen und kulturpolitischen Interventionen zu halten. Prominente Dirigenten oder Schauspieler wandten sich mit ihren Sorgen und der Bitte um Unterstützung an
ihn, welche er auch oft gewährte. Gleichzeitig lag es in seiner

Macht, sie zurechtzuweisen oder gar ihre Karrieren abrupt zu beenden.

Wichtigster Orientierungspunkt für den Minister war und blieb Adolf Hitler. Goebbels' Verbundenheit mit dem «Führer» war selbst nach Maßstäben des Dritten Reiches außergewöhnlich. Der enge und normalerweise tägliche Kontakt zwischen beiden stellte nicht nur die Voraussetzung seiner Macht, sondern auch die Grundlage seines persönlichen Lebens dar. Immer wieder aufs Neue beglückt notierte er in seinem Tagebuch, dass er mit Hitler ausgiebig «parlavert», Filme angeschaut oder eine Opernvorstellung besucht habe. Der «Führer» war für ihn ein Visionär, der in idealer Weise künstlerische Intuition und kulturpolitisches Verständnis vereinte. Typisch dafür sein Eintrag während des Nürnberger Reichsparteitages 1935: «Der Führer spricht. Klare Stellungnahme zu den aktuellen Problemen des Kulturlebens. Großartige Schau von starker Kraft und künstlerischer Wärme. Er ist nicht nur ein Baumeister der Staatskunst.»[7] Daher war er auch bereit, sich dem Geschmacksurteil Hitlers gegebenenfalls zu unterwerfen: Die Gemälde von Emil Nolde, die er noch 1933 für seine Privatresidenz erworben hatte, ließ er aus Sorge vor Missfallensäußerungen des «Führers» wieder abhängen.

Wenn Hitler seine eifersüchtig gehütete Position und vergleichsweise gemäßigte Grundhaltung unterstützte, befriedigte dies Goebbels sehr. So wandte sich Hitler «scharf gegen die Bestrebungen, die deutsche Geschichte zu entwerten durch kleinliche Versuche, sie in gut oder böse zu spalten». Goebbels' «Erzrivale» Alfred Rosenberg, dessen völkischer Geschichtsauffassung die Spitze des «Führers» galt, konnte bloß «stumm und grollend» zuhören. Doch Hitler achtete darauf, dass sich auch Goebbels seiner Unterstützung nie völlig sicher sein konnte – und sich dadurch zu immer neuen Anstrengungen und Loyalitätsbekundungen veranlasst sah. Nach einer kritischen Bemerkung Hitlers zur aktuellen Kunstpolitik nahm sich Goebbels vor, durch «einige personelle Umstellungen» Abhilfe zu schaffen: «Ich kann mir nicht durch ein paar Nichtkönner das Vertrauen des Führers zu meiner Arbeit verderben lassen.» Von Zeit zu Zeit musste der Minister allerdings hinnehmen, dass Hitler in Konfliktfällen gegen ihn entschied oder einen Konkurrenten symbolisch aufwertete. So notierte Goebbels nach einem Gespräch über geeignete Kandidaten für den Deutschen Nationalpreis für Kunst und Wissenschaft: «Und dann schlägt er – Rosenberg vor. O Gott! Ich bin davon etwas erstaunt.»[8]

Goebbels' Erfolge wie auch seine gelegentlichen Niederlagen verweisen auf ein wichtiges Merkmal der Kulturpolitik im Dritten Reich: Die Führungsriege des Regimes nutzte Kultur zur eigenen Selbstinszenierung. Viele dieser Nationalsozialisten hielten große Stücke auf ihren eigenen Kunstverstand – vor allem aber reagierten sie auf Anregungen von ganz oben. Denn der frühere Kunstmaler und Opernfreund Hitler hatte Kultur zu einem Kernbereich nationalsozialistischer Herrschaft erklärt. Seine Vertrauten standen in ständiger Konkurrenz um persönliches Prestige und politischen Einfluss, was vom «Führer» teils hingenommen, teils bewusst geschürt wurde. Um ihre Stellung zu behaupten oder zu verbessern, bauten sie ganze Institutionen auf, die rasch wuchsen und ihre Kompetenzen erweiterten. Daraus konnten sich allerdings Spannungen zum eigenen, weltanschaulich und interventionistisch geprägten Selbstverständnis ergeben. So klagte etwa Goebbels, die ihm unterstehende Reichskulturkammer sei «so verbeamtet».[9] Letztlich war es jedoch genau diese Mischung von ideologischen Vorgaben, bürokratischen Abläufen und willkürlichen Eingriffen, welche die kulturpolitische Entwicklung bestimmte. Nie gab es dabei programmatische Eindeutigkeit. Auch Goebbels war nur einer von mehreren Akteuren. Zudem bot er selbst keine klare Orientierung über die Grenzen des Erlaubten. Manchmal deuteten seine öffentlichen Äußerungen an, Kunst solle teilweise autonom bleiben. Dann wieder insistierte er in drohendem Ton auf Gesinnungstreue und bezeichnete kulturelle Freiheit als überholtes Leitbild.

Im November 1933 war es Goebbels gelungen, mit Hitlers Unterstützung die Reichskulturkammer zu gründen. Damit hatte er den Versuch Robert Leys abgewehrt, auch die Kulturschaffenden in die Deutsche Arbeitsfront einzubeziehen, und den Vorrang des Reichspropagandaministeriums gesichert. Die neue Institution betrachtete die Künstler zunächst als «freien», aber gleichzeitig staatlich kontrollierten Stand. Um ihre Tätigkeit überhaupt ausüben zu können, mussten ihr Orchestermusiker, Maler, Schauspieler und Schriftsteller angehören. Das wurde meist nicht als Problem empfunden, weil die verschiedenen Berufsverbände nach 1933 in den Kammern für Schrifttum, Theater, Film, Musik, bildende Künste, Rundfunk und Presse aufgingen. Vertrauenerweckend für Künstler wirkte zudem, dass zu den Präsidenten und Ratsmitgliedern dieser verschiedenen Reichskammern nicht nur Aktivisten des Kampfbundes für deutsche Kultur, sondern auch etablierte Künstler wie der Komponist Richard Strauss zählten. Dieser setzte sich etwa dafür ein, die Komponisten stärker am Gewinn aus ihren Werken zu beteiligen und das Niveau des Musiklebens zu steigern. Weil Strauss zugleich zum kulturellen Prestigegewinn des NS-Regimes auf nationaler wie auf internationaler Ebene beitrug, konnte er zunächst eine gewisse korporative Selbstkontrolle gegen ideologische Eingriffe verteidigen. So erlaubte sich die Reichsmusikkammer eine Zeitlang den Standpunkt, dass sie «grundsätzlich Werke mit atonalem Charakter nicht verbieten» könne und vielmehr «das Publikum die Entscheidung fällen» müsse.[10]

Die Bemühungen der Reichskulturkammer um die Regelung des Berufszugangs und des Urheberrechts, um Arbeitsbeschaffungsprogramme und eine eigene Sozialversicherung ließen sich für viele Künstler vielversprechend an. Schließlich hatte ihnen der krisenhafte freie Markt in der Weimarer Republik schwer zu schaffen gemacht. Doch konnte all dies auf Dauer nicht darüber hinwegtäuschen, dass das Kulturleben nun diktatorischen Eingriffen unterlag. Ab 1935 schlug Goebbels einen repressiveren

Kurs ein und warf Strauss zu große Nachgiebigkeit gegenüber den jüdischen Mitgliedern der Reichsmusikkammer vor. Zudem war er erbost, weil die Reichstheaterkammer nicht entschieden genug gegen Berliner Kabarettisten eingeschritten war, die sich über einige Größen des Regimes lustig gemacht hatten. Institutionelle Änderungen folgten: Die Fachverbände innerhalb der verschiedenen Reichskammern, die sich etwa speziell dem Varieté oder der Kleinkunst widmeten, waren nun nicht länger teilautonom. Sie wurden zu sogenannten «Fachschaften» umgewandelt und der Kontrolle gesinnungsfester Nationalsozialisten unterstellt. Parallel dazu sicherte sich das Propagandaministerium den direkten kulturpolitischen Zugriff bis in die Regionen hinein, indem es ein paralleles Netzwerk von Landeskulturwaltern und Landesleitern aufbaute.

Warum verschärfte Goebbels seinen kulturpolitischen Kurs? Die Erklärung findet sich in der persönlichen Konkurrenz, die innerhalb der Führungsriege des Dritten Reiches herrschte. Die Angriffe Alfred Rosenbergs drohten nämlich, die Stellung des Ministers zu untergraben. Rosenberg stammte aus einer deutschbaltischen Familie, hatte Architektur studiert und war im München der Nachkriegsjahre zum völkischen Publizisten geworden. Bekannt geworden war er als Verfasser eines (wenig gelesenen) Wälzers: «Der Mythus des 20. Jahrhunderts» verortete die Wurzeln des deutschen Volkes in einer germanischen Rasse, die später von der jüdisch-christlichen Tradition unterjocht worden sei. Rosenberg beanspruchte zwar eine Rolle als Chefideologe des Nationalsozialismus, füllte sie jedoch nicht wirklich aus: Im kulturpolitischen «Tauziehen» – wie er es selbst nannte – konnte er sich nicht entscheidend durchsetzen. Trotzdem verfügte er über beträchtlichen Einfluss. Hitlers Auftrag, die «geistige und weltanschauliche Schulung und Erziehung» der Partei und ihrer Massenorganisation Kraft durch Freude zu überwachen, nutzte der Intellektuelle für Kampagnen im Sinne völkischer Linientreue. Damit konnte er das, was er als «Goebbels-Reden ohne Ge-

halt» und «Richtungslosigkeit der Reichskulturkammer» verab-
scheute, zwar nicht grundsätzlich ändern, wohl aber in vielen
Einzelfällen Kurswechsel bewirken.[11] Zudem bemühte sich die
Rosenberg direkt unterstehende «Nationalsozialistische Kulturgemeinde», dem völkischen Radikalismus durch Konzertabende,
günstige Theaterabonnements, eigene Zeitschriften sowie einen
Schallplattenring Gehalt zu verleihen, bis sie 1937 von Kraft durch
Freude – und damit von seinem Konkurrenten Robert Ley – übernommen wurde.

Bereits zuvor hatte Kraft durch Freude über ein «Amt Feier-
abend» und ein «Amt Deutsches Volksbildungswerk» verfügt und
verschiedene Kulturveranstaltungen organisiert. Da die Deutsche Arbeitsfront die gewerkschaftlichen Verlage der Weimarer
Zeit übernommen hatte, konnte die Freizeitorganisation überdies Bücher und Zeitschriften herausgeben und vertreiben, was
ihr sowohl inhaltliche Einflussnahme als auch ökonomische Expansion ermöglichte. Auch andere nationalsozialistische Institutionen und Persönlichkeiten profilierten sich auf dem Gebiet
der Kultur. So nutzte Hermann Göring sein Amt als preußischer
Ministerpräsident zur Befriedigung seines notorischen Reprä-
sentationsdranges. Dazu gewann er die Kontrolle über die Preußischen Staatstheater, was ihm unter anderem ermöglichte, sich
toleranter als andere Größen des Regimes zu geben: Er pro-
tegierte den Schauspieler Gustav Gründgens – der ansonsten wegen seiner Homosexualität früher oder später Schwierigkeiten
bekommen hätte. Ferner sicherte sich Bernhard Rusts Reichs-
ministerium für Wissenschaft, Erziehung und Volksbildung Zu-
ständigkeiten für Lehrbücher, Bibliotheken und Museen. Max
Amann, der als Reichsleiter für die Presse der NSDAP über den
Franz Eher Verlag eine Vielzahl von Einzelschriften und Periodika
vertrieb – darunter die Bücher Hitlers und Rosenbergs sowie den
Völkischen Beobachter –, dehnte bald seinen Einfluss auf das ver-
bleibende bürgerliche Zeitungswesen aus. Eine Vielzahl von Parteiorganisationen wie etwa der NS-Lehrerbund oder die Partei-

amtliche Prüfungskommission widmeten sich der Kontrolle und Förderung von Publikationen bis hin zu Heimatkalendern und Jugendromanen (wobei Letztere auch die Führung der Hitlerjugend interessierten). Für die konkrete Überwachung von Autoren, Schriften und Buchhandlungen waren die Gestapo und der Sicherheitsdienst der SS verantwortlich. Wie stark sich das allgemeine Streben nach Machterweiterung im Kulturbereich niederschlug, zeigt ein Tagebucheintrag Goebbels': «[Stabschef Viktor] Lutze will auch S. A. Filme machen. Das aber werde ich inhibieren. Sonst pfuscht wieder jeder in meinen Kram hinein.»[12]

Welche Konsequenzen ergaben sich nun aus dieser unübersichtlichen Landschaft kulturpolitischer Institutionen, die von Fall zu Fall miteinander koexistierten, kooperierten oder konkurrierten? Das Beispiel des Theaters zeigt, welche Bedeutung willkürlich getroffene Einzelentscheidungen hatten. Paradoxerweise betraf dies auch dezidiert nationalsozialistische Stücke, deren Aufführung verschiedentlich verboten wurde. Allzu drastische Szenen – insbesondere sexuellen Inhalts – oder jüdische Charaktere, die unbeabsichtigt sympathisch wirken konnten, ließen negative Propagandaeffekte befürchten. Dann wieder erschienen die Autoren ihren völkischen Überzeugungen zum Trotz nicht hinreichend linientreu, oder sie scheiterten schlicht an den persönlichen Animositäten eines mächtigen Parteifunktionärs. Politisch unauffällige und ästhetischen Experimenten abgeneigte Theatermacher genossen hingegen erhebliche Vorteile. Ihnen kam der ökonomische Wiederaufschwung in einer Zeit zugute, in der es an erschwinglichen Konsumgütern mangelte und stattdessen Freizeitaktivitäten an Bedeutung gewannen. Die reichlich fließenden Kultursubventionen ermöglichten Festwochen, aufwändige Inszenierungen, Renovierungen von Spielstätten und sogar die Gründung neuer Theater. Die Stellensituation und die Arbeitsbedingungen der Schauspieler verbesserten sich. Die Direktoren konnten aus dem Vollen schöpfen und wurden verschiedentlich zu Generalintendanten oder Professoren ernannt

– was es ihnen erleichterte, sich in den neuen ideologischen Rahmen einzufügen. So musste sich Gustav Deharde zwar verschiedener völkischer Attacken erwehren. Aber der Generalintendant des Württembergischen Staatstheaters sah seinen Beruf durch das Dritte Reich dennoch weltanschaulich aufgewertet und mit der Aufgabe betraut, «das Gute aus der Vergangenheit zu retten, das Neue aber zu suchen und zu erkennen und den Gesamtbetrieb mit der geistigen Haltung der neuen Zeit zu durchdringen».[13]

Allgemein erhöhten sich die Chancen für Engagements von Künstlern, weil die verschiedenen Organisationen von Partei und Staat selbst Konzerte, Schauspielabende und Kunstausstellungen anboten. Allein Kraft durch Freude organisierte 1938 reichsweit rund 12 000 Opern-, 20 000 Theater- und 11 000 Variétévorstellungen sowie 5000 Konzerte; insgesamt wurden 54 Millionen Karten verkauft. Davon profitierten aufstrebende Künstler wie beispielsweise Herbert von Karajan, der 1935 anlässlich eines KdF-Opernabends in Aachen Beethovens «Fidelio» dirigieren konnte. Architekten und Malern nützte es, dass überall im Land Gebäude und Kunstwerke in Auftrag gegeben und Wettbewerbe ausgerufen wurden. Schriftsteller konnten von einer regelrechten Schwemme an Literaturpreisen profitieren. Die Flut von Vortragsreihen und Bücherlesungen ging so weit, dass der völkische Autor Bruno Brehm klagte, er erhalte beinahe täglich «Fragen, ja sogar schon Verträge über und von Vorlesungen», die häufig auch noch für dasselbe Datum angesetzt seien.[14] Und auch wenn das von den einzelnen Reichskammern eingeführte System fester Mindestlöhne und -honorare in der Praxis ebenso lückenhaft blieb wie die Altersversorgung für Künstler, stellte beides doch eine wesentliche Verbesserung für Theaterangestellte oder Orchestermusiker dar.

Die breite Förderung von Künstlern durch das Regime hatte jedoch ihre Grenzen. Unterhaltungsmusiker standen weiterhin unter starkem Lohndruck, und auch bildende Künstler hatten nach wie vor äußerst bescheidene Einkünfte. Diese benachteiligten Gruppen, angesichts der Krisenerfahrungen in der späten Weimarer Republik ohnehin nicht gerade verwöhnt, konnten jedoch auf eine allmähliche Verbesserung ihrer Lage hoffen. Profiliertere Künstler hingegen liefen Gefahr, in Konflikt mit der Zensur zu geraten. Viele von ihnen hatten bereits 1933 alle Wirkungsmöglichkeiten verloren. Verfolgungen, Säuberungen und Bücherverbrennungen bereiteten der Kulturpolitik der Weimarer Republik, die Modernisten, Linken und Juden Raum geboten hatte, ein ebenso abruptes wie definitives Ende. In den folgenden Jahren gab es zwar gelegentliche Zeichen der Lockerung, aber keine Rückkehr zu größerer Toleranz. Im Wissen um die Machtansprüche des Regimes neigten Buchverleger oder Theaterintendanten dazu, mögliche Risiken gar nicht erst einzugehen. In Zweifelsfällen fühlten sie zunächst einmal bei den passenden Stellen im institutionellen Dschungel des Regimes vor. Das erschien vor allem deshalb ratsam, weil die Grenzen des Erlaubten unscharf blieben, obwohl Listen mit unerwünschten Schriftstellern oder Komponisten zirkulierten. Zensur auszuüben, die Ausstellung von Lizenzen zu verweigern oder einen Künstler wegen mangelnder Zuverlässigkeit aus der entsprechenden Reichskammer auszuschließen war deswegen meist gar nicht nötig.

Das Geflecht aus kulturpolitischen Regelungen und Maßnahmen ließ sich von außen nur schwer durchschauen. Selbst Gerhart Hauptmann, der 1933 seine Loyalität zum neuen Regime bekundete und sogar der NSDAP beitreten wollte, war davon betroffen: Der renommierte Dramatiker erfuhr zwar offizielle Wertschätzung, aber verschiedene Neuauflagen und Verfilmungen seiner sozialkritischen Stücke wurden zensiert oder sogar verboten. Hans Fallada (eigentlich Rudolf Ditzen), war für die Nationalsozialisten als früherer Sozialdemokrat problematisch, gleichzeitig jedoch aufgrund seiner Popularität interessant. Der Schriftsteller zeigte sich von 1933 an zur Selbstanpassung bereit: Im Vorwort zu seinem Roman «Wer einmal aus dem Blechnapf frißt»

(1934) distanzierte er sich vom humanen Strafvollzug der Weimarer Republik, und bei der Überarbeitung seines folgenden Romans kam er der Zensur weit entgegen. Dennoch wurde er verschiedentlich von nationalsozialistischen Rezensenten attackiert, ja, zeitweilig zum «unerwünschten Autor» erklärt. Fallada begann, Englisch zu lernen, um sich auf die Emigration vorzubereiten. «Nun haben wir uns auch deswegen mit sehr erfahrenen Leuten beredet», schrieb er im September 1935 an seine Eltern, «und man hat uns einhellig geraten, völlig legal – was möglich ist – nach London oder Kopenhagen zu gehen». Doch blieb ihm der «Gedanke, in fernem Lande zu leben», fremd, so dass er sich vorerst auf das Schreiben von Kindergeschichten verlegte. Mit dem Inflationsroman «Wolf unter Wölfen» (1937), der von den Nationalsozialisten als Kritik an der Weimarer Republik gelesen und auch von Goebbels geschätzt wurde, gelang ihm die künstlerische Rehabilitation. Fallada konnte nun Verträge für Übersetzungen und Verfilmungen abschließen. Zugleich erwartete der Propagandaminister von ihm, in seinen nächsten Roman «Der eiserne Gustav» eine positive Schilderung der Machtergreifung einzubauen – eine Forderung, welcher der durch seine bisherigen Erfahrungen verunsicherte und stets in Geldnot steckende Fallada auch nachkam.[15]

Die nationalsozialistische Kontrolle des literarischen Lebens ließ also eine gewisse Flexibilität in der eigenen Haltung zum Regime zu, deren Grenzen jedoch schwer abzuschätzen waren. In Einzelfällen erhielten etwa Autoren, die mit einer «Halbjüdin» verheiratet waren, Sondergenehmigungen und durften weiter publizieren. Manche ihrer politisch verdächtigeren Kollegen konnten sich mit betont unverfänglichen Werken oder Filmdrehbüchern über Wasser halten. Ausschlaggebend dafür war jeweils der literarische Erfolg, die Protektion eines einflussreichen Kulturpolitikers oder schlicht das Glück, von den zuständigen Stellen übersehen worden zu sein. In anderen Fällen kam es hingegen zu regelrechten Kampagnen, sogar gegen Schriftsteller und

Wissenschaftler mit positiverer Grundhaltung zum Regime als Fallada. So wurde Gottfried Benn 1938 aus der Reichsschrifttumskammer ausgeschlossen, nachdem seine Gedichte im *Schwarzen Korps*, dem Kampfblatt der SS, als «widernatürliche Schweinereien» tituliert worden waren. Carl Schmitt blieb zwar Berliner Professor, büßte aber seine Position als führender Jurist des Dritten Reiches aufgrund der Anfeindungen durch die SS ein. Ebensowenig erfüllten sich Martin Heideggers Hoffnungen auf eine herausragende Rolle bei der Ausgestaltung der nationalsozialistischen Weltanschauung, weshalb er im April 1934 nach nur einjähriger Amtszeit als Rektor der Freiburger Universität zurücktrat. Wer wie Benn, Schmitt oder Heidegger aufgrund seines schon vor 1933 erworbenen Prestiges suspekt war oder Anspruch auf eigene Deutungsmacht erhob, geriet in den Fokus nationalsozialistischer Konkurrenten oder Aktivisten. Die Folge war, dass man zwar nicht Freiheit oder Leben, wohl aber Publikations- und Wirkungsmöglichkeiten einbüßte.

Mit wesentlich härteren Konsequenzen mussten diejenigen rechnen, die das Regime herausforderten – was allerdings von vornherein nur Künstler wagten, die sich ihrer Stellung sicher zu sein glaubten. Der nationalistische Erfolgsautor Hans Grimm, der 1926 den Roman «Volk ohne Raum» publiziert hatte, rief etwa einen Gesprächskreis kritischer Schriftsteller ins Leben. Ernst Wiechert, dessen Erzählungen und Romane den Volksbüchereien zur Anschaffung empfohlen worden waren, sprach sich gegen die vorherrschende Kulturpolitik aus, erstmals auf einer von der Nationalsozialistischen Kulturgemeinde organisierten Lesung in München. Zudem las er mehrfach öffentlich seine Legende «Der weiße Büffel oder Von der großen Gerechtigkeit» vom Widerstand eines indischen Bauernsohnes gegen einen Despoten, die unschwer als Auseinandersetzung mit dem totalen Herrschaftsanspruch des Dritten Reiches zu erkennen war. Als Wiechert 1938 auch noch gegen die Verhaftung Martin Niemöllers protestierte, wurde er nicht mehr wie zuvor nur isoliert, in seiner Publikationstätigkeit eingeschränkt und überwacht, sondern verhaftet und für einige Monate in das Konzentrationslager Buchenwald eingeliefert.

In seiner autobiografischen Erzählung «Der Totenwald» schilderte Wiechert, wie ihn «das Gefühl einer eisigen, hoffnungslosen Verlassenheit» überkam. Er sah sich «schlimmer als Vieh» behandelt, unternahm aber schon aufgrund seines elitären Selbstbildes keinen Suizidversuch: «Man hatte wie ein Stein im Schmutz zu stehen, ein Meilenstein an einer dunklen Straße.»[16] Goebbels ließ sich Wiechert persönlich vorführen und machte keinen Hehl aus seiner Freude, Macht über Leben und Tod demonstrieren zu können: «Ich bin in bester Form und steche ihn geistig ab. Eine letzte Warnung!» Befriedigt notierte er das Ergebnis des einseitigen Gesprächs – einen Verzicht auf Kritik, den Wiechert selbst später nie eingestanden hat: «Der Delinquent ist am Schluss ganz klein und erklärt, seine Haft habe ihn zum Nachdenken und zur Erkenntnis gebracht. Das ist sehr gut so. Hinter einem neuen Vergehen steht nur die physische Vernichtung. Das wissen wir nun beide.»[17] Hans Grimm, der als literarisches Aushängeschild für das Regime nützlicher war, blieb eine vergleichbare Erfahrung erspart. Aber auch er nahm nach anfänglicher Aufmüpfigkeit von weiteren dissidenten Äußerungen und Aktivitäten Abstand, nachdem ihm das Schicksal Wiecherts von Goebbels eindringlich vor Augen geführt worden war.

Ebenso sicher wie Wiechert und Grimm fühlte sich der prominente Dirigent Wilhelm Furtwängler. 1934 veröffentlichte er in der *Deutschen Allgemeinen Zeitung* einen Artikel, um den von der Musikzeitschrift der Nationalsozialistischen Kulturgemeinde attackierten Paul Hindemith zu unterstützen. War dies bereits ungewöhnlich genug, überschritt Furtwängler die Grenze des Tolerierbaren, als er bei dieser Gelegenheit gleich noch allgemeine Kritik an der Denunziationspraxis im Kulturleben übte. Am selben Abend bekam er dafür vom Publikum der Staatsoper, in dem sich viele Leser des bürgerlichen Blattes befanden, ausgedehnten Sonderapplaus – in Anwesenheit Goebbels' und Görings. Furtwänglers Position war nun bedroht: Er hatte sich nicht nur das radikale Rosenberg-Lager zum Feind gemacht, sondern auch die Autorität der Führungsriege des Dritten Reiches in Frage gestellt. Dass sich selbst ein Künstler mit Furtwänglers Prestige gezwungen sah, dem Druck des Regimes nachzugeben, wurde weithin registriert. Luise Solmitz ging in ihrem Tagebuch auf «Furtwänglers Kanossagang» ein: «Er bedaure, daß sein Eintreten für Hindemith sich politisch ausgewirkt habe. Wie mag einem großen Künstler zumute sein?»[18] Zwar kam Furtwängler mit einer Verwarnung davon, doch hatte er dem umstrittenen Komponisten einen Bärendienst erwiesen. Nachdem es zeitweilig so ausgesehen hatte, als könnte Hindemiths gemäßigter Modernismus auch im Dritten Reich einen Platz finden, hatte er nun neben völkischen Dogmatikern das Reichspropagandaministerium gegen sich – im Unterschied etwa zu seinem weniger exponierten Kollegen Carl Orff. Nachdem die Aufführung seiner Werke verboten worden war, emigrierte der Komponist 1938 in die Vereinigten Staaten.

Was sich aus Künstlerperspektive teils als latent repressive, teils als chancenreiche Situation ausnahm, bot den Nationalsozialisten eine exponierte Bühne zur Selbstdarstellung. Noch wenige Jahre zuvor waren sie selbst von ihren Wählern nicht unbedingt als kulturelle Bewegung ernst genommen worden. Zudem hatte es zum rhetorischen Repertoire ihrer Gegner gehört, sie als kulturlos hinzustellen. Nun waren die Nationalsozialisten in der Lage, prominenten Künstlern Ratschläge und sogar Anweisungen zu erteilen, ihnen Wirkungsmöglichkeiten zu verschaffen oder ihnen bei Fehlverhalten mit Berufsverbot und Schlimmerem zu drohen. Indem die Größen des Regimes Kunstausstellungen besuchten, das Foyer eines Opernhauses betraten, die Geburtstagswünsche führender Schauspieler entgegennahmen oder Künstlern eine Ehrung verliehen, demonstrierten sie öffentlich ihre Macht über das Kulturleben. Doch auch die Funktionäre von

Kraft durch Freude oder der Reichskulturkammer erfuhren eine Aufwertung, ebenso Gauleiter und Aktivisten der Nationalsozialistischen Kulturgemeinde: Wenn sie eine Rede hielten, einen Artikel schrieben oder eine Empfehlung aussprachen, fand dies breite Beachtung. Denn sie waren es, welche die kulturpolitischen Richtlinien festlegten (oder bewusst im Unklaren ließen), willkürliche Verbote erließen und über künstlerische Karrieren entschieden.

Die Führungsriege des Regimes suchte nach immer neuen Formen der Selbstinszenierung und eignete sich dabei skrupellos öffentliche Mittel an. Das schlug sich am deutlichsten in ihren Kunstsammlungen nieder. Hitler selbst unterstrich so seinen Anspruch auf persönliche Größe und Herrschaft über ein Volk, das – wie er glaubte – allen anderen Völkern kulturell überlegen war. Der «Führer» erwarb österreichische oder bayerische Genremaler des 19. Jahrhunderts wie Carl Spitzweg, aber auch alte Meister der Renaissance sowie politisch und ästhetisch genehme Gegenwartskünstler. Durch seine Vorlieben, an denen sich andere Käufer orientierten, übte Hitler beträchtlichen Einfluss auf den deutschen Kunstmarkt aus. Einer ganzen Reihe von Händlern und Auktionshäusern verhalf er damit zu guten Geschäften, vor allem in München und in Berlin, aber auch in Chemnitz und Köln. Von Museen erwarb Hitler ebenfalls Kunstwerke, unter anderem vom Münchner Haus der Kunst: 1938 kaufte er hier bei fünf Besuchen 202 Werke für 582 000 Reichsmark. Das Geld dafür stammte aus dem – durch staatliche Regelungen geförderten – Vertrieb von «Mein Kampf», aus Spenden und aus dem Verkauf von Sonderbriefmarken. Für Gemälde aus jüdischem Besitz musste Hitler zudem nur wenig bezahlen – wenn diese nicht gleich ganz konfisziert wurden.

Hitlers Geschmack nahmen sich auch die Protagonisten des Regimes zum Vorbild, wenn sie Kunstwerke erwarben und zur Schau stellten. Göring stilisierte sich zum Renaissancemenschen und schmückte seine verschiedenen Residenzen mit entsprechenden deutschen und italienischen Gemälden. Goebbels' Sammelschwerpunkte näherten sich nach anfänglichem Interesse am Expressionismus denen seines «Führers» an. Joachim von Ribbentrop erwarb außer den von Hitler goutierten Genres auch französische Impressionisten. Zudem lieh er sich für seine Londoner Botschafterresidenz Werke von Lucas Cranach dem Älteren und Arnold Böcklin aus staatlichen Museen. Besitz und Präsentation von Kunstwerken dienten auch dazu, die Rivalität zwischen den Größen des Regimes auszudrücken. Die zahlreichen und regelmäßigen Schenkungen sorgfältig ausgesuchter Gemälde an Hitler bekräftigten symbolisch den unbedingten Vorrang des «Führers». Im Gegenzug verehrte dieser seinen wichtigsten Getreuen Kunstwerke oder eigene Zeichnungen. Auch untereinander beschenkten sich die Protagonisten des Dritten Reiches mit Kunst und pflegten damit ihre Beziehungen – denn bei aller Konkurrenz untereinander waren sie bestrebt, sich immer aufs Neue ihres Zusammenhalts und ihrer gemeinsamen kulturellen Ambition zu versichern.

Aus diesen Bedürfnissen, Vorlieben und Ritualen resultierte eine Kultur, die nach wie vor unverkennbar bürgerliche Züge trug. Die dezidiert völkische Strömung war zwar in den Buchkatalogen und Theaterprogrammen des Dritten Reiches präsent, aber ihre Produkte entfalteten wenig positive Wirkung. Pseudogermanische Thingspiele wurden mangels Publikumsresonanz bald wieder zum Nischengenre. Nur wenige Dirigenten oder Regisseure verdankten ihre Position einem auf die Zeit vor 1933 zurückgehenden nationalsozialistischen Engagement. Repräsentationsdrang und Kunstgeschmack der Größen des Regimes legten es nahe, auf Etabliertes zu setzen und dies gegebenenfalls nationalsozialistisch umzuinterpretieren. Die Kultur des Dritten Reiches bestand daher faktisch aus den Gemälden Albrecht Dürers, Carl Spitzwegs und Arnold Böcklins, den Stücken Friedrich Schillers und William Shakespeares (der gerne als «nordisch» vereinnahmt wurde) und den Kompositionen Ludwig van Beethovens oder auch Giuseppe Verdis. Hierin bestand kein offensichtlicher Unterschied zwischen den Nationalsozialisten und der Mehrheit bürgerlicher Kulturliebhaber, die sich nach wie vor am künstlerischen Horizont des 19. Jahrhundert orientierten und den Ausschluss von Modernisten, Linken und Juden keineswegs bedauerten. Auch die Opern Richard Wagners waren gleichermaßen für die nationalkulturelle Legitimation Hitlers und seiner Anhänger wie für den Gefühlshaushalt des Bürgertums wichtig. So berichtete Elisabeth Gebensleben-von Alten ihrer Tochter von ergreifenden Radioerlebnissen: «Nachher werden wir uns noch auf Bayreuth einschalten zum dritten Akt der *Walküre*. Das *Rheingold* gestern war wunderbar schön und auch unser einziges und ganzes Sonntagsvergnügen.»[19]

Eben weil sich nationalsozialistische und bürgerliche Kultur derart überschnitten, konnten die meisten Theaterintendanten, Orchesterdirigenten und Museumsdirektoren ihre bisherige Tätigkeit nach 1933 ungestört fortsetzen. Anders als in der späten Weimarer Republik war die finanzielle Ausstattung jetzt jedoch großzügig – und man musste sich nicht mehr durch Bertolt Brechts Episches Theater oder Arnold Schönbergs Zwölftonmusik bedroht fühlen. Dank des Einsatzes von Kraft durch Freude und anderer Organisationen schien sich nun auch die ersehnte Verbindung zum «Volk» herstellen zu lassen. Doch aller vermeintlichen Kontinuität zum Trotz: Die Kultur war vor allem «Wesensausdruck der politischen Führung», wie es Hitler selbst auf dem Nürnberger Parteitag 1936 formulierte.[20] Welche Theaterstücke gespielt, welche Bücher veröffentlicht, welche Gemälde ausgestellt oder welche Kritiken geschrieben werden konnten, war abhängig von politischer Einflussnahme – und sei es nur in Gestalt von Goebbels' Rat an den Dirigenten des Leipziger Gewandhausorchesters, in Zukunft mehr «totsichere [sic] Standardwerke» zu spielen, wobei insbesondere «Beethoven nicht fehlen» dürfe.[21] Filme und Zeitungen, Radiosendungen und Reisewerbung waren jedoch für die Kultur im Dritten Reich mindestens ebenso wichtig wie die Opern Wagners, die Dramen Shakespeares oder die Symphonien Beethovens. Denn es waren vor allem die modernen Medien, die den Wünschen und Träumen der Deutschen Ausdruck verliehen.

Die Macht der Fantasie

Ein frisch verheirateter Autorennfahrer gerät durch zufällige Begegnungen und weibliche Ränke in amouröse Konkurrenz zu seinem besten Freund. Am Ende rast er im Sportwagen an die Côte d'Azur, um seine dorthin entführte Frau zurückzuholen. Überraschend muss er am Großen Preis von Monaco teilnehmen, gewinnt das Rennen – und alle Missverständnisse lösen sich in Wohlgefallen auf. Eine Bankiersgattin droht, ihren Mann zu verlassen, weil er ihr zu langweilig und treu ist. Dieser schlägt daraufhin einen männlich-energischen Ton an; überdies lässt er sich in der eigenen Wohnung mit der Nachbarin erwischen – wodurch sich seine Frau aufs Neue in ihn verliebt. Ein Staubsaugervertreter und Kabarettsänger soll von seinem verstorbenen Onkel in Amerika einen Millionenbetrag erben, sofern sich seine Ehe allen Verlockungen zum Trotz als stabil erweist. Er wird von einem Betrügerpaar nach New York gelockt, das ihn dort ohne sein Wissen als Gatten auf Abwegen erscheinen lässt. Trotzdem kann er am Ende alles aufklären und seine Frau wieder in die Arme schließen. Ein Oberkellner zieht 1930 aus dem heimischen Seebad nach Berlin, um dort aufzusteigen und etwas zu erleben. Hier lernt er die Tochter eines Reichstagsabgeordneten der «Freisinnigen Wirtschaftspartei» kennen – wobei er davon profitiert, dass er mit einem westfälischen Industriellensohn verwechselt wird. Erst als die Verwechslung auffliegt, merkt er, dass er von seinen neuen snobistischen Bekannten nichts zu erwarten hat. Er verlässt Berlin, um zu seiner Verlobten zurückzukehren.

Alle diese Filmcharaktere wurden von Heinz Rühmann gespielt, in «Allotria» (1936), «Der Mustergatte» (1937), «Fünf Millionen suchen einen Erben» und «Die Umwege des schönen Karl»
(beide 1938). Rühmann war einer der erfolgreichsten deutschen
Schauspieler des 20. Jahrhunderts. Obwohl seine Filmfiguren
nicht erkennbar im nationalsozialistischen Deutschland spielen, gehörte er zu den wichtigsten Protagonisten der Kultur des
Dritten Reiches. Noch als Autorennfahrer verkörperte er den
Typus des kleinen Mannes, der auf jungenhafte Weise herzens-
gut ist und unbeirrt seinen eigenen Weg geht, der dabei den
modernen Errungenschaften offen gegenübersteht, ohne den
Zusammenhalt von Ehe, Familie oder Nation zu gefährden, der
Erfolge genießt, aber keinen besonderen Ehrgeiz zeigt oder sich
korrumpieren lässt. Nur in «Die Umwege des schönen Karl» muss
Rühmanns Charakter erst zu seinem eigentlichen Wesen zurück-
finden, nachdem er sich auf die moralisch anrüchige Großstadt-
welt der Weimarer Republik eingelassen hat. Rühmann war das
Gegenstück zu den heroischen Kämpfern und «arischen» Über-
menschen, deren Identifikationspotenzial sich jenseits von Partei, SA und SS in Grenzen hielt – ohne dabei jedoch «undeutsch»
oder «verweiblicht» zu wirken. Er bewältigte Schwierigkeiten
humorvoll und erschien nie materialistisch, selbst nicht als
Staubsaugervertreter oder als Bankier. Insofern repräsentierte
er sowohl die vorherrschende optimistische Stimmung als auch
die nach wie vor bescheidenen Konsummöglichkeiten Mitte der
dreißiger Jahre.

Als Darsteller wie als Person stand Rühmann für die Verein-
barkeit von Ambivalenzen: Er war normal bis zur Banalität, aber
gleichzeitig ein deutschlandweit bekanntes Gesicht, passionier-
ter Sportflieger und hochbezahlter Villenbesitzer. Dem Film- und
Theaterpublikum bot er reichlich Identifikationsmöglichkeiten
und wurde gerade deshalb zum Objekt eines regelrechten Per-
sonenkults. Im Juni 1938 schilderte ein Journalist, wie die Einwohner des brandenburgischen Wittenberge Rühmann auf dem

lokalen Flughafen erwarteten, dieser aber stattdessen auf einer Wiese landete, «wo er sich mit einem dort hütenden Schäfer anfreundete und lustig plaudernd sein Frühstück verzehrte». Seine Mischung aus pragmatischem Individualismus und sentimentaler Leutseligkeit hatte Erfolg, weil sie die verbreitete Sehnsucht nach einem Star erfüllte, der zugleich ein Mensch «wie du und ich» war. Zwar sah ein völkischer Theaterkritiker in Rühmann dennoch eine «Wendung vom individualistisch-subjektiven Schauspieler zur Art der volkhaften charaktervollen Monumentalität des Typus». Aber wichtiger als solche bemühten Ideologisierungsversuche war, dass er für die unterhaltsame, humorvolle, dosiert waghalsige und harmlos erotische Seite des Dritten Reiches stand. Explizit wurde dieser Zusammenhang 1936 von einer Filmzeitschrift formuliert, die eine weitere Komödie mit Rühmann folgendermaßen würdigte: «Damals, vor drei Jahren, dachten viele in Deutschland, ‹daß es nun vorbei mit dem Lachen sei›. Ja, mit diesem Lachen war es auch vorbei! [...] Der Witz jener Tage war verkrampft, der Humor glitschig, die lustige Laune war Zweideutigkeit. Im neuen Deutschland kann man wieder lachen!»[22]

Ohne dass dies von seinen zeitgenössischen Fans wahrgenommen wurde, war das Dritte Reich für Rühmann selbst keineswegs frei von Ambivalenz. Sein Erfolg hatte bereits in der Weimarer Republik und in Zusammenarbeit mit jüdischen Schauspielern und Regisseuren begonnen. Zudem stand er insofern unter einem latenten Druck, als er seiner als «Volljüdin» geltenden Frau auch über die Trennung hinaus verbunden blieb. Um sie einerseits schützen und andererseits seine Karriere in Deutschland vorantreiben (und damit hohe Summen verdienen) zu können, suchte er gegen die Angriffe des SS-Organs *Das Schwarze Korps* zunächst die Protektion Hermann Görings. Auf dessen Rat hin ließ er sich schließlich von seiner Frau scheiden und arrangierte für sie eine Scheinehe mit einem neutralen Ausländer, so dass sie vorerst in Berlin bleiben konnte. Auch danach unterstützte er sie finanziell. Von Goebbels und Hitler geschätzt, wurde er mit der

Sammelbüchse des Winterhilfswerks in der Hand vor einem lächelnden «Führer» inszeniert. Im Rückblick charakterisierte Rühmann sich selbst als unpolitische Frohnatur, die dem Druck ebenso wie der Wertschätzung der Machthaber hilflos ausgeliefert gewesen sei: «Keiner aus meinem Freundeskreis hat sich nach dem Wohlwollen der braunen Herren gedrängt, aber wenn ein Künstlerempfang angesetzt war, mußten wir hin.»[23] Doch damit verkannte Rühmann die Wirkung seiner schauspielerischen Auftritte und seiner persönlichen Popularität: Auf seine Weise trug er – ob bewusst oder nicht – dazu bei, dass der Nationalsozialismus weithin als moralisch akzeptabel und auf harmonische Weise modern empfunden wurde.

Heinz Rühmanns Rolle wird erst verständlich, wenn man ihn als Teil eines ganzen Ensembles von Stars begreift, die jeweils verschiedene Identifikationsmöglichkeiten boten. Die kantige Maskulinität von Hans Albers, die Exotik der aus Ungarn stammenden Revuetänzerin Marika Rökk oder die verführerische Sinnlichkeit der Schwedin Zarah Leander verhießen sowohl Erotik als auch Authentizität. Ihre Handlungen und Charaktere mobilisierten die Fantasie des Publikums. Ihre Filme knüpften zwar an das Repertoire der Weimarer Zeit an und spielten häufig in der deutschen Vergangenheit vor 1914, womit sie im Unterschied zu den relativ wenigen nationalsozialistischen Propagandastreifen Kontinuität suggerierten. Gleichzeitig standen sie für die verbreitete Hoffnung auf Erneuerung, weil nun verstörende Ambivalenz und offene Gesellschaftskritik von der Leinwand verbannt waren. Das lässt sich an den nach 1933 produzierten Filmen selbst zeigen, aber auch daran, was nun nicht mehr gedreht werden konnte und wer nicht länger vor der Kamera stand: Regisseure wie Fritz Lang und Schauspielerinnen wie Marlene Dietrich, deren Werke und Rollen sich eindeutigen Interpretationen verweigert hatten. Im Dritten Reich blieb die Offenheit kontrolliert, auch nach außen: Das Publikum konnte ausgewählte ausländische Stars bewundern, die Ausflüge von Rühmanns Filmcharakteren nach Monaco oder New York verfolgen und sich durchaus auch Hollywoodfilme zu Gemüte führen – ohne sich jemals von Fremdheit irritieren lassen zu müssen.

Die wichtigste durch den Film vermittelte Fiktion war die des Dritten Reiches als einer normalisierten und einträchtigen Gesellschaft. Konflikte zwischen den Geschlechtern wurden aufgelöst, wirtschaftliche Schwierigkeiten überwunden, kulturelle Unterschiede gar nicht erst akut. Die Remilitarisierung, die sich von den neu errichteten Rüstungsfabriken über die Wiederbesetzung der linksrheinischen Gebiete bis zur Intervention in den Spanischen Bürgerkrieg immer stärker abzeichnete, schien für die Mehrheit der Deutschen mit keinerlei Risiko für die eigene Existenz verbunden zu sein. Trotz aller ökonomischen und kulturpolitischen Beschränkungen konnte man in Deutschland nach 1933 «herzlich lachen». Amüsement garantierte dabei nicht nur der Filmbesuch selbst: Werbeposter und Fanmagazine, Autogrammkarten und bebilderte Kalender sorgten für einen vermeintlich direkten Kontakt zwischen dem Publikum und seinen Stars. Der Primat der Unterhaltung erleichterte es auch, im Sinne der ersehnten Volksgemeinschaft neue Bevölkerungsschichten zu erreichen. In ländlichen Gebieten waren Parteiorganisationen mit ihren Filmvorführungen nur dann erfolgreich, wenn sie die Bedürfnisse der lokalen Bevölkerung berücksichtigten. So konnten Bauern in verrauchten Gasthaussälen im heimischen Dialekt Komödien oder Sportfilme kommentieren, statt Vorträgen völkischer Aktivisten zu lauschen.[24]

Nicht anders als das Theater befriedigte der Film des Dritten Reiches auch eine bildungsbürgerlich-nationalistische Nachfrage nach Sinngebung. Zwar wurde in diesen Kreisen zuweilen Kritik an populären Komödien und hochbezahlten Stars geübt. Doch immerhin handelte es sich bei den deutschen Filmen um eine Alternative zur kulturellen Übermacht Hollywoods. Und obwohl sich diese Entwicklung bereits seit der Einführung des Tonfilms in den späten zwanziger Jahren abgezeichnet hatte,

wurde sie jetzt der neuen Zeit zugutegehalten. Die Filmindustrie
profitierte von staatlichen Subventionen. Drehbuchautoren und
Schauspieler wurden in die Reichsfilmkammer oder den Kunst-
ausschuss des Filmkonzerns Ufa einbezogen, was eine Aufwertung künstlerischer Aspekte gegenüber rein kommerziellen Kri-
terien versprach. Bildungsbürger hatten dem modernen Medium
lange skeptisch gegenübergestanden. Dass jetzt die Bedeutung
von ästhetischen Normen oder von «Persönlichkeiten», die sich
seelisch mit ihrem «Volk» verbunden fühlten, betont wurde, ver-
söhnte sie, weil es an Werte des 19. Jahrhunderts anknüpfte. Spek-
takuläre Schauspielerkarrieren und der Konsum von Unterhaltung waren hinnehmbar, weil die Abgrenzung von «Amerika»
außer Frage stand. Der Annäherungsprozess von bildungsbürger-
licher Ästhetik und Filmindustrie wurde durch die Gründung
der Deutschen Filmakademie gekrönt. Hier entwickelte sich eine
vom Theater unabhängige Schauspielausbildung, die durch Vorlesungen einen akademischen Anstrich erhielt und sich mit einer Rhetorik der Charakterselektion verband.

Der Film des Dritten Reiches war somit nicht allein durch spezifisch nationalsozialistische Ideologie und Herrschaftspraxis bestimmt. Verborgene Kontinuitäten der Weimarer Zeit, internationale Trends und bürgerliche Traditionslinien beeinflussten ihn
ebenfalls. Das galt auch für die Freizeit- und Populärkultur insgesamt. Wer nicht von vornherein zu einem dissidenten Geschmack
neigte, konnte sich in einer Gesellschaft wähnen, die weitgehend
freie Wahlmöglichkeiten aus einem breiten kulturellen Angebot
bereithielt. So ließ sich das Radio zwar besonders schnell und einfach unter vollständige diktatorische Kontrolle bringen. Aber
nach der Politisierungswelle von 1933/34, als praktisch pausenlos
Propagandasendungen und Militärmärsche über den Äther gegangen waren, dominierten bald Unterhaltungssendungen. Der
Schwerpunkt lag auf leichter Musik, in die zuweilen auch Elemente des den Nationalsozialisten eigentlich verhassten Jazz
einflossen. Daneben brachte der Rundfunk publikumsgerechte

Beratungssendungen, Livereportagen von Sportwettkämpfen und volkstümliche Hörspiele. Hinzu kamen humorvolle Sendungen wie «Drei lustige Gesellen», in der ein Rheinländer, ein Hamburger und ein etwas aufgeblasener «Weltmann» immer aufs Neue ihre rhetorischen Scheingefechte führten, um sie am Ende in freundschaftlicher Atmosphäre beizulegen. Wunschkonzerte und Interviews mit gewöhnlichen Deutschen, die mit Hilfe mobiler Übertragungswagen aufgezeichnet wurden, suggerierten populäre Teilhabe an einem genuin volksgemeinschaftlichen Medium. Gleichzeitig ließen völkisch eingefärbte Heimat- und Bauerntumsprogramme sowie die Beschallung von Betrieben, Gaststätten und öffentlichen Plätzen mit Hitlerreden keinen Zweifel daran, dass die inhaltliche Ausrichtung dieses Mediums letztlich diktatorischer Kontrolle unterlag.

Es war dem Regime und besonders Propagandaminister Goebbels wichtig, das zuvor bildungsbürgerlich dominierte Radio dem «Volk» zugänglich zu machen. Dazu wurden für ärmere Bevölkerungsschichten die Rundfunkgebühren gesenkt oder gar erlassen. Besondere Aufmerksamkeit galt der Produktion und der Verbreitung des «Volksempfängers». Die Idee eines schlichten Radiogerätes mit eingebautem Lautsprecher und Kunststoffgehäuse stammte bereits aus der Weimarer Republik und schloss zudem an internationale Entwicklungen an. Doch fand ihre öffentlichkeitswirksame Umsetzung erst im Dritten Reich statt. Der Volksempfänger wurde seriell produziert und millionenfach abgesetzt, wobei viele Käufer von der Möglichkeit der Ratenzahlung Gebrauch machten. Dass er auch als Batterieversion erhältlich war und sich mit einer Hochantenne kombinieren ließ, ermöglichte die Nutzung abseits des noch lückenhaften Stromnetzes. Parallel zur Einführung des Volksempfängers wurde in vielen ländlichen Gebieten der Rundfunkempfang verbessert.[25] Auf diesem Wege erhöhte sich die Radiodichte bis Kriegsbeginn gegenüber den Weimarer Jahren um mehr als das Doppelte, wenngleich sich der Besitz eines Geräts noch immer auf 57 Pro-

zent der Haushalte beschränkte. Zudem wurde der Volksempfänger in Schaufenstern und Zeitschriften, auf Gemälden und Rundfunkausstellungen intensiv beworben. Deshalb stand er selbst
denjenigen als zukünftige Konsumoption und Vehikel der Zugehörigkeit zur Volksgemeinschaft vor Augen, die sich ihn trotz des
staatlich festgelegten Niedrigpreises nicht leisten konnten.

Wie bedeutend im Dritten Reich Unterhaltungswünsche und
-angebote waren, zeigt ferner die Vielfalt an populärer Literatur.
Trotz vieler nationalistischer und ideologisch konformer Bücher
gab es nach wie vor sehr unterschiedliche Verlage. Internationale
Einflüsse waren durchaus nicht verschwunden: Zu den meistverkauften literarischen Werken gehörte Margaret Mitchells «Vom
Winde verweht» über die amerikanischen Südstaaten während
des Bürgerkrieges. Die Romane prominenter britischer oder französischer Autoren waren ebenso problemlos erhältlich wie die
beliebten Krimis von Edgar Wallace oder «Die Abenteuer des Billy
Jenkins», eine Heftserie mit Wildwestgeschichten für Jugendliche. Der Erste Weltkrieg wurde in der militaristischen Erinnerungsliteratur thematisiert – aber auch in der die Verständigung
zwischen Deutschland und Frankreich propagierenden Liebesgeschichte «André und Ursula», die 1937 erschien und hunderttausendfach über den Ladentisch ging.

Diese Vielfalt war aber letztlich begrenzt. Die Vermittlung nationalistischer Wertvorstellungen stand nun im Vordergrund. Die
humoristischen Erfolgsromane Heinrich Spoerls mochten unpolitisch sein und Autoritätsfiguren verspotten. Aber sie entführten ihre Leser in eine fiktive Welt unspezifisch deutscher, von
sozialen oder kulturellen Konflikten freier Kleinstädte des frühen 20. Jahrhunderts, die sich gerade in Goebbels' Augen für Verfilmungen anbot. Auch die erstmals im Kaiserreich publizierten
Bücher Karl Mays waren beliebt, unter anderem beim Propagandaminister und seinem «Führer». Hier wurden «Yankees» abgewertet, amerikanische Indianer romantisiert und die wichtigsten
Rollen Old Shatterhand und seinen meist ebenfalls aus Sachsen

stammenden Mitstreitern zuerkannt. Sachbücher mit fiktiona-
len Elementen hoben deutsche Leistungen und Potenziale in
Naturwissenschaft und Technik hervor, von «Anilin» oder «Robert Koch» bis hin zu «Ölkrieg», das den Kampf um die Unabhängigkeit von ausländischen Rohstoffen propagierte. Wer Orientie-
rungshilfen für das eigene Leben suchte, fand sie zum Beispiel –
verbunden mit nationalsozialistischen Prinzipien – in «Die deutsche Mutter und ihr erstes Kind». Biografien über Hermann
Göring und seine früh verstorbene, von ihm glorifizierte Frau
Carin gaben der Führungsriege des Regimes ein menschliches
Gesicht, ebenso wie «Deutschland erwacht», das Bilderalbum der
Zigarettenfirma Reemtsma zur Geschichte der nationalsozialistischen Bewegung (das tatsächlich vom Propagandaministerium
initiiert und kontrolliert wurde).

Bei aller Bedeutung von Radio und Film stellten die Tageszei-
tungen noch immer das Medium mit der größten Verbreitung
dar. Auch sie kombinierten eine gewisse Vielfalt mit einer letztlich klaren politischen Ausrichtung. Bereits 1933 waren linke und
jüdische Journalisten ausgeschaltet und zahlreiche Verlage durch
das nationalsozialistische Presseimperium übernommen worden. Neugründungen wurden nur zurückhaltend genehmigt; zudem machte bereits vor dem Krieg Papierknappheit den Verlagen
zu schaffen. Zensurmaßnahmen und inhaltliche Anweisungen
bestimmten Berichterstattung und Kommentierung. Dennoch
hielten sich zahlreiche Zeitungen, die andere Leserkreise bedienten als der vor allem an Parteimitglieder gerichtete *Völkische
Beobachter*. Die Redakteure und Journalisten der bürgerlichen
Presse hatten sich rasch an die Rahmenvorgaben des Dritten Reiches angepasst. Besonders in den Lokalteilen und vermischten
Meldungen sprachen sie politisch eher uninteressierte Leser an
und definierten diese gleichzeitig als gewöhnliche Deutsche. Der
hier greifbare Konsens darüber, was als normales Leben gelten
konnte und was nicht, hatte sich Mitte der dreißiger Jahre bereits
deutlich verschoben. Bei näherem Hinsehen war die national-

sozialistische Ideologie allgegenwärtig, aber sie wurde subtil vermittelt und mit zahlreichen scheinbar unverfänglichen Informationen und Botschaften verbunden.

Das lässt sich beispielhaft am *Berliner Lokal-Anzeiger* demonstrieren. Dieser war vor 1933 ein Blatt für das bürgerlich-konservative Publikum der Hauptstadt gewesen und trug nun zu seiner so eindeutigen wie eingängigen Nazifizierung bei. Die Metropole erschien hier nicht länger als Ort der gesellschaftlichen Konflikte, kulturellen Ambivalenzen und existenziellen Krisen. Sie war aber umgekehrt auch kein Schauplatz massenhafter Freiheitsbeschränkung. Werbeanzeigen, Leserbriefe und Berichte aus dem städtischen Alltag suggerierten, dass die Berliner mehr als zuvor persönliche Spielräume in denjenigen Bereichen genossen, die ihnen wichtig waren: in Kleidungsgeschäften, Sportstadien oder Einfamilienhaussiedlungen sowie innerhalb der Kleinfamilie. Die neue gemeinschaftliche Atmosphäre wurde weniger als fordernd denn als fördernd dargestellt. Aus ihr ließen sich sogar Erwartungen an öffentliche Institutionen ableiten: «Der Standpunkt der Eisenbahnverwaltung, daß das Publikum nur Anspruch auf Beförderung habe, das ‹wie› gleichgültig sei», formulierte ein überfüllte Vorortzüge anprangender Leserbriefschreiber, «trifft nicht mehr für die jetzige Zeit zu.»[26] Vor allem aber wurde unterstellt, das Ideal der Gemeinschaft habe segensreiche Auswirkungen auf das zuvor notorisch raue Verhalten der Berliner. Diese zeigten sich nun angeblich höflicher und hilfsbereiter, und ihre Beziehungen zur Polizei waren von wechselseitigem Respekt geprägt. Ausgehend vom Bild einer Metropole, die endlich ihren Frieden gefunden hatte, war es der Leserschaft des Blattes eher möglich zu glauben, dass Zwangssterilisierungen freiwillig erfolgten, Zivilschutzübungen der Vorbereitung auf den Verteidigungsfall dienten und Juden kriminelle Neigungen hatten – sofern sie die repressive Seite des Regimes nicht am eigenen Leibe erfahren musste.

Aus Sicht der Zeitung profitierte Berlin davon, dass es immer wieder von außerhalb oder den Rändern her erneuert wurde. Dort bewiesen die Großstädter «Zähigkeit im Kampfe und Erobern», indem sie an einer Bahnstrecke Obstbäume pflanzten. In einer Kleingartenkolonie ließen sie «die Freude des deutschen Menschen an dem Stückchen Erde [...], das er selbst bebauen und pflegen kann», erkennen. Andere erlebten beim Wassersport auf den umliegenden Seen ein ähnliches Freiheitsgefühl wie «jene alten Pioniere der Savannen, die hinauszogen unter die Sterne des Westens, um dort zu leben und zu kämpfen». Auf diese Weise wurden großstadtkritische Deutungen in die Darstellung urbanen Lebens integriert. Das war zwar bereits vor 1933 der Fall gewesen, eignete sich nun jedoch außerdem zur Herrschaftslegitimation. So wurde behauptet, der Anschluss Berlins an die Reichsautobahn ermögliche neue Formen der Naturaneignung: Ein «Bild märkischer Landschaft» präsentiere sich den Autofahrern, dessen «Vielfalt und Schönheit ihnen beglückende Reiseerinnerung sein wird».[27]

Nicht nur im *Berliner Lokal-Anzeiger* erschien der Autobahnbau als Stärkung des deutschen Zusammengehörigkeitsgefühls. Er erweiterte Erlebnisräume, indem er regionale Eigenheiten sichtbar machte, statt sie verschwinden zu lassen. Dafür standen eine Raststätte am Chiemsee, die sich stilistisch an alpine Bauernhäuser anlehnte, das «Tor von Thüringen» an der Grenze zu Sachsen oder die Stadtwappen, die vor der Einfahrt auf den Berliner Ring zu sehen waren. Panoramaplattformen waren so angelegt, dass sie den Blick gleichermaßen auf die umliegende Natur wie auf die Viadukte der Reichsautobahn eröffneten. Die Linienführung passte sich mancherorts in die deutschen Wälder und Hügellandschaften ein, um sie dann wieder im Interesse spektakulärer Ausblicke zu durchschneiden. Das alles sollte den Anspruch des Dritten Reiches unterstreichen, eine organische und ganzheitliche Moderne geschaffen zu haben. Auf solchen Straßen zu fahren, reizte selbst einen ansonsten ausgegrenzten Juden und kritischen Beobachter des Autobahnbaus wie Victor Klemperer, der seinen Führerschein erst kurze Zeit zuvor erworben hatte: «Immerfort gerade, schöne glatte, fast leere Straße durch den Wald. War die Straße ganz umschlossen, so wirkte das beinahe gefährlich einschläfernd, kam freier Blick über Wiesen und Schonungen, so wurde ich munterer.»[28]

Nur ein geringer Teil der Bevölkerung konnte selbst Erfahrungen auf der Reichsautobahn machen: Die ökonomischen Prioritäten des Regimes lagen in der Aufrüstung, und der Besitz von privaten Kraftwagen war noch weniger verbreitet als in Frankreich oder Großbritannien. Allerdings bedeutete das auch, dass sich der potenziell ernüchternde Effekt langer Fahrten auf einem mehrheitlich funktionell gestalteten und zudem noch unvollendeten Streckennetz kaum einstellte. Das Erlebnis der Reichsautobahn bestand vor allem darin, dass man Berichte, Romane oder Gedichte darüber las und Bildbände, Dokumentarfilme, Gemälde, Fotografien oder Briefmarken betrachtete. Sogar ein entsprechendes Brettspiel war erhältlich. All dies ließ die Reichsautobahn zu einem ästhetischen Gesamtkunstwerk werden, das sich aus Erzählungen und Bildern zusammensetzte. Es faszinierte Planer und Ingenieure, die schon länger auf der Suche nach einer «deutschen Technik» gewesen waren. Vor allem aber wurden so die Mobilitätsträume der Mittelschichten angesprochen und mit konkreten Zukunftshoffnungen verbunden – zumindest für jene knapp 170 000 Menschen, die vor Kriegsbeginn begannen, auf einen Volkswagen zu sparen.

Freizeit im Dritten Reich war somit nicht bloß eine Frage der Selbstverwirklichung im Hier und Jetzt. Die Überwindung der ökonomischen Depression war Mitte der dreißiger Jahre weit genug fortgeschritten, um vom nationalsozialistischen Regime so einseitig wie lautstark als eigenes Verdienst beansprucht zu werden. Das ließ das Versprechen glaubwürdig erscheinen, die häufig noch bescheidene eigene Lage werde sich bald merklich verbessern. Die Erweiterung von Erfahrungsräumen und die Steigerung des Lebenstempos faszinierten, ohne bedrohlich zu wirken. Denn

sie wurden durch Gemeinschafts-, Heimat- und Naturdeutungen
abgemildert, die schon lange zur deutschen Kultur gehörten,
nun aber mit dem geballten Einsatz moderner Medien vermittelt
wurden. Selbst Victor Klemperer konnte in manchen Momenten
ausblenden, dass all dies zum nationalsozialistischen Projekt gehörte. Und wer weder Jude war noch dissident dachte, sah die
neue Zeit meist positiv: als stetig wachsende, zugleich nicht ver-
unsichernde Vielfalt an Optionen. Im Urlaub konnte man wie
zuvor im Schwarzwald wandern, sich am Nordseestrand sonnen
oder das Goethehaus in Weimar besichtigen. Gleichzeitig zeigten
viele Besucher echtes Interesse an politisierten Sehenswürdigkeiten: der Neuen Reichskanzlei in Berlin oder der Feldherrenhalle
in München, wo der Putschversuch am 9. November 1923 stattgefunden hatte. Sogar Hitlers Münchner Privatwohnung und ein
Weimarer Hotel, in dem er gerne abstieg, wurden zu touristischen Attraktionen.

Die an das Vorbild der faschistischen Opera Nazionale Dopo-
lavoro in Italien anknüpfende Freizeitorganisation Kraft durch
Freude trat mit dem Anspruch auf, mehr «Volksgenossen» als je
zuvor eine Urlaubsfahrt zu ermöglichen. Mit einem Marktanteil
von über zehn Prozent der Übernachtungen trat sie schon bald in
Konkurrenz zu privaten Reisebüros und drohte, etablierte bürgerliche Badeorte mit lärmenden Gruppenreisenden heimzu-
suchen. Allerdings war eine KdF-Reise längst nicht für alle erschwinglich: Der von den Kunden zu leistende Eigenbeitrag war
nach wie vor beträchtlich, und die Platzvergabe hing oft von persönlichen oder politischen Beziehungen ab. Deshalb wurden die
Ferienreisen vor allem von den Mittelschichten (unter denen
sich nun viele trinkfreudige Parteimitglieder befanden) und einer Minderheit relativ gut bezahlter Facharbeiter gebucht. In so-
zialer Hinsicht ist eine Kontinuität zur touristischen Entwicklung seit der Weimarer Republik zu erkennen, die jedoch von der
Propaganda selbstverständlich unterschlagen wurde. Die Aussicht, eines Tages die bayerischen Alpen oder den Harz mit eige-

nen Augen zu sehen, vielleicht sogar mit dem Schiff nach Madeira oder Norwegen zu fahren, sprach die Fantasie vieler Deutscher an. Gleichzeitig erschien sie angesichts der bisherigen Wiederaufstiegserfahrungen keineswegs illusionär. Die – tatsächlich nie fertiggestellte – riesige Ferienanlage Prora auf Rügen verhieß sogar eine Zukunft, in der jede «arische» Familie Pauschalurlaub am Ostseestrand machen würde.

Die Attraktivität von Kraft durch Freude mussten selbst die Berichterstatter der sozialdemokratischen Exilorganisation einräumen, die sonst eher dazu neigten, sich des eigenen Milieuzusammenhalts zu vergewissern und das Regime in der Krise zu sehen. Bereits im September 1935 konstatierte ein Informant aus Bayern: «Zwar können die Arbeiter oft die wenigen Groschen nicht aufbringen, die so eine Fahrt kostet, aber immerhin kommen doch viele Proleten heute dazu, etwas zu sehen, was früher nicht der Fall war.» Am Ende desselben Jahres erschien die Arbeiterschaft geteilt in solche, die sich Urlaubs- und Ausflugsfahrten nach wie vor nicht leisten konnten, und solche, die bereits davon Gebrauch gemacht hatten oder bald machen wollten. Beunruhigend war in jedem Fall, dass nur überzeugte Genossen die politische Seite der Freizeitintegration im Dritten Reich zu erkennen vermochten. Etwas resigniert klagte ein Berichterstatter aus dem Rheinland, der Vergleich zwischen den Leistungen des Dritten Reiches und den Errungenschaften der Weimarer Arbeiterbewegung finde schlicht nicht unter fairen Bedingungen statt: «Es wäre nicht objektiv, wenn wir nicht anerkennen wollten, daß KdF manche gute Ferienfahrt arrangiert. Aber gab es denn das früher nicht auch? Es wurde nur nicht soviel Reklame davon gemacht.» Und ein Berliner Sozialdemokrat bemerkte, dass Kraft durch Freude als ganzes Ensemble von Freizeitoptionen zu verstehen sei und man deshalb «nicht bloß die Reiseveranstaltungen sehen» dürfe: «Daneben gibt es in großer Zahl Veranstaltungen aller möglichen Art: Sport, Wandern, Schwimmen, Skilaufen, Gymnastik, Theater usw. usw. und bei diesen

Veranstaltungen kann jeder für wirklich billiges Geld mitmachen.»[29]

Trotz Gemeinschaftsrhetorik ließen sich die KdF-Angebote somit durchaus individualistisch nutzen: Man konnte gemäß den eigenen finanziellen Möglichkeiten aus ihnen wählen und sich zudem auf einer Reise auch einmal von der Gruppe absetzen. Das passte in eine Freizeitkultur, die von den meisten Deutschen als sehr vielfältig empfunden wurde. Denn im Dritten Reich bestand neben den offenkundig politisch kontrollierten Bereichen (die auch nicht immer als solche wahrgenommen wurden) nach wie vor ein Markt für Unterhaltung und Konsum. Erhältlich waren lokales Bier, herkömmliche Fassbrause oder das neue Modegetränk Coca-Cola. Zur Wahl standen deutsche Komödien und Hollywoodfilme, «traditionelle» wie funktionale Möbel. Wer wollte, konnte in großstädtischen Lokalen oder privat auf importierten Schallplatten sogar Jazz hören. Freizeit erschien als selbstbestimmte Aktivität, von der Teilnahme an KdF-Schwimmkursen über die Hobbyfotografie bis zum wirklichen oder erträumten Autofahren. Zudem konnte man sich Konsumangebote auch dann nach eigenen Prioritäten aneignen, wenn sie ideologisch geprägt waren: Man konnte den Kinosaal erst nach der politiklastigen Wochenschau betreten, den Hauptteil der abonnierten Zeitung ignorieren oder sich zum Entsetzen der die «Gemeinschaft» verherrlichenden Sportfunktionäre mit gegnerischen Fußballfans prügeln.

Der säkulare und internationale Trend zur Ausweitung von Freizeit und Konsum machte sich insofern auch im Dritten Reich bemerkbar. Genau dies entsprach jedoch insbesondere Goebbels' Kalkül, der sich von dem Verzicht auf allumfassende Ideologisierung eine wachsende Akzeptanz des Regimes beim Volk versprach – und damit im Wesentlichen Recht behielt. Wie das Beispiel des Volksempfängers zeigt, boten sich viele Gelegenheiten, an Weimarer Entwicklungen anzuknüpfen und diese politisch zu vereinnahmen. Dass sich dem nationalsozialistischen Gleich-

heitsversprechen zum Trotz vor allem eine neue Mittelschichtskultur abzeichnete, stellte für das Regime kein wirkliches Legiti-
mationsproblem dar. Vielmehr ließ gerade diese Kultur Raum für
die nach wie vor einflussreichen Bildungsbürger. Zwar mussten
diese vom geschätzten Genre des ausführlichen Radiovortrags
Abschied nehmen und standen manch anderer modernen Er-
scheinung machtlos gegenüber. So empörte sich etwa Luise Solmitz darüber, dass das Saxophon, «dieses menschenunwürdige
Blasinstrument, das mit Musik und Kunst nichts zu tun hat, alles
verdirbt, erstickt, Erfindung eines Amerikaners», nun in den Kapellen der Luftwaffe eingesetzt wurde.[30] Doch in Filmkritik,
Lokaljournalismus oder Reiseliteratur konnten sich bildungsbürgerliche Autoren ausleben und der eigenen Bedeutung vergewissern. Zudem motivierte die Mittelschichtskultur des Dritten Reiches aufstiegsorientierte Arbeiter zur individuellen Anstrengung
und trug so dazu bei, proletarische Milieus zu spalten. Sie ermöglichte zwar in erster Linie ein Arrangement mit der Gegenwart,
war aber letztlich auf die weitere Mobilisierung von Wünschen
und Träumen hin angelegt. Auch wenn es den Zeitgenossen nicht
immer klar war, hing dies mit dem Ausschluss der politisch Verfolgten zusammen, mit der Einsamkeit derer, die nicht dazuge-
hörten. Die Macht der Fantasie im Dritten Reich hatte eine dunk-
lere Seite: die Isolation der Dissidenten.

Die Isolation der Dissidenten

In einer Gefängniszelle wartete Peter Pagel auf seinen Prozess.
Der junge Sozialist vertrieb sich die Zeit, indem er Geschichten,
Gedichte und Briefe an seine Lebensgefährtin verfasste. Doch
damit ließ sich die soziale und kulturelle Isolation der Einzelhaft
nicht überwinden: «Nur in der Phantasie nahm er teil an den
Freuden, die sich die Menschen da draußen im Leben erlauben

konnten. Spaziergänge in den Anlagen, durch die Stadt. Ein wenig Süßigkeiten kaufen. Eine gute Zigarette. Duftenden Kaffee trinken. Ein Kino besuchen oder ein Theater.» In einem Schauprozess zu mehreren Jahren Haft verurteilt, bewohnte Pagel eine Zeitlang zusammen mit politischen Gefangenen und Kriminellen eine schmutzige Gemeinschaftszelle, bevor er in das Lager Brual-Rhede im Emsland verlegt wurde. Dort war er einer ganz neuen Stufe der Brutalität und Entbehrung ausgesetzt: Bis zur völligen Erschöpfung musste er für die Kultivierung der umliegenden Moorlandschaft schuften. Zum täglichen Erniedrigungsprogramm gehörten gröbste Schimpfwörter, schikanöse Turnübungen und häufige Schläge. Die Gefangenen wurden zudem gezwungen, beim morgendlichen Marsch zur Arbeit «Das Wandern ist des Müllers Lust» zu singen. Als ein Neuankömmling von der mangelnden Möglichkeit zur persönlichen Hygiene erfuhr und ausrief: «Heilige Heimat! Wo ist die vielgerühmte, gelobte und gepriesene deutsche Kultur?», erwiderte Pagel: «Bei den deutschen Gefangenen bestimmt nicht!»[31]

Peter Pagel war das Alter Ego von Wilhelm Henze. Henze kam aus Hildesheim, war gelernter Wagenschlosser und kommerziell erfolgloser Schriftsteller. Er wurde im August 1933 wegen des Verteilens antifaschistischer Flugblätter verhaftet; ab Mai 1934 saß er für anderthalb Jahre in Brual-Rhede. Wie seine semifiktionale Figur zählte sich Henze zu den «Politischen», denen die «Idee auch während ihrer Leidenszeit hilft», nachdem sie in der Arbeiterbewegung «ein gründlicheres Wissen und einen schärferen Blick für die Zusammenhänge im Leben bekommen» hatten. Der hungrige, erschöpfte und oft kranke Mann träumte ferner vom privaten Glück: dem zukünftigen Leben mit seiner Freundin, der er nur selten schreiben durfte. Er hatte gute Kontakte zu anderen Häftlingen, mit denen er über alltägliche wie politische Fragen sprach, gelegentlich Lieder sang und sogar Esperanto übte. Und er versuchte, die geistige Leere des Lagerlebens durch eigene Kreativität auszugleichen. In seinem Tagebuch schrieb er: «Ich habe angefangen, Moorfiguren zu schnitzen. Ich machte die Männlein und Weiblein so lustig als möglich. Es macht mir viel Freude. Die Tage sind hier im Moor so langweilig und inhaltslos. Es gibt nichts zu lesen.»[32] Henze zeichnete auch und schrieb Gedichte; dies musste jedoch hastig und unauffällig geschehen. Nach seiner Entlassung wurde Wilhelm Henze erneut im Widerstand aktiv, bevor er vor der Gestapo ins schwedische Exil flüchtete. Dort verarbeitete er seine Lagererfahrungen in den Erzählungen über Peter Pagel, der trotz aller Anfechtungen stets politisch unbeirrt und moralisch standfest bleibt.

Auf Henzes Zeichnungen graben ausgemergelte Gestalten mit Spaten die unwirtliche Moorlandschaft um oder stoßen schwere Karren. Sie werden dabei stets bedroht von übergroßen Wächtern, bevor sie den Abend hinter Stacheldraht verbringen. Es gibt aber auch Momente des Ausspannens, mit ausgestreckten Gliedern und in die Ferne schweifendem Blick, oder der sozialistischen Gemeinsamkeit in einem Studienzirkel. Im selben Spannungsfeld bewegen sich Henzes Gedichte. Sie erzählen von Gefühlen der Isolation, wenn sich ihr Autor mit einem einsamen, aber frei in der Heide stehenden Baum identifiziert: «Er ist das Bild meiner Sehnsucht, wenn früh am Morgen ich steh; und durch vergitterte Drahtflucht ihn – in der Freiheit – seh.» Und sie illustrieren den Mangel an zivilisatorischen Standards, etwa in einem Loblieb auf seinen schäbigen «Waschlappen, kurz und gut, der täglich seine Dienste tut». Ein weiteres Gedicht fängt in eindringlichen Wendungen das nationalsozialistische Entmenschlichungsprojekt ein: «Wir hungern quälen uns nun ab, schon mancher grub sein eigenes Grab; die Posten fluchen ständig hier, die Knechte sind nicht Mensch nur Tier; so grausam bis in höchster Form, Kultur? Jawohl! In Nazinorm». Aber die folgenden Strophen künden vom Traum einer sozialistischen Gesellschaft: «Dann leiten wir selbst das Geschick und bauen selbst uns unser Glück; die Wirtschaftsform ist klar und gut, die Menschen frisch gesund im Blut; dann lebt das Volk dann blüht Kultur, in Technik Wissenschaft Natur».[33]

Prosa, Poesie und Zeichnungen Wilhelm Henzes gehören zu den antifaschistischen Reaktionen auf den Umbruch von 1933. Für seine Gegner brachte das Dritte Reich Verfolgung bis in die Wohnviertel hinein, gewaltsame Unterdrückung und in vielen Fällen den Tod. Kulturelle Aktivitäten der Dissidenten dienten dazu, sich und anderen das volle Ausmaß der nationalsozialisti-schen Unmenschlichkeit klar zu machen – und gleichzeitig die Hoffnung auf eine bessere Zukunft aufrechtzuerhalten. In den Lagern konnte das Schreiben von Gedichten, das Singen von Lie-dern oder das Diskutieren sozialistischer Ideen ein Gegengewicht zur täglichen Erniedrigung und Bedrohung sein. Angesichts der strengen Überwachung beschränkte es sich jedoch auf Einzel-personen oder bestenfalls kleine Zirkel. Die isolierte Position der Dissidenten konnte so nicht wirklich überwunden werden. Zu-dem gestatteten Leiter und Wachleute in den Lagern teilweise die kulturellen Aktivitäten oder förderten sie sogar, so dass diese ih-rerseits in das Unterdrückungssystem eingebunden wurden. Funktionäre der Emslandlager gaben im Austausch für kleine Privilegien Kunstgegenstände bei Häftlingen in Auftrag, die sie dann an die anfänglich misstrauischen Einwohner der umliegen-den Ortschaften verschenkten. Bezeichnenderweise konnte sich Henze, für den Kultur und Widerstand untrennbar verbunden wa-ren, im Rückblick die Abhaltung größerer Veranstaltungen nicht vorstellen, obwohl im benachbarten Lager Börgermoor nachweis-lich ein genehmigter Kabarettabend stattgefunden hatte.[34]

Tatsächlich hatten Funktionäre und Wachleute das kulturelle Leben innerhalb der Lager ohnehin in der Hand, wenn es sich – wie im Falle der Musik – nur schwer im Geheimen praktizieren ließ. Sie zwangen die Insassen, Lieder mit nationalsozialistischen, chauvinistischen oder obszönen Texten anzustimmen und sich damit selbst zu verhöhnen. Lagerchöre und -kapellen wurden eingesetzt, um die täglichen Rituale zu untermalen oder um die

Schreie der Gefolterten zu übertönen. Die Chöre und Kapellen dienten ferner dem Zweck, die Insassen zu beschäftigen und umzuerziehen. Außerdem ließen sie sich bei Präsentationen von Konzentrationslagern gegenüber Journalisten und offiziellen Besuchern einsetzen. Sie waren auch schlicht dazu da, das Personal zu amüsieren, bis hin zu ganzen «Unterhaltungsabenden» und «Kulturveranstaltungen». Während manche Aufführungen tatsächlich im Verborgenen stattfanden, unterlagen die meisten der Kontrolle durch die Lagerleitung. Die Erlaubnis zur Organisation oder zum Besuch einer Veranstaltung ließ sich als Gewährung eines Privilegs einsetzen. Und selbst die an Traditionen der Arbeiterbewegung anknüpfenden eigenen Lieder der «Moorsoldaten» oder der Insassen von Lichtenburg, Esterwegen und Sachsenburg wurden toleriert und sogar begrüßt. Die Funktionäre waren nämlich daran interessiert, eine deutliche Identität des jeweiligen Lagers entstehen zu lassen. Aus demselben Grund gab später die SS in Sachsenhausen und Buchenwald eigene Lieder in Auftrag und gründete sogar ganze Orchester. Wie sehr kulturelle Betätigungschancen von der jeweiligen Lagerleitung abhingen, zeigt das Gegenbeispiel Dachau, wo es weder ein Orchester noch ein Lagerlied gab und die sonntäglichen Varietéveranstaltungen bald wieder verboten wurden.[35]

Die sozialdemokratischen und kommunistischen Dissidenten im Dritten Reich fühlten sich isoliert, außerhalb der Arbeits- und Konzentrationslager ebenso wie innerhalb. Als Wilhelm Henze nach seiner Entlassung mit dem Zug nach Hause fuhr, saß er mit einer Schauspielertruppe im Abteil, deren «Eitelkeit, Angebertum, dummer Stolz» ihn wenig hoffnungsvoll stimmten: «Kein Charakter. Und das sind auch Kulturträger! Traurig und schaurig.»[36] Obwohl seine neue Widerstandsgruppe sorgfältig zusammengestellt war, wurde sie bereits nach dem zweiten Flugblatt von einem Mitglied an die Gestapo verraten. Bis Mitte der dreißiger Jahre hatten Überwachung, Denunziation und die Drohung mit dem Konzentrationslager der ehemals so starken Arbeiterbewegung die Fähigkeit zum politischen Kampf und zur kulturellen Artikulation genommen. Nur kleine Zirkel bestanden noch, welche die eigenen Überzeugungen pflegen, aber keine Außenwirkung entfalten konnten. Im März 1935 reiste ein sozialdemokratischer Berichterstatter durch Deutschland und fand dabei kaum Anzeichen von Widerstand. Er wertete es schon als ermutigendes Zeichen, dass manche jungen Arbeiter untereinander gesellschaftskritische Romane und Memoiren aus der Russischen Revolution austauschten. Desillusioniert über die meist passive Haltung der «Massen» schilderte er, mit welcher Wehmut man sich an die frühere öffentliche Präsenz der Linken erinnerte: «Als ich ihnen vom sozialistischen Leben draußen erzählte, von Aufmärschen mit roten Fahnen, Kinderfreunden und Arbeiterjugendlichen in blauen Blusen usw., kamen einzelnen Genossinnen die Tränen.»[37]

Immer wieder brach bei den ansonsten nüchternen Sozialdemokraten die Bestürzung über die gleichermaßen populärkulturelle wie intellektuelle Anziehungskraft des Nationalsozialismus durch. «Wo ist die Wissenschaft, wo es gilt sich aufzulehnen?», fragte ein Informant aus Westdeutschland im Juni 1935. «Sie hat sich gleichgeschaltet, sie kuscht und überläßt den Kampf wieder einmal den Namenlosen, den einfachen Arbeitern.» Doch auch diese gaben kaum zu Optimismus Anlass. Ihre häufige Unzufriedenheit über harte Arbeitsbedingungen und geringe Nettolöhne übersetzte sich nicht in aktive Opposition, weil dazu jegliche Voraussetzungen fehlten. Die von vornherein politisch verdächtigen Turn-, Gesangs- oder Feuerbestattungsvereine der Arbeiterbewegung bestanden schon seit Jahren nicht mehr; jeglicher neue Organisationsversuch war hochriskant. Die raue proletarische Kultur ließ sich zwar nicht einfach abschaffen, unterlag jedoch starkem Disziplinierungsdruck: Junge Männer wurden zum Reichsarbeitsdienst eingezogen. Lebensräume wie die «wilden Siedlungen» am Rande von Berlin oder das Gängeviertel in der Nähe des Hamburger Hafens wurden wegsaniert. Wie schwierig sich die Situation aus Sicht der linken Opposition darstellte, zeigt ein pessimistischer literarischer Selbstvergleich unter sächsischen Sozialdemokraten: «Bei dem einen und anderen Genossen stellt sich in trüber Stunde auch mal der Gedanke ein: Ist der Sozialismus nicht nur eine edle Illusion? Sind wir nicht Don Quichotes?»[38]

Bürgerliche Gegner des Dritten Reiches waren insofern in einer etwas besseren Lage, als sie einige kulturelle Freiräume behielten. Sie konnten sich gelegentliche Auslandsreisen leisten, in der vor dem Krieg noch frei erhältlichen *Neuen Zürcher Zeitung* unabhängige Informationen und kritische Kommentare finden und ausländische Autoren im Original oder in Übersetzung lesen. Im Feuilleton einiger vormals liberaler Blätter, insbesondere der *Frankfurter Zeitung*, konnte man zwischen den Zeilen erkennen, dass man mit seinen Vorbehalten gegenüber der nationalsozialistischen Politik nicht allein war. Und dank der immer noch vielfältigen Verlags- und Zeitschriftenlandschaft blieb es möglich, aktuelle Werke von deutschen Schriftstellern zu lesen, die dem Nationalsozialismus fernstanden. Dazu zählten neben traditionalistischen auch gemäßigt modernistische Autoren. Diese konnten durchaus publizieren, sofern sie zu jung oder zu unbekannt waren, um noch mit der Weimarer Kultur assoziiert werden zu können. Protestantischen Bürgern standen immer noch Gemeinden offen, deren Pfarrer herkömmliche Glaubensformen gegen den Machtanspruch der Deutschen Christen verteidigten. Sich in solchen Nischen zu bewegen stand jedoch nicht unbedingt im Widerspruch zum Herrschaftskalkül der nationalsozialistischen Führungsriege. Dieses Kalkül beruhte nämlich gerade darauf, skeptische Deutsche wenn nicht zu gewinnen, so doch durch partielle Zurückhaltung politisch zu neutralisieren. Insofern stellte es noch keine dissidente Handlung dar, unpolitisch-regimeferne Literatur zu schreiben bzw. zu lesen oder Sympathien für die Bekennende Kirche zu hegen – anders als es die Begriffe «innere Emigration» und «Kirchenkampf» suggerieren, die sich erst nach 1945 durchsetzten.

Auch im Bürgertum war es hochriskant, Kritik am Regime über eng begrenzte Kreise von Gleichgesinnten hinaus zu äußern. Zu groß war die Gefahr der Denunziation, die wiederum erst durch die breite Zustimmung zu Hitler und seiner Politik entstanden war. Dass das Regime die Ideale einer Kulturnation tagtäglich verletzte – diese Ansicht existierte zwar, aber nur als stille Minderheitenposition. Das Gefühl der eigenen Isolation bedrückte die bürgerlichen Gegner des Nationalsozialismus. Der Publizist Joachim Fest beschreibt im Rückblick, wie er als Junge von seinem konsequent prorepublikanischen Vater instruiert wurde, Tischgespräche über Politik auf keinen Fall nach außen zu tragen. Als in Karlshorst, einem Vorort der Hauptstadt, immer mehr Nachbarn den nationalsozialistischen Verlockungen erlagen und etwa die preisgünstigen Theaterkarten lobten, verlieh das Motto «Auch wenn alle mitmachen – ich nicht!» der Familie Halt.[39] Das Gefühl der Isolation konnte sich jedoch auch in Ängste übersetzen: So erzählte eine Berlinerin der jüdischen Journalistin Charlotte Beradt davon, wie sie im Traum einer Aufführung der «Zauberflöte» beigewohnt hatte: «Nach der Stelle ‹Das ist der Teufel sicherlich› kommt ein Trupp Polizei hereinmarschiert, laut knallende Schritte, direkt auf mich zu. Sie haben durch eine Maschine festgestellt, dass ich bei ‹Teufel› an Hitler gedacht habe. Ich sehe mich hilfeflehend unter all den festlich gekleideten Leuten um. Stumm und ausdruckslos sehen sie vor sich hin, kein Gesicht zeigt auch nur Mitleid. Doch, der alte Herr in der Nebenloge sieht fein und gütig aus, aber als ich ihm in die Augen sehen will, spuckt er mich an.»[40]

Für die Dissidenten ließen sich wirklicher und imaginierter Verfolgungsdruck kaum trennen – was ganz der Intention der nationalsozialistischen Repressionspolitik entsprach. Wilhelm Henze drückte in einem Gedicht aus, wie er auf der Flucht aufgrund der zahlreichen potenziellen Denunzianten «nur in Spannung» gelebt habe: «Und alle Häuser haben Fratzen, sie glotzen dich mit bösen Augen an. Und alle Menschen sind wie Katzen, so listig, dass man keinem trauen kann.» Die dazugehörige Zeichnung zeigt, wie er sich im Laufschritt entfernt. Er blickt dabei auf eine Mauer mit dem Schild «Deutschland Zollgrenze» zurück, hinter der Gefängnismauern in Hakenkreuzform zu erkennen sind.[41] Tatsächlich war Henze auf der Flucht über die niederländische Grenze nur knapp den Schüssen der Grenzbeamten entkommen. Im schwedischen Exil konnte er sich sicher fühlen und zudem davon profitieren, dass er aufgrund eines früheren Aufenthalts der Sprache mächtig war. Doch musste er sich und seine Familie mit Gelegenheitsjobs und Unterstützungsleistungen über Wasser halten. Reguläre Lohnarbeit, selbstständige Tätigkeit und erst recht politische Aktivität blieben ihm verwehrt. Die Repressionen gegen seine Eltern in der Heimat verfolgte er machtlos aus der Ferne. Seine Lagererfahrungen ließen ihn nie los. Er konnte sie zwar literarisch verarbeiten und in eine Botschaft der antifaschistischen Einheit münden lassen, sie aber mangels Publikationsmöglichkeiten nicht vermitteln. Auch im Exil war der Dissident Wilhelm Henze letztlich isoliert.

Henzes Schicksal in Schweden war nur eine von vielen Exilerfahrungen. Tausende von Schriftstellern, bildenden Künstlern und Wissenschaftlern emigrierten, weil sie durch die Nationalsozialisten ihrer Wirkungsmöglichkeiten beraubt oder sogar akut gefährdet waren. Vor allem in Paris, Prag und Amsterdam, den Zentren des Exils vor dem Zweiten Weltkrieg, blühte ein deutsches Kulturleben, das sich von dem im Dritten Reich (aber auch von den Verhältnissen im katholisch-autoritären Österreich) grundlegend unterschied. Hier gab es sowohl eine kritische Masse an Künstlern als auch zahlreiche Prominente, darunter Ausnahmeerscheinungen wie den Maler Max Beckmann, den Schriftsteller Alfred Döblin oder den Kulturtheoretiker Walter Benjamin. Bildende Künstler, Architekten und Musiker konnten auf das Interesse von Galeristen, Bauherren und Konzertveranstaltern hoffen. Einige einheimische Kulturvermittler wie der Amsterdamer Emanuel Querido nahmen sich ebenso aus politischer Überzeugung wie aus verlegerischer Ambition der dissidenten deutschsprachigen Literatur an. Und verschiedene neu gegründete Zeitschriften boten ein publizistisches Forum für die eigenen Perspektiven und Ansichten, die zudem in Vereinigungen, Cafés oder Privatwohnungen offen geäußert und mit Gleichgesinnten geteilt werden konnten.

Das Exil war für Gegner des Dritten Reiches gleichermaßen Befreiung wie Belastung. Irmgard Keun schrieb im Mai 1936 vom belgischen Seebad Ostende aus an ihren bereits in die Vereinigten Staaten emigrierten jüdischen Liebhaber: «Ich kann's ja noch gar nicht glauben, daß ich nun nicht mehr im Nazi-Land bin und wirklich frei schreiben, sprechen, atmen kann. Ich muß mich erst langsam dran gewöhnen.» Die Schriftstellerin, die in der späten Weimarer Republik zur literarischen Galionsfigur moderner Weiblichkeit avanciert war, hatte sich gegen das Verbot ihrer Romane «Gilgi. Eine von uns» und «Das kunstseidene Mädchen» zunächst noch vor Gericht zu wehren versucht. Erst nachdem sie realisiert hatte, dass ihre Ausgrenzung aus dem Kulturleben im Reich ebenso endgültig war wie die Entfremdung von ihrem anpassungsbereiten Ehemann, entschloss sie sich zur Auswanderung. In den Niederlanden und in Belgien gab es nicht nur Verleger, die an einer Neuausgabe ihrer Bücher interessiert waren. Sie fand auch einen Kreis deutscher Lektoren und Autoren, in dem sie sich auf Anhieb wohl fühlte. In ironischem Ton schrieb sie: «Hoffentlich bricht keine Christenverfolgung aus – außer mir konnt' ich da keinen Arier entdecken.»[42]

Über ihre schriftstellerische Karriere hinaus wollte sich Irmgard Keun am «Kampf gegen Nazitum, menschliche Sturheit, Schlappheit und Barbarei» beteiligen und die Verfolgten im Reich nicht vergessen: «Was in Deutschland geschieht, geht die ganze Menschheit an. Man darf da nicht bequem werden und die Augen schließen.» Aber schon bald äußerte sie Zweifel am Sinn des literarischen Widerstandes aus dem Exil: «Man braucht ja nur eine Zeitung aufzumachen, und es kommt einem idiotisch vor, daß man überhaupt noch schreibt.» Ferner berichtete sie von Schwierigkeiten mit ihrer Scheidung, von der latenten Gefahr der Ausweisung sowie von permanenter Geldknappheit – die wiederum mit ihrer Vorliebe für Hotels, Cafés und Bars zusammenhing. Im Unklaren ließ sie ihren Liebhaber hingegen über ihr zeitweiliges Verhältnis mit dem exilierten Schriftsteller Joseph Roth, der sich immer tiefer in die habsburgische Vergangenheit hineinbegab, der alkoholabhängig und schwer krank war. Das alles hinderte sie nicht daran, in ihren Romanen «Nach Mitternacht», «D-Zug dritter Klasse» und «Kind aller Länder» das Leben unter der Diktatur und auf der Flucht literarisch zu thematisieren. Doch die Stimmung innerhalb der Amsterdamer Exilgemeinde beschrieb sie im Sommer 1938 als regelrecht «hysterisch»: «Dauernd bringt sich irgendein Freund oder Kollege um, es herrscht eine allgemeine Selbstmord-Panik. Alle sind schrecklich sentimental geworden und zeigen es sogar, niemand versteckt sich mehr hinter dem früheren Zynismus – alle sind aufgeweicht in edlen Freundschaftsgefühlen, genau wie die Menschen in Werthers Leiden.»[43]

Irmgard Keuns Erfahrungen zeigen beispielhaft, dass sich der Einfluss der deutschen (und österreichischen) Exilkultur im Ausland bei aller Vielfalt und Qualität letztlich in Grenzen hielt. Nachhaltige Wirkung übte sie vor allem als internationalisierte Weimarer Kultur in denjenigen Ländern aus, die auch noch nach Beginn des Zweiten Weltkrieges sichere Zufluchtsorte waren. So prägten Exilanten die Architektur im späteren Israel, die akademische Kunstgeschichte in Großbritannien und die Naturwissenschaften in der Türkei. Am bedeutendsten war ihre Tätigkeit in den Vereinigten Staaten – vom Regisseur Fritz Lang und der Schauspielerin Marlene Dietrich in Hollywood über den Bauhausarchitekten Ludwig Mies van der Rohe in Chicago bis hin zum theoretischen Physiker Albert Einstein am Institute for Advanced Studies in Princeton oder der Sozialphilosophin Hannah Arendt an der New School for Social Research in New York. Die Situation im Paris, Prag oder Amsterdam der dreißiger Jahre unterschied sich von der in Amerika. Hier konnten die Exilanten zwar das Bewusstsein dafür aufrechterhalten, dass es noch eine andere deutsche Kultur gab als die des Dritten Reiches. Aber die Emigration war mehrfach gespalten: Den Prominenten standen viele Namenlose gegenüber; es gab politische und künstlerische Differenzen, zu denen persönliche Spannungen und Eifersüchteleien kamen. Überdies blieben die für die antifaschistische Überzeugungsarbeit so wichtigen Theaterregisseure, Schriftsteller und Journalisten von der deutschen Sprache abhängig. Auch wenn manche von ihnen des Französischen mächtig waren oder in den Niederlanden beziehungsweise der Tschechoslowakei ein Publikum fanden, das Deutsch verstand, fühlten sie sich allzu oft kulturell fremd. Sie bewegten sich ausschließlich in den eigenen Zirkeln; zudem litten sie unter finanziellen Problemen und Schwierigkeiten mit der Aufenthaltsgenehmigung.

Aus ihrer zwar vorerst sicheren, aber in vieler Hinsicht nach wie vor isolierten Lage zogen die Exilanten sehr unterschiedliche Konsequenzen. Vertreter eines bildungsbürgerlichen Kulturverständnisses neigten dazu, sich von Politik fernzuhalten. Nicht selten wandten sie sich historischen Stoffen zu – die überdies noch am ehesten bei einer internationalen Leserschaft Anklang fanden. Sie hatten kaum etwas mit den linientreuen Kommunisten gemeinsam, die von der Sowjetunion aus auf eine internationale Revolution hinzuarbeiten versuchten. Dazwischen standen die Anhänger eines antifaschistischen Humanismus. Sie machten die nationalsozialistische Gewaltpolitik bis in die grausamen Details bekannt, um so die öffentliche Meinung in Westeuropa zu mobilisieren. Das «Braunbuch über den Reichstagsbrand und Hitlerterror» wurde in 15 Sprachen übersetzt und verkaufte sich über 600 000 Mal. Die «Bibliothek der verbrannten Bücher» in Paris erinnerte symbolstark an die ausgegrenzte deutsche Literatur. Allerdings nutzte sich die anfängliche internationale Schockwirkung rasch ab. Zudem zerschlugen sich schon bald die Hoffnungen auf einen Zusammenbruch des Dritten Reiches. Der Aufschwung der Linken in Frankreich und Spanien eröffnete für einige Zeit eine neue Perspektive europaweiter Zusammenarbeit, die 1935 auf der Pariser Konferenz «Zur Verteidigung der Kultur» Form anzunehmen schien. Alle Reden und Resolutionen änderten jedoch nichts daran, dass sich Hitlers Regime aus der Ferne nur schwer analysieren, geschweige denn effektiv bekämpfen ließ.

Warum war es für die politisch aktiven Exilanten so schwierig, eine internationale Öffentlichkeit gegen Hitlers Regime zu mobilisieren? Das politische und kulturelle Klima in den Zufluchtsländern war nicht günstig für ein solches Vorhaben. In Österreich, der Schweiz und Belgien, aber auch in Frankreich (weniger in den toleranteren Niederlanden und der großzügigeren Tschechoslowakei) war man vor dem Hintergrund einer anhaltenden Wirtschaftskrise auf ausländische Einflüsse und Konkurrenten wenig erpicht. In diesen Ländern kamen zudem starke rechtsradikale Strömungen auf, die auch Konservative dazu bewegten, im nationalsozialistischen Deutschland nach Vorbildern für die Überwindung der jeweils eigenen Krise zu suchen. Selbst wer solche Sympathien nicht hegte, blieb oft der bürgerlich geprägten deutschen Kultur verbunden. Der deutsche Pavillon auf der Pariser Weltausstellung von 1937 mit den dort ausgestellten, schön gestalteten Büchern erfreute sich großer Beliebtheit. Romane des Exilanten Thomas Mann wurden geschätzt, weniger jedoch die engagierte Kultur der Linken. Als Kurt Weill eine auf Texten Bertolt Brechts basierende Komposition in Paris aufführte, stieß er beim dortigen Publikum auf Ablehnung – ganz im Gegensatz zu Wilhelm Furtwängler, der mit seinen Berliner Philharmonikern bald darauf enthusiastisch empfangen wurde.

Auch in Großbritannien und den Vereinigten Staaten hatten es exilierte ebenso wie einheimische Antifaschisten schwer, mit ihrer Sicht des Dritten Reiches durchzudringen. Die Kultur beider Länder war stark kommerziell orientiert, was die Offenheit für politische Kontroversen oder künstlerische Experimente begrenzte. Zwar waren britische Intellektuelle mit diesem Zustand unzufrieden, aber nicht wenige unter ihnen hielten gerade deshalb den Nationalsozialismus für «einen leidenschaftlichen Kreuzzug für innere Erneuerung», «eine tief spirituelle Bewegung» oder «eine Zurschaustellung biologischer Kräfte» mit Vorbildfunktion für das eigene Land.[44] In den Vereinigten Staaten wurde durchaus scharfe Kritik am nationalsozialistischen Regime geübt, unter anderem von der frühen Bürgerrechtsbewegung, die auf Parallelen zwischen deutschem und amerikanischem Rassismus hinwies. Dem standen jedoch beträchtliche rechte und besonders antisemitische Sympathien gegenüber – vor allem aber ein pragmatisches Interesse an Kooperation. In Hollywood war zwar die Anti-Nazi League sehr aktiv. Jedoch überwogen die Belange verschiedener Konzerne, die weiterhin Romanzen mit Clark Gable oder Greta Garbo, Kinderfilme mit Shirley Temple oder Zeichentrickstreifen mit Micky Maus auf dem deutschen Markt absetzen wollten. Schließlich sicherte die damals noch bedeutende deutschsprachige Minderheit in den Vereinigten Staaten dem Dritten Reich einen gewissen kulturellen Einfluss, der die antifaschistischen Proteste konterkarierte. Wenngleich sich der Erfolg von Filmen aus Deutschland insgesamt in Grenzen hielt, konnte man sie in den dreißiger Jahren in Chicago, Cleveland oder an der Upper East Side von Manhattan im Original sehen.

Von ausländischen Reisenden in das Dritte Reich hatten die deutschen Dissidenten eher noch weniger Unterstützung zu erwarten als von den Menschen in den Exilländern. Neben kritischen Beobachtern gab es reichlich Besucher, die sich anerkennend über die Olympischen Spiele in Berlin 1936, die neuen sozialpolitischen Ansätze und selbst die – den verschiedenen Delegationen stets im besten Licht präsentierten – Konzentrationslager äußerten. Die Führung des Regimes war intensiv bemüht, internationalen Touristen ein friedsames und fortschrittliches Land mit heimatverbundenen Bauern und kulturliebenden Bürgern schmackhaft zu machen. Die Werbematerialien hielten dabei durchaus nicht mit der nationalsozialistischen Ideologie und Symbolik hinter dem Berg, auch wenn sie aus Imagegründen auf eindeutig antisemitische Aussagen verzichteten. Selbst Reisende, die das Dritte Reich nicht als Modell sahen, hielten es meist für ein legitimes Regime und ließen sich von ihrem positiven Deutschlandbild nicht abbringen. So verbrachte der junge Europatourist John F. Kennedy in München einen Abend im Hofbräuhaus. Anderntags unterhielt sich der spätere amerikanische Präsident mit dem Besitzer seines Hotels, der sich als «Hitler-Fan» zu erkennen gab. Er schloss aus diesen persönlichen Eindrücken, dass der Diktator aufgrund seiner «wirkungsvollen Propaganda» offensichtlich beim eigenen Volk anerkannt sei. Nach einem Besuch im technischen Errungenschaften gewidmeten Deutschen Museum notierte er: «Ein großartiges Werk, das den deutschen Sinn fürs Detail zeigt.»[45]

Kennedy interessierte sich nicht für die Opfer der nationalsozialistischen Politik, und auch sonst könnte der Kontrast zwischen dem blendend aussehenden Harvardstudenten aus reichem Hause und dem abgemagerten Arbeiterdichter Wilhelm Henze kaum größer sein. Der Versuch der antifaschistischen Humanisten, ein Publikum im In- und Ausland zur Identifikation mit gequälten KZ-Gefangenen zu bewegen, blieb letztlich erfolglos. Zu stark waren die entgegenstehenden Prägungen, Sichtweisen und Interessen. Für die meisten Beobachter stellte sich die Situation in Deutschland weniger negativ und eindeutig dar als für Henze und seine wenigen Mitstreiter. Nach wie vor gab es kulturelle Spielräume, so dass man beruhigt konstatieren konnte, dass sich der Einfluss völkischer Dogmatiker in Grenzen hielt. Zu dieser Uneindeutigkeit gehörte, dass die Entscheidung zur Emigration keineswegs immer von vornherein feststand: Fritz

Lang pendelte 1933 zunächst für einige Monate zwischen Paris und Berlin. Marlene Dietrich erhielt ein lukratives Rückkehrangebot von Goebbels. Irmgard Keun beantragte vor ihrer Emigration die Aufnahme in die Reichsschrifttumskammer. Ludwig Mies van der Rohe oder Paul Hindemith konnten eine Zeitlang die durchaus begründete Hoffnung hegen, ihre Versionen des Modernismus auch unter dem neuen Regime praktizieren zu können. Dass Kultur im Dritten Reich politischer Willkür unterlag, war Mitte der dreißiger Jahre deutlich genug – aber die genauen Konsequenzen blieben vorerst unklar.

III.

Auf dem Weg zur «reinen» Kultur

München, 8. Juli 1938: Eine Gruppe von Männern in pseudo-antiker Verkleidung führt einen Pferdewagen, auf dem die Göttin Athene steht. Im Hintergrund ist die Feldherrnhalle zu sehen, an der die bayerische Polizei am 9. November 1923 den Hitler-Putsch abgewendet hat. Seit die Nationalsozialisten an der Macht sind, werden die erschossenen Putschisten alljährlich mit großem Pomp als «Blutzeugen der Bewegung» verehrt. Auf einer Gedenktafel an der östlichen Seite des Gebäudes stehen ihre Namen: Wer daran vorbeigeht, muss den Hitlergruß entbieten. Doch als Hitlers Leibfotograf Heinrich Hoffmann die Aufnahme macht, steht nicht bloß die Feldherrnhalle, sondern die gesamte Münchner Innenstadt im Zeichen des Regimes: «2000 Jahre Deutsche Kultur» lautet das Motto des sommerlichen Festzugs, der das Geschichtsbild des Dritten Reiches publikumswirksam präsentiert.

Im Jahr zuvor, anlässlich der Eröffnung des monumentalen «Hauses der Deutschen Kunst», hat das Spektakel zum ersten Mal stattgefunden. Es knüpft an «Glanzzeiten Deutscher Geschichte» an, einen Festzug, der im Oktober 1933 die «neue Zeit» eingeläutet und den Status von München als «Hauptstadt der Bewegung» unterstrichen hat. Die dieser Inszenierung zugrundeliegenden Ideen sind diffus. Hitler selbst bezieht sich häufig auf Griechen und Römer, in deren Nachfolge er die Deutschen sieht: «Ungeheure Anstrengungen werden auf unzähligen Gebieten des Lebens vollbracht, um das Volk zu heben», verkündet er, «niemals war die Menschheit in Aussehen und in ihren Empfindungen der Antike näher als heute.»[1]

Die Skulptur auf dem Pferdewagen verkörpert zwar diese Vorstellung, aber der Festzug läuft gleichzeitig auf eine Germanisierung der Vergangenheit hinaus: «Hochgewachsene, wetterharte Blondköpfe, welche um 1800 v. Chr. an Nord- und Ostsee gelebt» haben sollen, ziehen an den Zuschauern vorbei. Gruppen von Darstellern feiern die deutschen Leistungen aus der «Zeit der Gotik», der «Zeit der Renaissance» oder der «Zeit der Klassik und der Romantik». Eigene Wagen präsentieren Karl den Großen, Kaiser Friedrich Barbarossa und Heinrich den Löwen als germanische Figuren. Zum Teil eines nationalsozialistischen Geschichtsbildes werden diese historischen Versatzstücke, indem sie als Vorstufen zur «neuen Zeit» erscheinen. Das zeigt sich an kostümierten Reitern, Skulpturen vorwärtsstürmender Jünglinge und gefallener «Opfer» der Bewegung – und nicht zuletzt an Modellen künftiger «Monumentalbauten des Führers». Überhaupt bestimmen die Erfolge im Hier und Jetzt das aktuelle Geschichtsbild: Wenige Monate nach dem «Anschluss» versinnbildlicht eine Gruppe von Österreichern Kärnten, Vorarlberg und die Steiermark und trägt «das schicksalsreiche und ehrwürdigste Kleinod des Festzuges», nämlich die aus Wien geholten Reichsinsignien.[2]

Der Aufwand für «2000 Jahre Deutsche Kultur» ist immens: In Ateliers und Werkstätten wird intensiv an Wagen, Skulpturen, Repliken und Kostümen gearbeitet. Zu Tausenden werden Fußvolk, Pferdeführer oder Reiterinnen rekrutiert, aus verschiedenen NS-Organisationen ebenso wie aus Turnvereinen und Gymnastikschulen. Die Münchner Innenstadt wird für den Verkehr gesperrt, mit Flaggen und Gipsfiguren dekoriert und abends festlich beleuchtet. Das Rahmenprogramm des Festumzuges bilden

Theater-, Konzert- und Opernaufführungen, ergänzt durch diverse Künstlerfeste. Wie so oft, wenn die Führungsriege des Dritten Reiches ein politisches Projekt verfolgt, sind die Kosten nebensächlich. Das Erlebnis von «2000 Jahre Deutsche Kultur» wirkt auf viele Zuschauer und Teilnehmer äußerst eindrucksvoll. Eine 15-jähriges Mädchen erlebt bei dem Festzug ein «sehr großes Abenteuer»: Auf einem Pferd reitend verwandelt sie sich in eine Walküre «mit einem eisernen Brustpanzer und einem Helm mit Schwingen dran». Dem amerikanischen Journalisten Ernest R. Pope hingegen fällt der Druck auf, den die Partei im Vorfeld ausübt: Zwangsweise werden die Schaufenster geschmückt, und jedes Haus im Stadtzentrum muss «dekoriert und illuminiert sein»: «Eine Woche vor dem großen Ereignis klingeln lokale Parteiordner an den Haustüren und drehen jedem Haushalt Kerzen, Kerzenhalter und farbige Lampenschirme zu einem hohen Preis an.»[3]

Der Festzug in München ist Teil einer Kultur, die sich Ende der dreißiger Jahre immer mehr auf innere «Reinheit» und äußere «Stärke» hin orientiert. Noch immer trägt diese Kultur erkennbar bürgerlich-nationale Züge. Und nach wie vor kommen neue Komödien mit Heinz Rühmann in die Kinos, erklingt im Radio Unterhaltungsmusik. Doch die Nationalsozialisten begnügen sich nicht mit politischer Kontrolle über eine «entjudete», von linken und modernistischen Strömungen gereinigte, ansonsten aber wenig veränderte Kultur. Sie streben vielmehr danach, Deutschland grundlegend umzugestalten und jegliches Bewusstsein für Alternativen auszuschalten. Zugleich wollen sie die revolutionäre Energie wiedergewinnen, die den Umbruch von 1933 vorangetrieben, sich aber seit Mitte der dreißiger Jahre etwas verloren hat. Zwar besitzen die Parteitage immer noch erheblichen Reiz, doch dieser ist medial schwer zu vermitteln und bleibt daher auf die Stadt Nürnberg sowie die Mitgliedschaft der NSDAP beschränkt. Gefragt ist neue kulturelle Substanz, aber die Suche danach gestaltet sich schwierig. Ungeduldig notiert Goebbels im Januar

1936: «Es fehlen die Leute, die Könner, die n.s. Künstler. Aber allmählich müssen sie sich doch bemerkbar machen.»[4]

Dass sich die Anzahl linientreuer «Könner» auch in den kommenden Jahren in Grenzen hält, bleibt nicht ohne Folgen. Die Führung setzt dort Akzente, wo Hitlers eigene Interessen liegen und wo die Ergebnisse besonders sichtbar sind, nämlich in der öffentlichen Architektur. Die neu geplanten, vor dem Krieg erst ansatzweise verwirklichten Gebäude vereinen in monumentaler Weise neoklassizistische und modernistische Einflüsse. Doch ansonsten lässt sich ein positiver und längerfristiger Ausdruck der nationalsozialistischen Kultur schwer fassen. Nach wie vor wird sie vielmehr negativ definiert: durch die «Reinigung» von jeglichen jüdischen Einflüssen und von Spuren der Weimarer Kultur sowie durch die Abgrenzung nach außen. Das passt zu einer immer offener rassistischen und imperialistischen Politik: 1938 findet die Eingliederung Österreichs und des Sudentenlandes statt, gefolgt vom Novemberpogrom gegen die deutschen Juden. Was noch als «deutsch» gelten kann, ist somit politisch festgelegt. Die Interventionen Hitlers, der Einflussgewinn von Heinrich Himmlers SS und die häufigen antisemitischen Gewaltakte machen dies nur allzu deutlich. Die Suche nach «Reinheit» ist Ende der dreißiger Jahre allgegenwärtig – und bestimmt zunehmend, wie Kultur erfahren und gestaltet wird.

Der Vorrang der Rasse

Das Ehepaar genoss seinen Italienaufenthalt in vollen Zügen: «Um 10 Uhr begann der Tag mit der Besichtigung des Kapitol. Dann ging es weiter in die Forums. All die herrlichen Bauten hat erst Mussolini freilegen lassen. H.s Geschichtskenntnisse dabei waren unglaublich.» Margarete Himmlers Tagebucheintrag ist ganz im herkömmlichen Bildungsduktus verfasst, und ihr Respekt für die Leistungen des Duce wäre schon vor 1933 keineswegs ungewöhnlich gewesen. Auch die folgende Reise durch Sizilien entsprach den Mustern des bürgerlichen Tourismus: Sie badete, spielte Tennis und besuchte gemeinsam mit ihrem Mann Klöster, Museen und römische Ausgrabungsstätten. Nur das eingehende Interesse des Ehepaares an Spuren der Hohenstauferkaiser und an Relikten der Germanen ging über das Übliche hinaus, ebenso wie zuvor in Rom der ehrenvolle Empfang in der Deutschen Botschaft. Margarete Himmler freute sich auch deshalb so sehr über die Italienreise mit ihrem Gatten, weil sie ihren Alltag als kräftezehrend empfand. Die Familie pendelte zwischen der Dienstvilla im Berliner Nobelviertel Grunewald und dem im alpinen Stil gebauten «Haus Lindenfycht» am Tegernsee. Das war stets mit viel «Packerei» verbunden, die den Vorlieben ihres Gatten geschuldet war: «Aber H. findet es schön.»[5] Obwohl sie den gesellschaftlichen Umgang mit den Ehefrauen von Diplomaten und anderen NS-Größen schätzte, machte ihr die häufige Trennung zu schaffen: «Trotz dem Glück der Ehe habe ich doch viel was die Ehe betrifft entbehren müssen. Denn H. ist fast nie da und kennt nur Arbeit.» Hinzu kam, dass sie sich von einer bereits ausgegrenzten Minderheit in ihrer persönlichen Entfaltung behindert fühlte: «Diese Judengeschichte», notierte sie kurz nach dem Novemberpogrom 1938, «wann wird das Pack uns verlassen, damit man auch seines Lebens froh wird.»[6]

Die Tagebucheintragungen Margarete Himmlers werfen ein Schlaglicht auf Leben und Laufbahn ihres Mannes Heinrich, der in den späten dreißiger Jahren kaum persönliche Aufzeichnungen machte. Der Sohn eines Münchner Gymnasiallehrers hatte Agrarwissenschaften studiert und in den zwanziger Jahren rechtsextreme Agitation betrieben. Im Dritten Reich war er bald zum Herrscher über ein Imperium avanciert und kontrollierte Polizei, Gestapo sowie den Sicherheitsdienst der SS. Der «Reichsführer SS» bewegte sich privat in einer luxuriösen Umgebung und führte eine Nebenbeziehung mit seiner Sekretärin. Das hinderte ihn jedoch keineswegs daran, Auswahl, dienstliches Auftreten und Lebenswandel seiner Untergebenen penibel zu kontrollieren. Unter seiner Führung wurde das System der Konzentrationslager systematisch ausgebaut, von Dachau über Buchenwald und Sachsenhausen bis nach Neuengamme. Himmlers politisches Programm und Rezept zum weiteren persönlichen Aufstieg bestanden darin, immer neue Gruppen als politische «Gegner» zu definieren. Darüber hinaus hegte er weitreichende kulturelle Ambitionen. Bereits Mitte der dreißiger Jahre hatte die SS – zusammen mit Alfred Rosenberg und seinen völkischen Mitstreitern – gegen vermeintliche jüdische Einflüsse und illoyale Künstler oder Wissenschaftler agitiert. Nun, da Rosenbergs Macht schrumpfte, konnte Himmler seine ideologische Machtposition ausbauen und die nationalsozialistische Weltanschauung maßgeblich definieren.

Welche Vorstellungen lagen dieser Machtausweitung zugrunde? Himmler vertrat eine Maximalversion des nationalsozialistischen Rassismus. Seine ideologischen Überzeugungen lassen sich dabei vom strategischen Motiv, die Expansion des Konzentrationslagersystems zu rechtfertigen, kaum trennen. Zwischen Anfang 1935, als die linke Opposition bereits zerschlagen war, und 1938, als Homosexuelle, «Asoziale» und «Berufsverbrecher» erfasst wurden, stieg die Zahl der Insassen in den deutschen Konzentrationslagern von 3000 auf über 20000. Im Januar 1937 behauptete Himmler, diese Gefangenen seien ein «Abhub von Verbrechertum, von Missratenen»: «Da sind Leute mit Wasserköpfen, Schielende, Verwachsene, Halbjuden, eine Unmenge rassisch minderwertigen Zeugs.» Die Definition von «Gegnern» wurde nicht zuletzt von seinen persönlichen Obsessionen bestimmt: Die katholische Kirche habe in der Vergangenheit Millionen «Rechtskämpfer, Glaubenshelden, Ketzer und Hagsiden (Hexen)» getötet. Ihre Priesterschaft sei «zum überwiegenden Teil ein homosexueller erotischer Männerbund». Überhaupt bedrohe die gleichgeschlechtliche Liebe die Kraft der Deutschen, weshalb es ihr durch rechtzeitige Zusammenkünfte von Jungen und Mädchen «in Form einer Tanzstunde, gemeinsamen Abenden oder sonst irgendwie» vorzubeugen gelte.[7] Als Quell der Erneuerung sah Himmler ein in die Frühgeschichte zurückreichendes Germanentum, das er aufspüren und wiedererschaffen wollte. Nordisch-germanische Ornamente schmückten dementsprechend die Wewelsburg in Lippe, wo SS-Gruppenführer vereidigt, zur Jahrestagung versammelt und im Falle ihres Todes durch Totenkopfringe verewigt wurden. In der Umgebung des umgebauten Renaissanceschlosses lagen weitere mythische Orte der SS: das Denkmal Hermanns des Cheruskers, der dort im Jahre neun nach Christi Geburt drei römische Legionen besiegt hatte, und eine Sandsteinformation («Externsteine»), die Himmler für eine germanische Kultstätte hielt. Nicht weit entfernt lag auch das Stammland des Sachsenkönigs Heinrich I., der sich aufgrund seiner Eroberungen von slawischen Gebieten um 900 zur Identifikation anbot.

Der Germanenkult diente dem Exklusivitätsanspruch und dem inneren Zusammenhalt von Himmlers Orden. In der Gegenwart entsprach ihm ein großgewachsener, blonder Männertypus, der durch Runenzeichen, schwarze Ledermäntel und hohe Stiefel unterstrichen wurde. Eine eigene Porzellanmanufaktur in Allach bei München produzierte Figuren von SS-Männern, Soldaten und Tieren; auch pseudogermanische Vasen, Schalen und Leuchter wurden hergestellt. Die entsprechende Weltanschauung wurde in der Zeitschrift *Das Schwarze Korps* sowie in den Schriften des hauseigenen Nordland-Verlages vermittelt. Sie kreiste um das Bild einer Rasse, die jahrtausendelang von minderwertigen Gegnern bedroht und geknechtet worden sei. Nun habe sie die Chance, sich endlich durchzusetzen. Die Rückbesinnung auf die eigenen Ahnen schaffe die Voraussetzung, um das christliche Erbe zu überwinden und ganz neue Kräfte zu mobilisieren. Denn wenn das deutsche Volk das «Gesetz des Blutes» zum Auslesekriterium erhebe und «den ewigen Kreislauf allen Seins und allen Geschehens und sonstigen Lebens auf dieser Welt» kenne, erklärte Himmler 1938, könne es «immer Kinder haben» und somit «wirklich unsterblich als arisch-nordische Rasse» werden.[8] Noch vor dem Zweiten Weltkrieg weiteten sich diese Erneuerungsbestrebungen ins Imperialistische: In der SS entstand die Vision eines großgermanischen Reiches, das auf dem Erbe der Hohenstauferkaiser und des Deutschen Ritterordens in Ostpreußen aufbauen würde.

Seinen Germanenkult verbreitete Himmler mit großem politischen Geschick. Ein Netzwerk von Ämtern, Instituten und Förderern aus der Wirtschaft trieb die Suche nach den Ursprüngen der deutschen Rasse energisch voran. Wissenschaftler, die thematisch an die Ideologie der SS anknüpften, wurden üppig mit finanziellen Mitteln bedacht. Zwar verliefen einige Projekte, wie die archivalische Erforschung der frühneuzeitlichen Hexenverfolgung, trotz umfangreicher Vorarbeiten im Sande. Die von Himmler kontrollierte «Forschungsgemeinschaft Deutsches Ahnenerbe» entfaltete jedoch eine intensive Tätigkeit. Dutzende ihrer Einrichtungen beschäftigten sich mit philologischen, volkskundlichen und prähistorischen Themen. Manche Mitarbeiter spürten den «Sippen» von SS-Führern nach. Andere führten archäologische Grabungen durch oder pflegten die indogermanisch-finnischen Kulturbeziehungen. Selbst astrologische, geologische und botanische Studien wurden betrieben. Die Forschungsergebnisse – so fragwürdig sie auch sein mochten – vermittelte das Ahnenerbe in eigenen Schriftenreihen und populärwissenschaftlichen Zeitschriften sowie auf zahlreichen Kongressen.

In diesem unübersichtlichen Geflecht, das in vieler Hinsicht von Himmlers persönlichen Interessen bestimmt wurde, verschwammen die Grenzen zwischen seriöser Wissenschaft und purer Ideologie. Ohne die Anziehungskraft des völkischen Gedankenguts spätestens seit der Weimarer Republik wäre dies kaum möglich gewesen. Doch die Fächer mit Bezug zur germanischen Vergangenheit verfolgten auch pragmatische Interessen: Sie konnten sich von Himmlers Prioritäten institutionelle Förderung, individuelle Karriereperspektiven und kulturelle Breitenwirkung versprechen. Die Ur- und Frühhistoriker etwa gewannen

Stellen in Forschungsprojekten, Bodendenkmalpflegeämtern und Museen – das alles verbunden mit einem Gefühl des eigenen Bedeutungsgewinns. Der hektische Bau von Autobahnen, militärischen Anlagen oder Konzentrationslagern ermöglichte Notgrabungen, die so kostengünstig wie publikumswirksam das «germanische Erbe» freilegten. Auch betrieb man unter Himmlers Schirmherrschaft und mit reichlicheren Mitteln als je zuvor die Ausgrabungen der frühmittelalterlichen Handelssiedlung Haithabu bei Schleswig. In Westdeutschland versprach ein großangelegtes Forschungsprogramm gleich die «Lösung der großen völkischen Zentralprobleme rheinischer Vorzeit». Dass zudem Dauerausstellungen überarbeitet, Freilichtmuseen eröffnet, Exkursionen organisiert und einschlägige Dokumentarfilme gedreht wurden, bot die Chance, das eigene Fachwissen auf neue Weise zu vermitteln.[9]

Während die Ur- und Frühhistoriker von der Konjunktur des Germanentums profitierten, trugen andere Disziplinen zur Symbiose von moderner Wissenschaft und Rassismus bei. Unter dem maßgeblichen Einfluss der SS wurden die Zielgruppen der Ausgrenzungs- und Verfolgungspolitik immer stärker ausgeweitet. Auf diese Weise entstand ein so umfassendes wie vielschichtiges Bild des rassischen «Gegners», dem der genau kontrollierte und durch Sozialpolitik aktivierte «Arier» gegenüberstand. Zur Durchsetzung dieser Ziele trugen Mediziner und Juristen ebenso bei wie Demographen, Soziologen oder Volkskundler. Sie waren als spezialisierte Wissenschaftler gefragt, die gleichzeitig bereit waren, im interdisziplinären Verbund zu arbeiten – vor allem aber dazu, die staatlichen Institutionen mit den gewünschten Informationen zu versorgen. Ein Beispiel hierfür ist die Raumplanung, die sich im Dritten Reich überhaupt erst als Disziplin etablierte. Sie verband lokale Datenerhebungen zu Städten oder ländlichen Regionen mit großangelegten Entwürfen. So konnten die nationalsozialistischen Erneuerungsvisionen anschaulich auf Karten abgebildet und in konkrete Empfehlungen – zum

Beispiel zur Verlagerung von Industrien oder zur Umsiedlung bestimmter Bevölkerungsgruppen – umgesetzt werden.

Rassistische Ideologie, ökonomisches Produktivitätsdenken und Anwendungsorientierung kamen bei alledem zusammen: Immer ging es auch um die «Reinheit» und Leistungsfähigkeit der Volksgemeinschaft. Dass in Schulbüchern und populären Aufklärungsfilmen Verbindungen zwischen Biologie und Gesellschaft gezogen wurden, sicherte der Ideologie des Regimes einen breiten kulturellen Resonanzboden. Die beteiligten Wissenschaftler profitierten von dieser politisch-gesellschaftlichen Anerkennung. Aber sie waren meist keine bloßen Opportunisten, sondern durchaus vom Rassismus überzeugt. Deshalb erhoben sie dessen Prinzipien zu Prämissen, welche das Forschungsdesign bestimmten und daher auch durch Forschungsergebnisse bestätigt werden mussten. Oft in der völkischen Studentenbewegung der zwanziger Jahre sozialisiert, sahen sie sich intellektuell, forschungspraktisch und politisch auf der Höhe der Zeit. An der rassischen Erneuerung der deutschen Gesellschaft mitzuarbeiten und gleichzeitig die eigenen Fach- und Karriereinteressen zu fördern war für sie eine attraktive Aussicht – die sich im institutionellen Dreieck von Forschungsinstituten, Einrichtungen von Staat und Partei und SS-Netzwerken tatsächlich verwirklichen ließ.

Diese Attraktivität des Rassismus für Wissenschaftler erklärt auch ihre Bereitschaft, sich an der nationalsozialistischen Verfolgungspolitik zu beteiligen. Mediziner empfahlen als Gutachter die Sterilisierung Hunderttausender Frauen und Männer. Nach Kriegsbeginn trieben manche von ihnen das Euthanasieprogramm voran, dem mindestens 70 000 geistig behinderte Kinder und Erwachsene zum Opfer fielen. «Zigeunerforscher» lieferten kriminalbiologische Definitionen der Sinti und Roma und sprachen ihnen auf dieser Grundlage letztlich das Lebensrecht ab. Damit trugen sie dazu bei, dass sich die nationalsozialistische Politik gegen die weithin unbeliebte Minderheit zunehmend radikalisierte. Es blieb nicht beim Entzug von Wandergewerbescheinen und Wohlfahrtsleistungen, bei polizeilichen Repressionen und gewalttätigen Übergriffen durch Mitglieder von Partei oder SA. Nachdem Himmler sich 1936 die Kontrolle über die Polizei gesichert hatte, wurden «Zigeuner» zentral erfasst und zur «vorbeugenden Verbrechensbekämpfung» in die rasch expandierenden oder neu entstehenden Konzentrationslager eingeliefert. Wissenschaftler wie Robert Ritter behaupteten, die Sinti und Roma unterlägen einer «Macht der Vererbung». Dadurch seien sie jeglichem erzieherischen Zugriff entzogen und bedrohten zudem die Volksgemeinschaft, so dass man «auf dem Wege über den Fortpflanzungsausfall zu einer Beschränkung des Gaunerschlages» gelangen müsse. Als Leiter der Rassenhygienischen Forschungsstelle in Berlin trieb Ritter die anthropologische Erforschung der Sinti und Roma sowie die erzwungene Sterilisierung von «Zigeunermischlingen» voran – auch dann, wenn diese sesshaft und nie polizeilich aufgefallen waren.[10]

Neben der Suche nach germanischen Ursprüngen sowie der Definition verschiedener Randgruppen widmeten sich rassistische Wissenschaftler der Erforschung des Judentums. Himmler selbst hatte sich hierfür ursprünglich weniger interessiert, wenngleich er und seine SS machthungrig genug waren, um sich auch diesen Trend zu eigen zu machen. Wissenschaftliche Studien waren insofern wichtig, als sie Erkenntnisse über den vermeintlich zerstörerischen Einfluss der jüdischen Minderheit in Gesellschaft, Wirtschaft und Kultur versprachen. Das kam den Nationalsozialisten entgegen, die nach rationalen Grundlagen für den emotionalen Antisemitismus ihrer Anhänger suchten. Auch für die juristische Definition und Ausgrenzung von «Halb-» und «Vierteljuden», die ab Mitte der dreißiger Jahre zunehmend vorangetrieben wurde, lieferten diese Studien Argumente. Den antisemitischen Maßnahmen wurde so eine breitere, scheinbar wissenschaftlich fundierte Legitimität verliehen. Dies war insofern von Bedeutung, als man in bürgerlichen Kreisen der Ausübung physischer Gewalt skeptisch gegenüberstand, zumal gegen eine Minderheit, die meist ebenfalls dem Bürgertum angehörte.

An den Forschungen zum Judentum waren einmal mehr verschiedene Disziplinen beteiligt. Historiker schilderten die Herausbildung einer jüdischen Rasse und ihre antagonistischen Beziehungen zu anderen Rassen. Sowohl die jüdische Emanzipation im Deutschland des 19. Jahrhunderts als auch die in Osteuropa existierende Multiethnizität mussten in dieser Sicht als krasse Fehlentwicklungen erscheinen, weil sie der Aussicht auf völkische Einheit den Boden entzogen. Theologen insistierten auf kategorialen Unterschieden zwischer jüdischer und christlicher Religion und warben auf dieser Grundlage für «reine» Versionen der Bibel bis hin zum Ausschluss des Alten Testaments. Biologen und Anthropologen definierten das Judentum unter Hinweis auf Erbanlagen. Diese hätten sich, so wurde behauptet, in körperlichen ebenso wie in physiognomischen Eigenheiten niedergeschlagen, die jegliche rassische Vermischung bedrohlich machten. Sozialwissenschaftler bezogen schließlich alle diese Faktoren auf aktuelle Probleme von Kriminalität, Klassenkonflikt oder Migration – stets mit dem Ergebnis, die jüdische Rasse sei destruktiv und müsse daher aus der deutschen Gesellschaft eliminiert werden.

Auch die «Judenforscher» konnten auf Entwicklungen des Kaiserreiches und der Weimarer Republik aufbauen. Im Dritten Reich profitierten sie zudem von neu gegründeten Lehrstühlen und außeruniversitären Instituten. So sehr sich die beteiligten Disziplinen und Personen auch unterschieden, hatten ihre jeweiligen Studien doch eine gemeinsame Stoßrichtung: Sie stellten Verbindungen zwischen vermeintlichen rassischen Eigenschaften, kulturellen Vorurteilen und gesellschaftlichen Bedrohungsszenarien her. Grundannahmen über jüdische Gene, Gesichtszüge oder Verhaltensweisen mussten vor diesem Hintergrund immer wieder aufs Neue bestätigt werden. So konnte man sich selbstgefällig bescheinigen, der eigene Antisemitismus stütze sich auf wissenschaftliche Erkenntnisse. Laut einer materialreichen Studie von 1938, die sich auf das Ideal «strengster Sachlichkeit» berief, waren die judenfeindlichen Bewegungen in Osteuropa von wirtschaftlichen Konflikten und emotionalen wie religiösen Ressentiments bestimmt. Dagegen besitze das Dritte Reich «eine einheitlich ausgerichtete Weltanschaung, die den Juden als rassisch bestimmte Gruppe faßt und ihm gegenüber eine ganz besondere Haltung fordert».[11]

Solche Einschätzungen erfüllten die Ansprüche der Nationalsozialisten auf ideologische Klarheit, was ihren Autoren sowohl wissenschaftliches Renommee als auch öffentliche Resonanz garantierte. Vorangetrieben durch Hitlers Impulse, gestaltete sich das Zusammenspiel von «Judenforschung» und rechtsförmiger Ausgrenzung Ende der dreißiger Jahre noch systematischer und zerstörerischer als zuvor. Das hatte konkrete Auswirkungen für diejenigen, die der bedrängten Minderheit zugerechnet wurden. So schritt der zuvor noch lückenhafte Ausschluss «halbjüdischer» Künstler voran. Goebbels notierte im Mai 1938 selbstzufrieden, welch große Fortschritte die «Entjudung der Kulturkammer» verzeichne: «Nur in der Musikkammer noch Widerstände. Die aber breche ich.»[12] Victor Klemperer fiel wenige Monate später ein «ungemein verstärkter Antisemitismus» auf. Dieser umfasse nicht bloß neue schikanöse Maßnahmen, sondern nehme sich wissenschaftlicher aus als zuvor. Professoren attestierten der jüdischen Minderheit in öffentlichen Vorträgen «Grausamkeit, Haß, Leidenschaft, Anpassungsfähigkeit» oder eine «materialistische Psychologie». Zudem musste Klemperer «in hundert Schaufenstern das ekelhafte Werbeplakat der ‹politischen Wanderausstellung: Der ewige Jude›» ansehen. In der Zeitung fand er «tägliche Hinweise auf die Notwendigkeit, diese Ausstellung zu besuchen: ‹Die abscheulichste Rasse, das scheußlichste Bastardgemisch›».[13]

Wissenschaftliche Identifikation und planmäßige Ausgrenzung vermischten sich mit einem dritten Strang des Antisemitismus: der religiösen Judenfeindschaft. Diese war in beiden christlichen Konfessionen seit Jahrhunderten präsent. Im Dritten Reich stellte sie den kleinsten gemeinsamen Nenner zwischen Nationalsozialisten und Katholiken dar, die sich ansonsten misstrauisch bis ablehnend gegenüberstanden. In den Oberammergauer Passionsspielen gab es ebenso Antisemitismus wie im Kölner oder Mainzer Karneval, auf dessen Umzugswagen nun die jüdische Minderheit statt der Obrigkeit verspottet wurde. Auch im Protestantismus waren entsprechende Vorbehalte verbreitet. Die Deutschen Christen spitzten den Antisemitismus sogar zu einer unbedingten, von der individuellen Glaubenshaltung unabhängigen Feindschaft zu. Für Nationalsozialisten, ob kirchlich gebunden oder nicht, vereinte der Traum von einem Deutschland ohne Juden rassistische und religiöse Elemente. Dieser Traum musste nur noch einer teils angepassten, teils eher zögerlichen Bevölkerungsmehrheit vermittelt werden.

Bei Propagandawettbewerben präsentierten SA-Männer Schilder mit Aufschriften wie «Was der Jude glaubt ist einerlei, in der Rasse liegt die Schweinerei» oder «Wer den Jude[n] kennt, kennt den Teufel».[14] Hassausbrüche vermischten sich mit der religiösen Hoffnung auf eine Erlösung der Deutschen von jeglichem jüdischen Erbe. Dieses kulturelle Erbe war zwar längst marginalisiert, wurde aber von den Nationalsozialisten noch immer als unerträgliche Belastung empfunden – umso mehr, als es den christlichen Traditionen Deutschlands zugrunde lag. Deshalb richteten sich ihre Gewaltmaßnahmen gerade auch gegen religiöse Einrichtungen der Juden. Bereits seit Juni 1938 wurden unter anderem in Berlin, München und Nürnberg Synagogen abgerissen. In der Nacht vom 9. auf den 10. November gingen dann ca. 1400 weitere Synagogen im gesamten Deutschen Reich in Flammen auf, begleitet von Inszenierungen, die das Ereignis für die Zuschauer sinnlich erfahrbar machten: Parteimitglieder und SA-Männer verbrannten öffentlich hebräische Bibeln und Torarollen oder zwangen die Juden selbst dazu, wie in Emden, Emmerich oder Frankfurt am Main. In anderen Ortschaften trampelten Kinder und Jugendliche auf diesen sakralen Gegenständen herum, spielten mit ihnen Fußball oder warfen sie in den nächstgelegenen Bach.

Im Novemberpogrom kulminierte eine antisemitische Gewaltbereitschaft, die sich seit Jahren aufgebaut hatte. Die Kultur des öffentlichen Spektakels – die Straßenmärsche, bedrohlich wirkenden Gesänge und choreographierten Ausschreitungen – war schon für den nationalsozialistischen Aufstieg und Umbruch von großer Bedeutung gewesen. Seit Juli 1934 war sie jedoch in den Hintergrund getreten. Nach der Ermordung Ernst Röhms und anderer hoher Funktionäre konnte die SA nicht mehr als eigenständige Kraft auftreten. Überdies hatte sie ihre Mission, die Linke zu zerschlagen, zu diesem Zeitpunkt bereits erfüllt. Auch lokale Aktionen wie Bücherverbrennungen kamen aufgrund der stärkeren Kontrolle durch das Propagandaministerium kaum noch vor. Doch verschwanden die aggressiven Demonstrationen deshalb nicht aus dem öffentlichen Raum, sondern fanden ihre neue Zielscheibe zunehmend in der jüdischen Minderheit. Eigens aufgestellte Schaukästen mit den Parolen und Artikeln der radikalsten nationalsozialistischen Tageszeitung, des *Stürmer*, heizten die Stimmung an. Mitglieder von Partei und SA veranstalteten Kundgebungen und Boykotte. Sie warfen Fensterscheiben ein oder zerrten Menschen durch die Straßen, die sexueller Beziehungen zwischen Juden und «Ariern» beschuldigt wurden. Derartige Aktionen resultierten aus dem Drang überzeugter Nationalsozialisten, ihre antisemitischen Überzeugungen vor aller Augen zu demonstrieren und gegen Zweifler durchzusetzen. Besonders in Orten mit bescheidenem Freizeitangebot befriedigten sie zudem die Schaulust und luden alle «arischen» Bewohner dazu ein, sich durch aufmunternde Zurufe oder eigene Gewalthandlungen an ihnen zu beteiligen.

Nachdem die jüdischen Gemeinden bereits durch Emigration dezimiert und durch rechtliche Maßnahmen aus der jeweiligen lokalen Gesellschaft ausgegrenzt worden waren, verschärfte sich der nationalsozialistische Antisemitismus 1938 noch einmal.

Der Traum eines Deutschlands ohne Juden sollte nun seiner Verwirklichung näherrücken. In der Folge nahmen Angriffe auf die religiöse Identität und die körperliche Integrität der Juden deutlich zu. Einer der Betroffenen erinnerte sich später, wie er unter Beschimpfungen der Bevölkerung einen Sarg durch das südhessische Gelnhausen tragen musste, weil der Gebrauch eines Wagens nicht mehr gestattet war: «Auf dem Totenhof angelangt, sprachen wir nach uraltem jüdischen Brauch bestimmte Totengebete. Der damit Beauftragte und die wenigen Gemeindemitglieder wurden von allen Seiten mit Steinen beworfen.» Ein anderer Gelnhausener schilderte die Geschehnisse, nachdem zwei Gemeindemitglieder die über Nacht zugemauerte Synagogentür wieder geöffnet hatten: «Kaum war die Arbeit getan, versammelten sich Hunderte von schreienden Menschen auf dem Hof und bombardierten mit Steinwürfen den Hof, zerstörten alle Fenster der Synagoge, und in dem Gemeindehaus die Fenster des Zimmers, das die Gemeinde noch benutzte.» Während diese Kleinstadt bereits zum 1. November «judenfrei» war, wurden im ostfriesischen Emden Hunderte von Juden im Zuge des organisierten Pogroms festgesetzt und misshandelt. Die SA zwang sie, wie Hunde zu bellen und wie Hähne miteinander zu kämpfen, bevor sie ihre Opfer in ein Gefängnis nach Oldenburg brachte: «Die Stadt war ein Spalier von Schulkindern und anderen Leuten, die haben uns bespuckt und mit Steinen beworfen.»[15]

An den Radikalisierungstendenzen der letzten Vorkriegsjahre wird erneut die kulturelle Durchschlagskraft des Rassismus im Dritten Reich deutlich, die sich aus der Verbindung von Wissenschaft und Recht mit populären Vorurteilen und nackter Gewalt ergab. Diese Verbindung wurde durch Bild- und Sprachmuster ermöglicht, die auf immer mehr Bereiche Anwendung fanden. Das Schlagwort der «Säuberung» versprach eine Freilegung der «arischen» Substanz von negativen Erbanlagen und jüdischen Einflüssen. In vornationalsozialistischen Zeiten hätte dies utopisch geklungen – jetzt hingegen erschien es erreichbar. Die Szenarien der «Krankheit» und «Entartung» erzeugten ein Gefühl der anhaltenden Bedrohung: Sie gaben vor, sowohl Ursachen als auch Symptome zu bezeichnen, und verwischten die Unterschiede zwischen individuellem Körper und «Volkskörper». Alle diese Begriffe stützten die Vorstellung, Rassismus könne jegliche Probleme erklären und Wege zu ihrer Lösung eröffnen. Sie wurden auch dann herangezogen, wenn sich «entartete» Erscheinungen nur schwerlich mit den verfolgten Minderheiten in Verbindung bringen ließen. In solchen Fällen mussten argumentative Hilfskonstruktionen eingesetzt werden, wie sich anhand der «entarteten Kunst» zeigen lässt.

Die Bezeichnung hatte es bereits im frühen 20. Jahrhundert gegeben. Doch erst unter dem Einfluss völkischer Kampagnen und Hitlers eigener Stellungnahmen wurden modernistische Gemälde oder Skulpturen der öffentlichen Verdammung preisgegeben. Nachdem es vor und unmittelbar nach der Machtergreifung durchaus gegenseitige Sympathien gegeben hatte, war die Distanz zwischen Nationalsozialismus und expressionistischer Kunst Mitte der dreißiger Jahre besiegelt. Die Münchner Ausstellung «Entartete Kunst» wurde 1937 von Goebbels initiiert, der hiermit abermals das Ziel verfolgte, seine Machtposition in der Dauerkonkurrenz um kulturpolitischen Einfluss zu festigen. Die Leitung oblag Adolf Ziegler, einem langjährigen NSDAP-Mitglied und Präsident der Reichskammer für bildende Künste. Was an der hier gezeigten Malerei «entartet» sein sollte, war die verzerrte Darstellung von Gesichtern, Körpern und Landschaften – ganz im Gegensatz zu den idealisierten Abbildungen, welche im nahegelegenen «Haus der deutschen Kunst» präsentiert wurden. Die Schuld daran wurde weniger den Künstlern selbst als dem angeblich übermächtigen Einfluss von Juden in Kunstbetrieb, -handel und -kritik zugeschrieben. Begleittexte dokumentierten diesen Einfluss und brandmarkten ihn mit Slogans wie «Deutsche Bauern jiddisch gesehen» oder «Auch Museumsbonzen nannten das ‹Kunst des deutschen Volkes›». Insofern sprach nichts dagegen, Emil Nolde, welcher der deutschen Minderheit in Dänemark angehörte und den Umbruch von 1933 noch enthusiastisch begrüßt hatte, zum meistgezeigten «entarteten» Maler werden zu lassen. Die Ausstellungsmacher stellten darüber hinaus modernistische Bilder als degeneriert dar, indem sie sie mit Slogans wie «Wahnsinn wird Methode» überschrieben oder mit Fotografien geistig behinderter Menschen umgaben.

Die «Entartete Kunst»-Ausstellung hatte in München zwei Millionen Besucher. Anschließend tourte sie durch eine ganze Reihe von Städten in Deutschland, wobei sie jedoch keine vergleichbar hohen Besucherzahlen mehr erreichte. Ideologisch stand sie in engem Zusammenhang mit antibolschewistischen und antisemitischen Ausstellungen sowie der Schau «Entartete Musik», die 1938 zuerst in Düsseldorf gezeigt wurde. So umfangreich «Entartete Kunst» auch war, wurde hier nur ein kleiner Teil der über 17 000 Werke (darunter allein rund 1000 von Nolde) präsentiert, die zuvor aus zahlreichen deutschen Museen entfernt worden waren. Unter Leitung von Adolf Ziegler und unter Beteiligung verschiedener Kunsthändler gingen die meisten von ihnen im Austausch gegen wertvolle Devisen ins Ausland. Die verhassten modernistischen Kunstwerke wurden somit überwiegend nicht zerstört, sondern kamen der Habgier der nationalsozialistischen Eliten und der Aufrüstung des Dritten Reiches zugute.

An der Verwendung des Begriffs «Entartung» zeigt sich einmal mehr, dass nationalsozialistische Kultur zwar nach ursprünglicher «Reinheit» suchte, sich aber vor allem negativ definierte. Heroisierte Körper, monumentale Landschaften und idealisierte Bauernszenen waren auf der parallel stattfindenden Ausstellung «Große Deutsche Kunst» reichlich vertreten; Ziegler selbst steuerte verschiedene Porträts nackter Frauen bei. Doch Hitler und Goebbels äußerten sich höchst unzufrieden über die Auswahl an Gemälden. In seiner Eröffnungsrede ging der «Führer» kaum auf die «neue wahre deutsche Kunst» ein. Eher vage forderte er Verbundenheit mit dem «arischen Menschentum» ein und erinnerte an das Vorbild der Romantiker. Umso ausführlicher sprach Hitler über den Zusammenhang zwischen völkischer und kultureller «Zersetzung», der von «geschäftstüchtigen jüdischen Kunsthändlern» und den «früheren Judenzeitungen» befördert worden sei.[16] Die Abgrenzungskriterien zwischen «deutscher» und «entarteter» Kunst waren darüber hinaus sehr willkürlich: Manche Künstler wurden teils geschätzt, teils aus den Museen entfernt – einer wurde sogar versehentlich in beiden Ausstellungen gezeigt.

Was hingegen die Besucher von «Entartete Kunst» empfanden, lässt sich schwer feststellen: Es kann sich dabei um Abscheu im Sinne der Veranstalter, um untergründige Faszination oder sogar um Nostalgie für die kulturelle Freiheit in der Weimarer Republik gehandelt haben. Überhaupt wurde Hitlers extremer Antisemitismus nur von einer Minderheit geteilt. Doch entscheidend war etwas Anderes: Die Deutschen mussten sich zum allgegenwärtigen Rassismus verhalten. Das galt auch dann, wenn sie sich nicht dafür interessierten, an seiner gewaltsamen Durchsetzung unbeteiligt waren und keiner der verfolgten Minderheiten angehörten. Von der Ausgrenzung der Juden aus der Zeitung zu erfahren oder sie in der eigenen Nachbarschaft mitzuerleben war für viele «Arier» kein Grund zur Freude. Zugleich riefen diese Ereignisse das Risiko ins Bewusstsein, das in freundschaftlichen Kontakten oder gar offenen Solidaritätsbekundungen mit den Verfolgten lag. Wer Bilder von geistig Behinderten, «Zigeunern» oder «Berufsverbrechern» betrachtete, wurde sich immer wieder des Glückes bewusst, selbst auf der richtigen Seite zu stehen. Einen Ahnenpass vorlegen zu müssen, etwa um Beamter werden zu können, zwang zu eigenen genealogischen Forschungen – verbunden mit der Angst, dass dabei bislang unbekannte jüdische Wurzeln zum Vorschein kommen könnten. Insofern war die eigene Zugehörigkeit zur germanischen Rasse einerseits beruhigend, blieb andererseits aber immer fragil.

Von außen betrachtet war spätestens im November 1938 die

Radikalität des nationalsozialistischen Projektes überdeutlich geworden. Zunächst hatten dies keineswegs alle internationalen Beobachter so gesehen. Schließlich gab es zu dieser Zeit gerade auch in den demokratischen Vereinigten Staaten von Amerika Rassismus: Afroamerikaner wurden systematisch diskriminiert, Juden vom Besuch vieler Hotels ausgeschlossen und geistig behinderte Menschen zwangssterilisiert. Die Rassenpolitik des Dritten Reiches genoss sogar weltweit Sympathien, nämlich bei rechtsradikalen Bewegungen. So hielten indische Hindunationalisten die Deutschen für Abkömmlinge arischer Brahmanen.[17] Die internationale Berichterstattung über den Novemberpogrom bewirkte jedoch, dass sich auch zuvor neutrale Beobachter vom nationalsozialistischen Antisemitismus distanzierten. Der Anspruch auf rassische Überlegenheit wurde zwar von brasiliendeutschen Publizisten geteilt, die zu «völkischer Selbstbehauptung» aufriefen und vor dem Tag warnten, «da das letzte deutsche Blut sich mit Neger- und Indianerblut mengt».[18] Aber auf die meisten Menschen in Europa und der Welt wirkte er bedrohlich. Denn seit der Annexion Österreichs und des Sudetenlandes verband sich der Machtanspruch des Dritten Reiches ganz unverhohlen mit einem kontinentalen Expansionsprojekt. Weil dafür Zustimmung und Gefolgschaft hergestellt werden mussten, war auch das Kulturleben in Deutschland immer mehr von imperialen Inszenierungen geprägt.

Imperiale Inszenierungen

Ende Januar 1937 erreichte Albert Speers Laufbahn einen vorläufigen Höhepunkt: Adolf Hitler ernannte ihn zum Generalbauinspektor für die Reichshauptstadt. Der Sohn eines liberalen Mannheimer Großbürgers war bereits 1931 Mitglied der NSDAP geworden, als Assistent an der Technischen Hochschule Berlin und mit der Wirtschaftskrise kämpfender selbstständiger Architekt. Schon bald konnte er erste Aufträge für den Umbau parteieigener Gebäude ausführen. Sowohl seine effiziente Arbeitsweise als auch sein Baustil fanden Anklang. Im Zuge der Machtergreifung verschaffte ihm Goebbels Aufträge: Speer sollte das aus dem 18. Jahrhundert stammende Leopold-Palais zum Sitz des Propagandaministeriums umgestalten und zudem seine Dienstwohnung renovieren. Darüber hinaus dekorierte der aufstrebende Architekt das Tempelhofer Feld für die Kundgebung am 1. Mai 1933 mit riesigen Hakenkreuzfahnen. Bald konnte er sowohl Bauten und Lichtinstallationen für das Nürnberger Parteitagsareal als auch den deutschen Pavillon auf der Pariser Weltausstellung von 1937 entwerfen. Hitler erklärte ihn zu seinem Lieblingsarchitekten. Die regelmäßigen Begegnungen mit dem «Führer» beeindruckten Speer zutiefst und werteten ihn vor anderen auf. «Ich meine, als Architekt war ich noch immer ein Niemand», formulierte er später, «trotzdem begannen alle mich, der ich mit meinen achtundzwanzig Jahren der jüngste unter ihnen war, zu behandeln, als ob ich ‹jemand› war.» Ihm habe ein «wunderbares Leben» bevorgestanden, «wunderbar über alle Träume hinaus».[19]

Speer wohnte fortan mit Frau und Kindern auf dem Obersalzberg in der Nähe von Hitlers «Berghof». Doch meist war er in Berlin, wo er als Generalbauinspektor über große Machtbefugnisse und einen eigenen Behördenapparat verfügte. So konnte er die Planung der «Reichshauptstadt Germania» angehen. Ziel war dabei, die Macht des Dritten Reiches umfassend zur Schau zu stellen. Zugleich ging es darum, die dicht bebaute Stadt voller Mietskasernen architektonisch aufzulockern, was versprach, die gesellschaftlichen Konflikte des Kaiserreiches und der Weimarer Republik endgültig hinter sich zu lassen. Um das Projekt einer nationalsozialistischen Metropole zu verwirklichen, sollten in Moabit ein «Nordbahnhof» und im Bezirk Tempelhof ein «Südbahnhof» errichtet werden. Die Verbindung zwischen den beiden Bahnhöfen wollten Hitler und Speer mit einer Nord-Süd-Achse gestalten. Entlang dieser Prachtstraße sollten verschiedene Behörden und Einrichtungen sowie ein Triumphbogen entstehen. Geplant waren sowohl der Ausbau der Museumsinsel als auch ein «Hallenschwimmbad im römischen Stil und vom Ausmaß der Thermen der Kaiserzeit».[20] Der Schnittpunkt dieser Achse mit der parallel geplanten Ost-West-Achse war nördlich des Reichstags vorgesehen. Dort sollte die «Große Halle» – für die Hitler bereits 1925 eine Skizze angefertigt hatte – mindestens 150 000 Menschen Platz bieten und mit einer knapp 300 Meter in die Höhe ragenden Kuppel versehen werden. Über den Innenstadtbereich hinaus war geplant, beide Achsen bis in die Vororte zu verlängern.

Derartige Gestaltungsmöglichkeiten erhielt Speer deswegen, weil er aus persönlichem Ehrgeiz bereitwillig zur Herrschaftsinszenierung seines «Führers» beitrug. Zudem bot sich sein Stil – eine Mischung von Neoklassizismus und modernistischem Veränderungswillen – besonders dafür an. Im Rückblick schilderte er, wie ihn die Vorstellung faszinierte, «mit Hilfe von Zeichnungen, Geld und Baufirmen steinerne Geschichtsdeutungen zu schaffen und damit einen tausendjährigen Anspruch vorwegnehmen zu können».[21] Hitler selbst beugte sich gerne persönlich mit Speer und anderen Architekten über Zeichnungen und Modelle. Dabei respektierte er die Expertise der Fachleute, brachte aber auch eigene Ideen ein. Diese Ideen orientierten sich an antiken Vorbildern sowie an imperialen Hauptstädten wie Wien oder Paris, die der «Führer» jedoch mit der Umgestaltung Berlins bei weitem zu übertrumpfen gedachte. Im Bereich der zeitgenössischen Architektur beeindruckte Hitler vor allem Mussolinis Umgang mit dem römischen Bauerbe: Für die faschistische Neugestaltung der italienischen Hauptstadt wurde dieses vereinnahmt und erweitert. Hitlers Vorlieben beruhten auf der Auffassung, dass «die großen Kulturdokumente der Menschheit aus Granit und Marmor» dauerhaft seien: «Deshalb sollen unsere Bauwerke nicht gedacht sein für das Jahr 1940, auch nicht für das Jahr 2000», erläuterte er 1937, «sondern hineinragen gleich den Domen unserer Vergangenheit in die Jahrtausende der Zukunft.»[22]

Die «Reichshauptstadt Germania» blieb zwar im Entwurfsstadium stecken, ihre Planung hinterließ aber dennoch konkrete Spuren. Bäume wurden gefällt und Straßen verbreitert; die Siegessäule wurde vom Platz vor dem Reichstag auf den Großen Stern verlegt und um sieben Meter erhöht. Die nötigen Abrissarbeiten in Moabit und Tempelhof begannen umgehend – auf Kosten einer ohnehin drangsalierten Minderheit: Speers Behörde hob Mietverträge auf und «arisierte» Grundbesitz, um den verdrängten nichtjüdischen Bewohnern Ersatzwohnungen anbieten zu können. Diejenigen Bauten, die ganz oder weitgehend fertiggestellt werden konnten, deuteten bereits die ästhetische Richtung des gesamten Stadterneuerungsprojekts an. Unter Hochdruck entstand noch vor dem Krieg die Neue Reichskanzlei im Zentrum Berlins. Vom «Ehrenhof» über die Vorhalle und die «Marmorgalerie» bis zum prunkvollen, rund 400 Quadratmeter großen Arbeitszimmer des «Führers» war diese darauf angelegt, Besucher zu überwältigen. Speer gebrauchte besonders kostbare Materialien wie Marmor oder Rosenholz. Überdies bezog er prominente, regimeloyale Bildhauer ein. Josef Thorak, schon länger von Hitler geschätzt und mit Speer befreundet, steuerte bronzene Pferdeskulpturen bei. Arno Breker widmete der Partei eine fackeltragende und der Wehrmacht eine schwerttragende Figur. Dank Speers Förderung wurde Breker damit endgültig zum künstlerischen Repräsentanten des Dritten Reiches, der reihenweise Objekte für öffentliche Gebäude herstellen und dafür immense Honorare veranschlagen konnte.

Die Neue Reichskanzlei war das Vorzeigeobjekt einer genuin nationalsozialistischen Bauästhetik, welche die Macht des Dritten Reiches inszenieren und seinen weiteren Aufstieg vorwegnehmen sollte. Ihren Ausgangspunkt hatte diese Architektur in den nationalsozialistischen Massenveranstaltungen mit ihren Hakenkreuzfahnen und riesigen Rednertribünen, auch in Spielstätten für Inszenierungen völkischer Thingspiele. Was mit hastig zusammengezimmerten Dekorationen begonnen hatte, mündete bald in steinerne Bauten mit Ewigkeitsanspruch. Die «vom Geiste der neuen Volksgemeinschaft beseelten Feste», hieß es 1937 in Wasmuths Lexikon der Baukunst, hätten «auch der Formung der Gebäude, Plätze und Straßen in räumlicher Beziehung bereits mannigfaltigen Nutzen gebracht». Ziel sei es, «Millionen Volksgenossen die geziemende architektonische Einfassung» zu geben.[23] In solchen Äußerungen schien die latente Angst der Regimeführung auf, die entstehende Volksgemeinschaft könnte sich entweder als zu vergänglich oder als zu träge erweisen. Deshalb musste diese Volksgemeinschaft verstärkt auf eine imperiale Vision hin ausgerichtet werden – nicht nur auf dem vor allem von NSDAP-Mitgliedern besuchten Nürnberger Parteitagsgelände, sondern auch in den städtischen Zentren. Dieses Vorhaben nahm bald konkrete Gestalt an: Auf dem Münchner Königsplatz wurden zwei Ehrentempel sowie der «Führerbau» errichtet. In Weimarer entstand ein «Gauforum», mit Parteigebäuden und einer «Halle der Volksgemeinschaft». Nun sollten weitere deutsche Städte in ähnlicher Weise umgestaltet werden.

In stilistischer Hinsicht war hier nichts mehr von der völkischen Vorliebe für Holz und Giebeldächer zu spüren. Stattdessen überwog die neoklassizistische Orientierung an antiken Bauten mit ihren geraden Linien, für deren Umsetzung man auf moderne Baumaterialien und -methoden zurückgriff. Auch andere Stilelemente wurden verwendet, solange sie sich nur für die imperiale Inszenierung einsetzen ließen. Beim Bau der Neuen Reichskanzlei machte Speer Anleihen bei der barocken Schlossarchitektur. Das Projekt einer Neugestaltung des Hamburger Hafens war dagegen amerikanisch inspiriert. Der Architekt Konstanty Gutschow wurde hier damit beauftragt, ein «Gauhochhaus», eine Veranstaltungshalle sowie eine an die 1937 eröffnete Golden Gate Bridge in San Francisco angelehnte Hängebrücke über die Elbe zu errichten. Sein Bauherr Hitler wollte damit für alle sichtbar demonstrieren, dass das Dritte Reich ebenso modern war wie die Vereinigten Staaten, aber diese Modernität weit entschlossener zur äußeren Machtenfaltung einsetzte. Dass das Hamburger Vorhaben wie viele andere nie verwirklicht wurde, ändert wenig an der Bedeutung visionärer Neubau- und Umgestaltungspläne für die Kultur des Dritten Reiches. Zudem hatten diese Pläne nicht nur in Berlin, sondern auch in anderen Städten erhebliche Konsequenzen. Bestehende Wohnviertel wurden teilweise abgerissen, insbesondere jüdische Einwohner wurden verdrängt. Um die nötigen Baumaterialien herzustellen, mussten KZ-Häftlinge in Steinbrüchen oder Ziegeleien arbeiten, womit sich die SS auch für die öffentliche Architektur des Dritten Reiches unentbehrlich machte. Imperiale Machtenfaltung und Verfolgungspolitik waren nicht voneinander zu trennen – ein Zusammenhang, den sowohl Speer als auch Gutschow später wohlweislich verschwiegen.

Der Bau und die Planung repräsentativer Bauten gehörten zur Vorbereitung der Deutschen auf Krieg und Imperium. Die Kultur des Dritten Reiches verherrlichte den bewaffneten Konflikt und verschwieg den Preis dafür. Mit den Pazifisten waren auch die Bilder von zerschossenen Gesichtern und verkrüppelten Körpern, von verzweifelten Witwen und armen Waisen aus der deutschen Öffentlichkeit verschwunden – wenn sie nicht als Beispiele für «Entartete Kunst» präsentiert wurden. Die Heroisierung der Soldaten, welche bereits in den letzten Jahren der Weimarer Republik zu dominieren begonnen hatte, beherrschte seit 1933 endgültig die Erinnerung an den Ersten Weltkrieg. Auf Gemälden wie «Die letzte Handgranate» des von Hitler zum Professor ernannten Elk Eber trugen stahlhelmbewehrte Kämpfer zur völkischen Kraftanstrengung bei. Filme wie «Stoßtrupp 1917» oder «Unternehmen Michael» suggerierten, dass persönlicher Opfermut und kameradschaftlicher Zusammenhalt auch in den Schützengräben militärisch ausschlaggebend gewesen seien. Der technisierte Massenkrieg wurde so in der Rückschau vermenschlicht. Gleichzeitig machten ihn historische Wanderausstellungen durch Bild-Text-Montagen anschaulich und sogar wie eine Modelleisenbahn steuerbar: Zu sehen waren Zinnfiguren und Miniaturgeschütze, die sich durch Knopfdruck in Bewegung setzen und durch Lämpchen beleuchten ließen. Auch ein offizielles «Deutsches Weltkriegsmuseum» war geplant, das im Zuge der Neugestaltung des Berliner Zentrums errichtet werden sollte. Zwar wurde dieses Projekt nie verwirklicht, aber die Verherrlichung des Weltkrieges war im nahegelegenen Zeughaus präsent, das der wehrgeschichtlichen Pseudoinformation diente: Dort gab es eine eigene Weltkriegsabteilung, die Strategie und militärisches Handwerk präsentierte und sowohl Generalfeldmarschall Hindenburg als auch den «einfachen Gefreiten» Hitler zelebrierte. Der Publikumszuspruch war groß, und im Gebäude fanden zudem Veteranentreffen und Gedenkfeierlichkeiten statt.

Um die Kampfbereitschaft der Deutschen zu fördern und ihr Ziel eines deutschen Imperiums zu legitimieren, versuchten die Nationalsozialisten, an unterschiedliche Erinnerungsstränge anzuknüpfen. Aus diesem Grund wurden auch die Kolonien, die Deutschland im Versailler Vertrag hatte abtreten müssen, ein wichtiger propagandistischer Bezugspunkt. Zwar war Hitler kaum daran interessiert, diese vor allem in Afrika gelegenen Gebiete tatsächlich zurückzuerlangen. Stattdessen hoffte er, Großbritannien durch entsprechende Forderungen zu einem weltpolitischen Arrangement mit dem Dritten Reich zu bewegen. Aber die Nostalgiker, Wissenschaftler und Visionäre des Kolonialismus wurden dennoch für die nationalsozialistischen Zwecke eingebunden – um sie unter Kontrolle zu halten, aber auch, weil ihr Blick auf weltweite deutsche Einflussmöglichkeiten prinzipiell willkommen war. Der Reichskolonialbund hatte eine Million Mitglieder und betrieb unermüdlich Propaganda für eine Rückgewinnung der früheren deutschen Territorien in Afrika. Koloniale Schauen und Feiern wurden veranstaltet: «Leibhaftige Neger, angeblich frühere Bewohner der deutschen Kolonien, zeigten

ihre handwerklichen Fähigkeiten», berichtete ein sozialdemokratischer Informant vom Cannstatter Volksfest in Stuttgart.[24]
Und der nationalsozialistische Jugendschriftsteller P. C. Ettighoffer schilderte zufrieden, wie in Südwestafrika noch immer
vertraute «Fahrten- und Kampflieder» erklangen: «Es ist dieselbe
Jugend wie daheim, nur etwas sonnenbrauner, und es scheint
mir, als leuchteten die Blondhaare dieser Kinder hier noch blonder.» Die Deutschen, so schloss Ettighoffer, seien «in Afrika wahr-
haftig die Herrenrasse».[25]

Wichtiger als diese kolonialrassistischen Afrikabilder war jedoch die Vorwegnahme eines europäischen Großreiches, um das
es Hitler in erster Linie ging. Wissenschaftliche Rechtfertigungen
waren hierfür von besonderer Bedeutung. «Westforscher» und
«Ostforscher» hatten bereits lange vor 1933 nicht bloß für eine
Revision des Versailler Vertrags gestritten; sie hatten auch an
die imperialen Erfahrungen und Visionen des Ersten Weltkrieges
angeknüpft, als Teile West- und Osteuropas von Deutschland
besetzt gewesen waren. Diese Wissenschaftler waren meist an
grenznahen Universitäten oder Instituten tätig und verstanden
sich als geistige Vorposten im Kampf gegen äußere Feinde. Im
Dritten Reich wurden sie stärker gefördert als je zuvor. Zudem
profitierten sie von einer völkisch-expansiv eingefärbten Grundstimmung. So legitimierten Historiker den Anspruch auf eine
zukünftige deutsche Vorherrschaft in Europa, indem sie beispielsweise an Siedlungen und andere deutsche Leistungen auf
niederländischem oder polnischem Gebiet erinnerten.

Der führende Vertreter der rheinischen Landesgeschichte war
Franz Petri. 1937 zeichnete er die Trennung von deutschem und
niederländischem «Volkstum» trotz ethnischer Verwandtschaft
nach und setzte sie zu den «letzten Fragen alles völkischen Wer-
dens» in Beziehung – mit dem Ziel, irgendwann wieder zu einer
Vereinigung zu gelangen. Ein Jahr später reklamierte Werner
Conze dasjenige Ostseegebiet, welches im Versailler Vertrag an
Polen abgetreten worden war: «Die Ordnung und der Lebensraum

Pommerellens wurden durch deutsche Arbeit, vor allem des deutschen Ordens, geschaffen und festgelegt. Die polnische Zeit änderte diese Ordnung allenfalls im Sinne der Zerstörung und des Niedergangs.»[26] Wegen der zwischenzeitlichen außenpolitischen Annäherung an Polen erhob Conze hier keine konkreten Forderungen nach Grenzrevision. Doch der spätere Doyen der Sozialgeschichte in der Bundesrepublik konstruierte wie andere «Ostforscher» völkische Grundlagen für eine deutsche Dominanz in Ostmitteleuropa.

Während einige Geographen und Historiker so die imperialen Ansprüche des Dritten Reiches legitimierten, beteiligten sich andere an der intellektuellen Vorbereitung eines zukünftigen Krieges. Sie waren bereits in der Weimarer Republik zu «Wehrwissenschaftlern» geworden, die ihre Disziplinen einerseits thematisch erweiterten und andererseits auf militärische Fragen fokussierten. Für sie war der künftige Krieg ein umfassendes Projekt, das die gesamte Gesellschaft einbeziehen musste – auf noch konsequentere Weise als zwischen 1914 und 1918. Doch erst das nationalsozialistische Regime ermöglichte es den Wehrwissenschaftlern, dieser Vision an eigenen Instituten Gestalt zu verleihen und ihre Verbindungen zur Politik auszubauen. «Denn wenn der totale Krieg schon in alle Lebensbereiche eindringt», beschrieb das Kriegsgeschichtliche Seminar der Heidelberger Universität seine Mission, «dann muß ihm auf allen Lebensgebieten entgegengetreten werden, um ihn zu meistern. Das aber ist nur zu verwirklichen, wenn in allen Berufen kriegsgeschichtlich und wehrpolitisch geschulte Menschen vorhanden sind.»[27]

Ohne deshalb ebenfalls zu Wehrwissenschaftlern zu werden, schlossen sich Chemiker und Mediziner dieser Entwicklung an, indem sie etwa den Kampfstoffen und ihren körperlichen Auswirkungen eigene Lehrveranstaltungen widmeten. Dass die dazugehörigen Experimente und technologischen Anwendungen nun unverhohlen den militärischen Konflikt vorbereiteten, erschien den beteiligten Forschern aufgrund ihrer nationalistischen Überzeugungen unproblematisch. Ihre Nähe zur Politik brachte ihnen Mittelerhöhungen ein und erleichterte es überhaupt, Natur- und Technikwissenschaften auf dem allerneuesten Stand zu betreiben. In den ersten Jahren des Dritten Reiches waren noch Kampagnen für eine «Deutsche Physik» geführt worden. Die Nobelpreisträger Philipp Lenard und Johannes Stark hatten Quantenmechanik und Relativitätstheorie mit jüdischen Einflüssen identifiziert und gefordert, zu einer experimentellen Ausrichtung des Faches zurückzukehren. Derartige völkische Erneuerungsbestrebungen verloren nun zunehmend an Bedeutung. Denn im Interesse der Kriegsvorbereitung erschien es nicht mehr opportun, wissenschaftliche Erkenntnisse aus ideologischen Gründen abzulehnen. Soweit die theoretische Physik ihre Relevanz für die militärische Rüstung bewiesen hatte, war ihr Platz im Dritten Reich gesichert.

Die Kaiser-Wilhelm-Gesellschaft zur Förderung der Wissenschaften betrieb vor diesem Hintergrund eine geschickte Lobbypolitik. Ihre Vertreter setzten dafür ihre persönlichen Beziehungen zu hochrangigen Funktionsträgern in Partei, Staat und Wehrmacht ein. Sie bauten Netzwerke mit dem bereits seit den Nachkriegsjahren bestehenden, nun aber mit einer eigenen Forschungsabteilung ausgestatteten Heereswaffenamt sowie dem 1937 gegründeten Reichsforschungsrat auf. Und sie nützten aus, dass ein erhebliches ökonomisches Interesse an militärisch relevanten und daher subventionsträchtigen Arbeiten bestand, etwa im Falle der chemischen Industrie an der Kampfstoffforschung. In repräsentativen Gebäuden in Berlin, in den Laboratorien zahlreicher Institute und bis hin zum quasigeheimen Versuchsgelände des Heeres im brandenburgischen Gottow arbeiteten Wissenschaftler mit Militär, Politik und Wirtschaft im wechselseitigen Interesse zusammen. Neben aller monumentalen Inszenierung hatte die imperiale Kultur des Dritten Reiches somit auch eine technisch-funktionale Dimension.[28]

Dass das NS-Regime Ende der dreißiger Jahre immer deutlicher zur Kriegsvorbereitung überging, bot also – ähnlich wie die Rassenpolitik – Wissenschaftlern unterschiedlicher Disziplinen neue Forschungsmöglichkeiten. Doch auch die Arbeiter profitierten von den neuen politischen Prioritäten: In der Rüstungsindustrie fanden sie nicht nur gut bezahlte Anstellungen, sondern sahen ihre manuelle Geschicklichkeit und ihr technisches Wissen gewürdigt, wenn etwa in den Junkers-Werken unter dem Motto «Junkersarbeit – Qualitätsarbeit» Flugzeuge gebaut wurden.[29] Dennoch blieb es schwierig, die Mehrheit der deutschen Bevölkerung auf den bevorstehenden Konflikt einzuschwören. Wer schon von den neuen Freizeit- und Konsummöglichkeiten profitierte oder aber bald von ihnen zu profitieren hoffte, wollte diese Möglichkeiten meist nicht für militärische Unternehmungen aufs Spiel setzen. Und 1938/39 dämmerte auch unpolitischen Zeitgenossen der Ernst der Lage. Die Kriegspropaganda richtete sich nun auf konkrete Ziele, statt bloß Bilder von Militärmanövern oder Schlachtschiffen zu präsentieren. Und die zahlreichen neu errichteten Bunker sowie die entlang der Grenzen des Reiches entstehenden Befestigungsanlagen dienten unübersehbar der Vorbereitung des kommenden Konflikts.

Informanten der sozialdemokratischen Exilorganisation berichteten aus allen Teilen des Reiches, dass sich die Begeisterung der Bevölkerung für fernliegende Eroberungsziele in Grenzen hielt. Selbst Österreich und das Sudetenland interessierten außerhalb Bayerns und Sachsens wenig. Doch enthusiastische Jugendliche und nationalsozialistische Aktivisten betrieben unermüdlich Propaganda. Sie verliehen der Kriegsthematik damit eine Dauerpräsenz, der man sich kaum entziehen konnte. Auch wer keinerlei Interesse etwa an möglichen Allianzen auf dem Balkan hatte, kam nicht umhin, von solchen Visionen Kenntnis zu nehmen: «In Betriebsappellen wird genau so für diese Entfaltung der Großraumpolitik geworben wie für das Kolonialproblem.» Aus Nordwestdeutschland wurde berichtet, dass sich bei den Arbeitern Sorgen über einen künftigen Krieg mit fatalistischen Gefühlen mischten. Das öffentliche Bild einer geschlossenen Volksgemeinschaft sei zwar irreführend, aber deswegen nicht wirkungslos: «Der oberflächliche Betrachter sieht in die Höhe fliegende Arme und schließt aus der Gleichförmigkeit dieser Bewegung auf eine innere Gleichrichtung der Menschen.» Die jahrelangen Luftschutzübungen hätten das Vertrauen befördert, «daß Deutschland im kommenden Krieg die Schrecken des Luftkrieges größtenteils erspart bleiben werden». Und die ständige Expansionspropaganda von Regierung und Partei lasse auf Dauer auch dem Nationalsozialismus eher fernstehende Menschen nicht unberührt: «Dem unglaublichen Druck einer ausschließlich einseitigen Beeinflussung ist schwer zu widerstehen.»[30]

Die deutschen Annexionen Österreichs im März und des Sudetenlandes im Oktober 1938 riefen allgemein die Sorge hervor, dass Frankreich und Großbritannien intervenieren könnten und damit erneut ein großer europäischer Krieg ausbrechen würde. Um solchen Sorgen keinen Raum zu lassen, inszenierte die nationalsozialistische Führung eine Bestätigung des österreichischen «Anschlusses» durch eine Volksabstimmung. Diese war mit einem ungeheuren Werbeaufwand verbunden: «Drei Tage vor der Wahl», so hieß es aus Baden, «erhielten sämtliche Besitzer von Autos, Motorrädern usw. Plakate, welche sie an den Fahrzeugen befestigen mußten. Sogar die städtischen Straßenkehrer hatten in einzelnen Orten an ihren Wagen das Schild: ‹Dem Führer ein Ja.›» Der Informant bemerkte zwar auch, die allgegenwärtige Propaganda falle «allen auf die Nerven». Gleichzeitig gestand er sich jedoch ein, dass sie einen wirkungsvollen Überwältigungseffekt ausübte. Zudem konstatierten die sozialdemokratischen Berichterstatter breite Erleichterung, dass der Kriegsfall doch nicht eingetreten war – und Einigkeit in einem entscheidenden Punkt: «Hitlers Macht ist wieder einmal ganz ungeheuerlich gestärkt.» In Karlsruhe seien die überzeugten Anhänger des Regimes nun mehr denn je auch zu Befürwortern eines kommenden imperialen Krieges geworden: «Das Volk ist in seinem nationalsozialistischen Teil in den Wahn hineingeraten, daß sie sich alles erlauben dürfen und die ganze Welt Angst vor ihnen hätte.» Und für einen schlesischen Genossen stand die Loyalität der Bevölkerung zum Regime trotz aller Bedenken nunmehr außer Zweifel: «Sollte Deutschland heute in einen Krieg verwickelt werden, dann würde das ganze Volk marschieren. Und es würde wahrscheinlich lange dauern, bevor das Volk über den Krieg nachdenken würde.»[31]

Nachdem Österreich unter deutsche Kontrolle gekommen war, wurde es zu einem regelrechten Labor nationalsozialistischer Kulturpolitik. Hitlers persönliches Interesse, das Karrierestreben von Politikern aus dem «Altreich» und die Radikalität einheimischer Parteiaktivisten kamen hierbei zusammen. Der Einfluss der katholischen Kirche wurde offener bekämpft als bisher, die jüdische Minderheit noch brutaler ausgegrenzt. Den späteren Novemberpogrom nahm man in Österreich bereits vorweg. In kultureller Hinsicht degradierten die Nationalsozialisten Wien zur Produktionsstätte von Walzerfilmen, wobei positive Anspielungen auf das ihnen verhasste Habsburgerreich verboten wurden – bevor Reichsstatthalter Baldur von Schirach ab 1940 die Oper wieder aufwertete und Festwochen veranstalten ließ. Stattdessen konzentrierte sich der «Führer» auf Linz, wo er aufgewachsen war. Die Stadt sollte nun Budapest als schönste Donaustadt übertrumpfen. Dazu wurde das örtliche Theater mit einer zusätzlichen Bühne und großzügigen Subventionen bedacht. Die von Hitler in Linz initiierten und bis in zahlreiche Details kontrollierten Neubauten blieben zwar überwiegend unvollendet. Ihr Bau war aber mit so umfassenden wie konkreten Veränderungen verbunden.

In Linz sollte nämlich ein Gesamtentwurf verwirklicht werden: von enteigneten Zisterzienserklöstern und dem Konzentrationslager Mauthausen im Umland über die «Reichswerke Hermann Göring» und Wohngebäude für Arbeiter in den äußeren Vierteln bis zur völlig umzugestaltenden Innenstadt. Im Zentrum entstand die «Nibelungenbrücke», für die Reiterstandbilder der Sagenfiguren Siegfried, Kriemhild, Gunter und Brunhild in Auftrag gegeben wurden. Eine Gauanlage mit Aufmarschplatz und Glockenturm sowie die Prachtstraße «In den Lauben» mit neuem Bahnhof stellten alle Pendants im Reich in den Schatten. Ein Kulturzentrum sollte eine Bibliothek, eine Oper, eine Musikhalle sowie eine Gemäldegalerie vereinen. Für dieses riesige «Führermuseum» wurden im Rahmen der «Sonderaktion Linz» Kunstwerke aus jüdischem Besitz, aus österreichischen Klöstern sowie – nach Kriegsbeginn – aus dem ganzen besetzten Europa zusammengerafft. Nirgendwo drückte sich Hitlers Kulturverständnis deutlicher aus als hier. Der «Führer» verband völkisches Gedankengut mit Traditionen des 19. Jahrhunderts und einer ins Monumentale gesteigerten Antikenverehrung. So diffus diese Mischung auch sein mochte, bot sie ihm doch eine hinreichende Grundlage für immer neue Großprojekte, die in Linz noch weniger als an anderen Orten durch bestehende Bauten und gesellschaftliche Strukturen begrenzt wurden.

Der «Anschluss» Österreichs war auch in kulturpolitischer Hinsicht Teil einer allgemeineren Entwicklung: In den letzten Vorkriegsjahren gebärdete sich die nationalsozialistische Kulturpolitik zunehmend imperialistisch. Staatlich geförderte Lesereisen brachten völkische Schriftsteller in die Niederlande, nach Skandinavien oder auf den Balkan. Deutsche Bücher wurden zu reduzierten Preisen im Ausland vertrieben, was vor allem dem Absatz wissenschaftlicher Literatur zugute kam – ohne dass die dahinterstehende staatliche Subventionierung bekannt geworden wäre. Mit Ungarn, Spanien und Japan, nach Kriegsausbruch auch mit Bulgarien, der Slowakei und Rumänien schloss das Dritte Reich Kulturabkommen ab. Diese Abkommen förderten den Austausch und die Übersetzung politisch genehmer Publikationen, um die Werke der deutschen Emigranten in den betreffenden Ländern zu verdrängen. Sie führten besonders in Südosteuropa zu kulturpolitischen Imagegewinnen. Denn dort herrschten autoritäre Regime, lebten deutsche Minderheiten und bestanden wirtschaftliche Abhängigkeiten vom Dritten Reich. Bücherschauen –

etwa in der Universitätsbibliothek von Sofia, die im Frühjahr 1937 rund 2000 deutsche Titel präsentierte, später auch in Belgrad, Budapest und Bukarest – trugen ein Übriges dazu bei, dass der deutsche Einfluss auf dem Balkan zunahm, auf Kosten der traditionell starken französischen Präsenz.

Komplizierter gestalteten sich die kulturpolitischen Beziehungen zu den Mächten der sich formierenden «Achse»: Sowohl Italien als auch Japan legten nämlich auf politische und kulturelle Eigenständigkeit Wert. Zwar galt Japan orthodoxen Nationalsozialisten als rassisch minderwertig. Zudem ließ es sich nicht darauf ein, deutsche Emigranten auf Ersuchen des Dritten Reiches aus dem eigenen Wissenschaftsbetrieb auszuschließen. Doch war beides angesichts der geographischen Distanz zu verschmerzen. Auch ließ sich das ab 1937 nach China ausgreifende Kaiserreich als Vorbild für den eigenen imperialen Anspruch gebrauchen. Victor Klemperer fiel auf, wie in den Kinowochenschauen die jüngsten japanischen Eroberungen gefeiert wurden, ergänzt durch Bilder von der Speisung chinesischer Flüchtlingskinder in Shanghai: «Die Propaganda arbeitet also ganz nach dem Schema des Ritterromans: der Japaner als Held und als gütiger Helfer und Friedensbringer.»[32]

Zwischen dem Dritten Reich und dem Italien Mussolinis bestand dagegen lange eine außen- und kulturpolitische Rivalität. Die Nationalsozialisten feierten die eigene Überlegenheit, während sie den italienischen Faschismus als unausgegorenen Kompromiss empfanden. Konkret monierten sie dessen mangelnde rassistische Ausrichtung und die nach wie vor bedeutende Rolle modernistischer Maler, Architekten und Schriftsteller im italienischen Kulturleben. Auch dass der Faschismus der Katholischen Kirche viel Einfluss auf die Bevölkerung zugestand, war ihnen ein Dorn im Auge. Es gab sogar – zur großen Empörung der dortigen Repräsentanten des Dritten Reiches – in Italien eine Reihe aktiver und durchaus einflussreicher deutscher Emigranten. Die Faschisten nahmen umgekehrt Anstoß am nationalsozialistischen

Überlegenheitsanspruch. Wenig erfreut waren sie außerdem, als 1935 in Pressekommentaren und in einem Dokumentarfilm ein positives Bild des – gerade von Italien angegriffenen – abessinischen Kaiserreiches vermittelt wurde.

Auch wenn ihre Rivalität nicht ganz beigelegt werden konnte, näherten sich die beiden Regime Ende der dreißiger Jahre zunehmend einander an, in außenpolitischer wie in kulturpolitischer Hinsicht: Gemeinsam intervenierten sie im Spanischen Bürgerkrieg, worin trotz allen offiziellen Leugnens eine Inszenierung faschistischer Kooperation lag. Zur gleichen Zeit wandte sich Mussolini seinerseits von der modernistischen Kunst ab und bevorzugte einen monumentalen Baustil. Und er erließ 1938 Rassengesetze, die den vermeintlichen Einfluss der Juden auf Italien zurückdrängen sollten – von den Universitäten, an denen sie nun nicht mehr studieren durften, bis zur Faschistischen Partei, aus der sie ausgeschlossen wurden. Im Dritten Reich wurden die kulturellen Beziehungen zwischen beiden Ländern durch die gleichgeschaltete Deutsch-Italienische Gesellschaft gepflegt, die Vorträge veranstaltete und eine eigene Studienstiftung ins Leben rief. Faschistische Filme und italienische Operninszenierungen kamen in die deutschen Kinos und Theater. Unter lautstarker propagandistischer Begleitung schlossen Italien und das Deutsche Reich ein Kulturabkommen ab, auf dessen Grundlage der Bücheraustausch und Übersetzungen gefördert sowie die Werke von Emigranten geächtet wurden – wenngleich die Italiener Letzteres nicht konsequent umsetzten. Zudem veranstaltete das NS-Regime in Rom eine Bücherschau, die durch Fotografien deutscher Autoren und attraktiv gestaltete Plakate visuell ergänzt wurde. Goebbels erreichte sogar, dass sich die Filmbiennale in Venedig in den Dienst der «Kultur-Achse» nehmen ließ und deutsche Produktionen vermehrt würdigte – bis hin zur Kür von Leni Riefenstahls Film «Olympia», der heroisierenden Darstellung der Berliner Olympischen Spiele, zum besten ausländischen Spielfilm.

Die Preisverleihung an Riefenstahl war so grotesk, dass die britischen und amerikanischen Jurymitglieder die Sitzung verließen und die westliche Presse empörte Kommentare veröffentlichte. Das war nur eine von zahlreichen abwehrenden Reaktionen auf den imperialen Anspruch des Dritten Reiches. In den letzten Jahren vor dem Krieg war nämlich nicht mehr zu übersehen, dass Hitlers Ambitionen über die Umgestaltung des eigenen Landes hinausgingen. Zwar gab es in vielen europäischen Ländern ebenfalls rechtsradikale Strömungen, was die ideologische Distanz teilweise verringert hatte; auch waren die kulturellen Inszenierungen und sozialpolitischen Initiativen in Deutschland von ausländischen Beobachtern durchaus interessiert verfolgt worden. Doch das änderte sich nun: Zunehmend fühlten sich die angrenzenden Länder unmittelbar bedroht, militärisch wie kulturell, und bemühten sich daher um Abgrenzung. So entwarf sich etwa die Schweiz im Zeichen der «geistigen Landesverteidigung» als «über Rassen und Sprachen stehende Kulturgemeinschaft». Es gab sogar Bemühungen, aus den verschiedenen schweizerdeutschen Dialekten eine eigene Schriftsprache zu machen und sich damit zusätzlich vom großen Nachbarland zu distanzieren.[33] Aber auch jenseits von Europa wurde das Dritte Reich als immer größere Gefahr gesehen – sogar in Regionen, wo Rassismus nicht unbedingt ein Problem darstellte, wie in den amerikanischen Südstaaten, trotz der dort besonders intensiven nationalsozialistischen Auslandspropaganda.[34]

Doch in den letzten Jahren vor dem Krieg nahm die Führung des Dritten Reiches diese internationalen Abwehrreaktionen bewusst in Kauf. Ihr Ziel war nicht Überzeugung, sondern Überwältigung. Der eigene Machtanspruch sollte nach innen ebenso wie nach außen demonstriert werden – von Speers Neuer Reichskanzlei über die entstehende «Nibelungenbrücke» in Linz bis zu den deutschen Bücherschauen in Rom oder Sofia. Dazu gehörte auch, dass die antisemitische Ausgrenzungspolitik nun (anders als noch 1936 während der Olympischen Spiele in Berlin) durch keinerlei Imagerücksichten mehr beschränkt wurde. Das Risiko internationaler Proteste nahm man jetzt in Kauf, weil innere «Reinheit» und äußere «Stärke» wichtiger waren als alle anderen Erwägungen. Für die schon seit Jahren ausgegrenzten und verfolgten Minderheiten in Deutschland hatte das gravierende Folgen – insbesondere für die deutschen Juden, die sich unter immer schwierigeren und verzweifelteren Bedingungen zu behaupten versuchten.

Jüdische Selbstbehauptungsversuche

An das Leben in Jerusalem hatte sich Martin Buber schon wenige Monate nach seiner Ankunft gewöhnt.[35] Wie er im Frühjahr und Sommer 1938 verschiedenen Briefpartnern erläuterte, hatten er und seine Frau ihre Wohnung einigermaßen eingerichtet. Zudem stellten sich die Eheleute, so gut es bei ihrem fortgeschrittenen Alter ging, auf das heiße Klima ein. Das Hebräisch des Religionsgelehrten war bereits zuvor so gut gewesen, dass er ohne Probleme seine Vorlesungen halten konnte. Er nahm sich vor, dabei schon bald freier zu sprechen. «Du fragst aber auch noch», antwortete er einem Freund, der sich nach den Auswirkungen des arabischen Terrorismus erkundigt hatte, «ob wir ‹sicher› seien. Das ist nun so: sicher ist man hier eigentlich nicht, Bomben gibts jetzt hier immerzu und in allen Teilen der Stadt (gestern abend z.B. wenige Minuten von uns entfernt zwei), aber mit dieser Unsicherheit läßt sich unbegreiflich gut leben. Das verstehst Du gewiß.»[36] Das für Juden immer repressivere und bedrückendere Klima im nationalsozialistischen Deutschland hatte für Buber auch noch nach seiner Emigration Folgen. Die Einrichtung seines Hauses im hessischen Heppenheim wurde im Zuge des Novemberpogroms zerstört, mitsamt der verbliebenen 3000 Bücher. Ferner verlangten die Behörden von ihm die sogenannte Reichsfluchtsteuer. Um diese einzutreiben, pfändete das zuständige Finanzamt sowohl das Haus Bubers als auch sein Bankkonto, außerdem seine noch ausstehenden Forderungen an den in Liquidation befindlichen Schocken Verlag. Zur selben Zeit berichteten ihm jüdische Bekannte in Deutschland brieflich von der existenziellen Bedrohung, der sie ausgesetzt waren.

Unter dem Eindruck der Verschärfung des nationalsozialistischen Antisemitismus in den späten dreißiger Jahren verkündete Buber in einem einflussreichen Aufsatz das «Ende der deutsch-jüdischen Symbiose». In diesem reflektierte er über die historische Grunderfahrung der Juden, sich letztlich weder auf rechtliche Garantien noch auf enge Beziehungen zur jeweiligen Mehrheitsbevölkerung verlassen zu können. Denn wie die jüngsten Entwicklungen einmal mehr zeigten, könnten sie dennoch «von einem Tag zum andern als entbehrlich, ja überflüssig und lästig» empfunden werden. Die lange Zeit so fruchtbare deutsch-jüdische Begegnung stelle keine Ausnahme von diesem Prinzip dar, sondern habe es eher verschleiert. Die Neuankömmlinge in Palästina seien jedoch durch ihren deutschen Hintergrund mit «Kräften und Werten» ausgestattet, welche sie nun in den Aufbau einer neuen Gemeinschaft einbringen könnten. «Der Beitrag der deutschen Juden», schloss Buber, «muß uns besonders wertvoll und willkommen sein. Sie bringen uns, in jüdische Substanz eingegangen, von jenem edlen deutschen Seelenelement mit, das ihre Peiniger verleugnen und ersticken.»[37] Bubers Auffassungen prägten sein Leben in der neuen Heimat. Neben der universitären Lehrtätigkeit widmete er sich in öffentlichen Vorträgen, Artikeln und Büchern der intellektuellen Ausgestaltung des Judentums – und konnte dabei jederzeit auf eine Gesamtausgabe von Goethes Werken zurückgreifen, die in unmittelbarer Nähe seines Schreibtisches stand.

Was Buber in den späten dreißiger Jahren erfuhr und intellektuell verarbeitete, hatte er unmittelbar nach dem nationalsozialistischen Umbruch noch nicht absehen können. Aufgrund seines internationalen Rufes als Religionsgelehrter und zionistischer Vordenker wäre eine Emigration bereits damals möglich gewesen. Gründe hätte er genügend gehabt: Schließlich war sein Haus durchsucht worden, und der zuständige Dekan an der Frankfurter Universität hatte ihn im Frühjahr 1933 schriftlich ersucht, auf die Abhaltung seiner Lehrveranstaltungen zu verzichten. Doch nach anfänglichen Zweifeln machte sich Buber bald daran, den Zusammenhalt des deutschen Judentums unter drastisch erschwerten Bedingungen zu stärken. Obwohl er Hitler wie so viele Zeitgenossen zunächst unterschätzt hatte, erfasste er schnell die existenzielle Dimension des nationalsozialistischen Umbruchs für die abrupt marginalisierte jüdische Minderheit. «Die Kinder erleben was geschieht und schweigen», schrieb er im Mai 1933, «aber nachts stöhnen sie aus dem Traum, erwachen, starren ins Dunkel: die Welt ist unzuverlässig geworden.» Schulfreunde, verständnisvolle Lehrer, ihr gesamtes soziales Umfeld seien nun abweisend oder unerreichbar. Auch die eigenen Eltern könnten keine Orientierung mehr bieten. Der einzige sinnvolle Umgang mit der neuen Situation sei, «ein Unterschütterliches in der Welt des Kindes sichtbar zu machen». Diese fundamentale Stabilität konnte für Buber nur aus einem neuen Verständnis des Judentums kommen. Ein solches Verständnis solle nicht auf einem alternativen «völkischen Menschenbild» beruhen, sondern auf dem spezifischen Charakter Israels, seiner Gemeinschaftlichkeit und Unmittelbarkeit: «Lehrt eure Kinder jüdische Gehalte, sucht ihnen das Leben jüdisch zu formen – aber damit ists nicht genug. Ihr müßt mit euch selber beginnen. Israel ist mehr als Form und Gehalt, es will in unserer ganzen persönlichen, mitmenschlichen, gemeinschaftlichen Wirklichkeit verwirklicht werden.»[38]

Buber rief nicht bloß Andere zu erzieherischen Anstrengungen auf, sondern zog auch Konsequenzen für das eigene Handeln: Ursprünglich ein eher weltferner Gelehrter, avancierte er zu einem der wichtigsten Protagonisten des jüdischen Bildungswesens. Er wurde Direktor des Frankfurter Lehrhauses, das auf dem Prinzip des intensiven Dialoges zwischen Dozenten und Schülern beruhte. Außerdem initiierte er die Gründung weiterer pädagogischer Institutionen im Reichsgebiet, die sich ebenso an Erwachsene wie an Jugendliche richteten. Ziel war es, die deutschen Juden spirituell, intellektuell und gesellschaftlich zu stärken, sowohl für das Leben im nationalsozialistischen Deutschland als auch für eine mögliche Auswanderung nach Palästina. Dazu sollten Hebräischlektionen und Bibelexegese durch Lehrveranstaltungen über die Soziologie und die Geschichte des Judentums ergänzt werden.

Buber kam es darauf an, «daß die Ausbildung sich in einer Atmosphäre lebendiger jüdischer Gesinnung, jüdischer Existenz und jüdischer Zielsetzung vollziehe».[39] Dazu trug er selbst über seine eigenen, bald überregional bekannten Lehrveranstaltungen hinaus bei. Er schrieb für ein breiteres Publikum und hielt, wenn auch verschiedentlich durch Verbote unterbrochen, öffentliche Vorträge. Dabei beschränkte er sich nicht auf Fragen der Religion und Erziehung. Das Schicksal der Juden sah er als Extremfall allgemeinerer Spannungen seiner Zeit. Seine Philosophie der persönlichen Verantwortung und des Dialogs mit Anderen entwarf eine Alternative zum kritiklosen Aufgehen in der Menge oder Gruppe. «Ich halte das Individuum», formulierte Buber 1936, «weder für den Ausgangs- noch gar für den Zielpunkt menschlicher Welt. Aber ich halte die menschliche Person für den unverschiebbaren zentralen Platz des Kampfes zwischen der Bewegung der Welt von Gott weg und ihrer Bewegung auf Gott zu.»[40]

Die intellektuelle Entwicklung, das persönliche Engagement und die Breitenwirkung Martin Bubers sind ein herausragendes Beispiel für die Selbstbehauptungsversuche deutscher Juden nach 1933. Die sich ergänzenden und schubweise verschärfenden Ausgrenzungsmaßnahmen richteten sich von Anfang an auch gegen ihre kulturelle Präsenz in Deutschland. Doch wie weit diese Maßnahmen letztlich gehen würden, blieb bis 1938/39 unklar. Ob ein Leben von Juden in Deutschland noch möglich oder gar wünschenswert war – darüber gingen die Meinungen auseinander. Für einige Jahre gab es die Hoffnung, der Status als diskriminierte Minderheit könne sich stabilisieren. Selbst Zionisten, die aus religiösen oder nationalistischen Erwägungen für die Auswanderung nach Palästina warben, konnten nicht wissen, wie viel Zeit für die Vorbereitung dieses Schrittes tatsächlich bleiben würde. Hinzu kam, dass die persönlichen Aussichten, ein aufnahmebereites Exilland zu finden und die für die Emigration nötigen Mittel aufzubringen, meist unsicher bis schlecht waren. Und die Verbundenheit vieler Juden mit der deutschen Sprache und Kultur ließ den Gedanken an ein Leben in der Fremde äußerst schwierig erscheinen. Victor Klemperer schrieb immer wieder Hilfsinstitutionen und persönliche Bekannte im Ausland an, machte sich jedoch Sorgen über seine mangelnden aktiven Fremdsprachenkenntnisse und fragte sich: «Aber was hilft all diese Geschäftigkeit? Einmal ist die Aussicht auf einen Posten ganz gering, da ja der deutsche Run seit reichlichen zwei Jahren im Gang und unbeliebt ist. Sodann und vor allem: Welchen Posten könnte ich annehmen?»[41]

Die Ereignisse des Frühjahrs 1933 waren für die deutschen Juden ein tiefer Schock gewesen. Die Linken und Modernisten unter ihnen hatten sich im günstigsten Fall vor dem Konzentrationslager ins Ausland flüchten können. Fortan waren sie jeglicher Artikulationsmöglichkeit in Deutschland beraubt. Schon in den ersten Monaten des Dritten Reiches waren Prominente wie die Dirigenten Otto Klemperer und Bruno Walter oder der Theaterdirektor Max Reinhardt durch Gewaltandrohungen aus Deutschland vertrieben worden. Professoren und Assistenten hatten die Hochschule ebenso verlassen müssen wie Pfarrer jüdischer Abstammung die protestantische Kirche. Bald darauf wurde das Reichskulturkammersystem errichtet, das jüdische Musiker, Schauspieler und Schriftsteller systematisch ausschloss. Hinzu kam eine immer stärkere Verdrängung aus der Freizeitkultur: Auf Druck der örtlichen Nationalsozialisten wurde Juden der Zutritt zu öffentlichen Schwimmbädern oder Sportanlagen verwehrt. Die zuvor bei ihnen beliebte Insel Norderney präsentierte sich nun ebenso antisemitisch wie andere Nordseebäder. Am Ortseingang des fränkischen Rothenburg ob der Tauber wurde ein Schild aufgestellt, das Besucher stolz darauf hinwies, der lokale Antijudaismus lasse sich bis ins Mittelalter zurückverfolgen.

Auf ihre so weitreichende Ausgrenzung aus der deutschen Kultur konnten die Juden nur mit Rückzug in diejenigen Räume reagieren, die ihnen Regime, Partei und Bevölkerungsmehrheit überhaupt noch zugestanden. «Ferienwochen in Italien!», schrieb die Berliner Ärztin Hertha Nathorff im August 1936 in ihr Tagebuch, «wie schön das war, einmal 4 Wochen lang keine Schilder mit der Inschrift ‹Juden unerwünscht›, ‹Baden für Juden verboten›. Einmal wieder freier Mensch gewesen zu sein!»[42] Anderen erlaubte die Anonymität in den Großstädten, dem antisemitischen Druck zumindest etwas zu entkommen und von Resten der früheren liberalen Atmosphäre zu profitieren. Das galt besonders für Berlin, wo die Zahl der Juden sogar zunahm, weil viele von ihnen aus anderen Teilen des Reiches in die Hauptstadt migrierten. Hier konnte man nach wie vor ungestört Fußballspiele oder Theateraufführungen sehen und Jazzbands oder Symphonieorchester hören. Als Jugendlicher gab Marcel Reich-Ranicki sein ganzes Geld für Schauspiel- und Opernkarten aus. So konnte der spätere Literaturkritiker am Berliner Kulturleben teilhaben, das trotz aller Einschränkungen in der Kontinuität der Weimarer Republik stand: «Alles interessierte mich brennend, ich saugte es förmlich auf. Die Theatervorstellungen prägten meine Existenz und markierten meinen Alltag.»[43]

In Berlin wurde im Juli 1933 auch der «Kulturbund Deutscher Juden» gegründet. Er verfolgte das Ziel, arbeitslos gewordenen Musikern und Schauspielern Wirkungsmöglichkeiten zu verschaffen, die Qualität der eigenen Musik- und Theaterarbeit zu demonstrieren und humanistische Werte hochzuhalten. Schon bald hatte er 20 000 Mitglieder. Geleitet wurde der Kulturbund von Kurt Singer, einem studierten Mediziner und früheren stellvertretenden Direktor der Städtischen Oper. Zwar war für Singer der Ausschluss aus der deutschen Kultur ungemein schmerzhaft, aber er versuchte dennoch, die neue Situation als Chance zu begreifen. Dafür war er auch zu enger Zusammenarbeit mit den neuen Autoritäten bereit – wofür er später oft als zu naiv und unterwürfig kritisiert worden ist. Nach dem Berliner Vorbild entstanden Dutzende anderer lokaler und regionaler Kulturbünde, die 1935 zum Reichsverband jüdischer Kulturbünde zusammengefügt wurden. Von nun an unterlag die Arbeit der Kulturbünde endgültig der Kontrolle durch das Propagandaministerium. Dort war man entschlossen, die angeblich zerstörerische Vermischung von «deutscher» und «jüdischer» Kultur rückgängig zu machen. Von Beginn an wurde die Kontrolle über den Reichsverband durch Hans Hinkel ausgeübt, einen SS-Offizier und früheren Aktivisten des Kampfbundes für deutsche Kultur. Hinkel hatte zuvor bereits verschiedene Funktionen innegehabt, erst im Preußischen Innenministerium, dann in der Reichskulturkammer und im Propagandaministerium. Das Fortbestehen der Kulturbünde, das unter Nationalsozialisten durchaus umstritten war, rechtfertigte er damit, dass sich die Aktivitäten der Juden so leichter erfassen ließen. In der Praxis bedeutete dies, dass nichtjüdische Zeitungen die Veranstaltungen der Kulturbünde ignorierten und der Zutritt auf Mitglieder sowie Inhaber von Sondergenehmigungen beschränkt blieb. Deutsche Dramatiker oder Komponisten aufzuführen, war den Kulturbünden immer weniger erlaubt – ein Prozess, der schließlich in dem Verbot gipfelte, Goethe und Beethoven zu spielen. Umgekehrt war die Auswahl spezifisch jüdischer Stoffe beschränkt: Theaterstücke durften weder indirekte Bezüge zur aktuellen Verfolgungserfahrung aufweisen noch das Selbstbewusstsein des Publikums über Gebühr stärken.

Bei der Tätigkeit der Kulturbünde handelte es sich also um den Versuch, «die Verbindung zur deutschen Heimat zu halten und gleichzeitig ein Bindeglied zu unserer großen jüdischen Vergangenheit und zu einer lebenswerten Zukunft zu bilden», wie es ein Theaterdirektor aus dem Ruhrgebiet Ende 1933 formulierte.[44] Doch fand dieser Versuch unter Bedingungen statt, die vom nationalsozialistischen Regime vorgegeben und ausgestaltet wurden; eine wirkliche Autonomie konnte es nicht geben. Immer wieder bekamen die Leiter der Kulturbünde die Willkür der Zensurbestimmungen und ihrer konkreten Interpretation zu spüren. Zudem mussten sie hinnehmen, dass der NS-Funktionär Hinkel das Theatergebäude an der Berliner Kommandantenstraße gerne mit Frau, Chauffeur und verschiedenen Freunden besuchte – und so seine persönliche Macht über die Juden demonstrierte. Dennoch waren die Theater-, Konzert- und Opernaufführungen der Kulturbünde, die von reichsweit 180 000 Mitgliedern durch Beiträge unterstützt wurden, wichtig für die Selbstbehauptung. Juden konnten hier bürgerliche Kultur praktizieren, an ihr teilhaben und sich so als Gemeinschaft erleben. Die Auswahl erlaubter deutscher Autoren und Komponisten mochte immer weiter schrumpfen, das Auffinden geeigneter jüdischer Theaterstücke oder Kompositionen (die vom Publikum gar nicht unbedingt gewünscht wurden) schwierig sein. Doch blieb immer noch eine Vielzahl von Werken (unter anderem von Verdi, Tschaikowski und Shakespeare) übrig, mit denen sich die Programme niveauvoll füllen ließen.

Auf dieser Basis entstand ein Netzwerk, das von Berlin bis in vergleichsweise kleine Städte reichte. Auch Juden aus bescheidenen Verhältnissen, die zuvor kaum ins Theater oder Konzert gegangen waren, fühlten sich von den Veranstaltungen der örtlichen Kulturbünde angesprochen. «Wir haben Abende in Köln, Recklinghausen, in Duisburg und im ganzen Rheinland gegeben», erinnerte sich später die Schauspielerin Ruth Anselm-Herzog. «Wir haben immer privat wohnen müssen, denn in Hotels konnten wir nicht gehen. Und die Aufführungen fanden immer in irgendwelchen jüdischen Vereinslokalen statt.» Der

Balletttänzerin Hannah Kroner-Segal bot der Kulturbund die einzige Chance, überhaupt auftreten und damit die Grundlagen für ihre spätere Tätigkeit in den Vereinigten Staaten legen zu können. Sie war zwar noch zusammen mit Nichtjüdinnen ausgebildet worden, kam aber im Unterschied zu diesen anschließend nicht für Engagements in Frage, Umso dankbarer erinnerte sie sich an die Auftrittsmöglichkeiten: «Ich habe in dieser Zeit nicht das Gefühl gehabt, daß es beängstigend oder bedrückend zugeht. Es war für mich eher ein großes Glück, daß ich eine Bühne hatte, auf der ich stehen konnte.» Dagegen erinnerte sich die Sängerin Paula Lindberg-Salomon später vor allem an die trostspendende Funktion der Kulturveranstaltungen in einer Zeit, in der man «nur in der Not zusammen» war. «Man konnte ja irgendwann in kein Theater mehr hinein, in kein Museum. Die Menschen, die dableiben konnten oder mußten, sollten ja noch eine Anregung haben.»[45]

Ebenso wie in Theater- und Musikleben wurden auch in Buchhandel und Publikationswesen zunehmend antisemitische Prinzipien durchgesetzt. Diese Umgestaltung der Branche stagnierte allerdings zeitweilig aufgrund ökonomischer Erwägungen und politischer Kompetenzstreitigkeiten. So gingen Verlage erst nach und nach in «arischen» Besitz über. Juden wurden zunächst generell aus dem Buchhandel ausgeschlossen, um dann in zahlreichen Einzelfällen wieder zugelassen zu werden. Das Verbot des Vertriebes jüdischer Autoren durch Nichtjuden wies in der Praxis einige Unklarheiten auf bzw. wurde nicht vollständig umgesetzt. Bis 1937 nahm jedoch der Plan deutliche Konturen an, nur noch ein separates Verlags- und Buchhandlungswesen bestehen zu lassen, das einem jüdischen Publikum jüdische Inhalte vermittelte. Die einschlägigen Unternehmen unterlagen in inhaltlicher Hinsicht der Kontrolle des Propagandaministeriums. Das Prinzip der «reinlichen Scheidung» zwischen der Kultur der Deutschen und der Kultur der Juden hatte sich durchgesetzt.

Auch im Publikationswesen wurden Versuche unternommen,

der zunehmenden kulturellen Gettoisierung produktiv zu begegnen. Verschiedene Verleger bemühten sich um eine Erneuerung der jüdischen Kultur; der wichtigste unter ihnen war Salman Schocken. Der assimilierte Jude war Warenhausbesitzer und Philanthrop gewesen. Als autodidaktischer Leser hatte er sich bereits vor dem Ersten Weltkrieg dem Judentum zugewandt, insbesondere der hebräischen Poesie und der jiddischen Volksliteratur. Vom Mäzen, der jüdische Lesebücher und Handschriftensammlungen finanzierte, wurde er schließlich zum selbstständigen Verleger – wobei er sich von Martin Buber beraten ließ. Der nationalsozialistische Umbruch hatte das Interesse der deutschen Juden an jüdischer Kultur allgemein steigen lassen. Das bewog Schocken dazu, die Produktion von populäreren Titeln auszuweiten, die intellektuelle ebenso wie moralische Lebenshilfe anboten. Er selbst wanderte zwar bereits 1934 nach Palästina aus, doch seine in Deutschland zurückgebliebenen Mitarbeiter führten die Aktivitäten bis zur erzwungenen Schließung des Schocken Verlags fort. Weil dessen Profil von Anfang an ausschließlich jüdisch gewesen war, musste man sich auf die Anforderungen der Zensur nicht erst einstellen. Publiziert wurden Almanache, Lesehefte für den Unterricht sowie die «Schocken-Bücherei» mit preisgünstigen Schriften. Daneben hielt man am literarischen und wissenschaftlichen Anspruch fest: Bücher Bubers wurden ebenso neu aufgelegt wie eine Reihe anderer theologischer, philosophischer oder historischer Schriften und belletristischer Werke. Auch eine Franz-Kafka-Ausgabe entstand, die allerdings bald verboten wurde und nur noch im Ausland weiter vertrieben werden konnte.

Die Buchproduktion des Schocken Verlages und die Theater-, Opern- und Konzertaufführungen der Kulturbünde stellten eindrucksvolle Leistungen und schwierige Balanceakte zugleich dar. Sie mussten einerseits die allgegenwärtige Zensur passieren, auch um den Preis eines engen Kontakts mit machthungrigen Nationalsozialisten vom Schlage Hinkels. Andererseits mussten sie den Erwartungen und Ansprüchen des jüdischen Publikums gerecht werden, das mehrheitlich unter seiner Ausgrenzung aus der deutschen Kultur litt. Zionistische Stimmen versuchten, diesem Gefühl entgegenzuwirken und für eine verstärkte Hinwendung zur jüdischen Identität zu werben. Dazu setzten sie bei der Erziehung der Kinder und Jugendlichen an, die, so wurde argumentiert, nicht mehr im alten Denken gefangen seien und es als Chance statt als Degradierung empfänden, später Aufbauarbeit in Palästina zu leisten. Dagegen erschien der bürgerliche Bildungshintergrund der Erwachsenen letztendlich als Ballast, welcher der Anpassung an das Leben im Exil im Wege stand – auch wenn diese Erwachsenen nun zu Almanachen aus dem Schocken Verlag griffen.

Welchen Sinn konnte die tiefe Verbundenheit bürgerlicher Juden mit der deutschen Kultur unter den durch das Dritte Reich geschaffenen Bedingungen überhaupt noch haben? Für den religiösen Zionisten Oskar Wolfsberg lag die Antwort in der «Persönlichkeit», deren Wert auch in einem drastisch veränderten Lebensumfeld erhalten bleibe. Diese «Persönlichkeit» könne zwischen Individualität und Gemeinschaft vermitteln und Impulse Goethes mit jüdischen Traditionen vereinen: «Die Physiognomie unserer Zeit und damit auch das Antlitz unseres Volkes hat sich verändert, und nicht ohne Verwandlung können alte Werte, besonders solche aus dem Zeitalter der Emanzipation, in den Bezirk der Gegenwart eintreten. So ein Wert ist der Begriff der Persönlichkeit.»[46] Anders als Zionisten wie Wolfsberg hielten liberale Juden lange an der Hoffnung auf eine Zukunft in Deutschland fest – bis auch sie sich gezwungenermaßen mit der Auswanderung befassen mussten. Zwar erschienen nun sowohl eine Hinwendung zur spezifisch jüdischen Geschichte und Religion als auch kulturelle Anpassungsbereitschaft in fernen Emigrationsländern wie Südafrika, Brasilien oder den Vereinigten Staaten angezeigt. Dennoch hielten liberale Juden an der bürgerlichen Leitvorstellung der «Bildung als Persönlichkeitsvoraussetzung» fest. Bildung biete einen Kompass für die individuelle Krisenbewältigung und dürfe daher nicht zugunsten einer «Berufsvorbereitung als Austrittsbillet aus der westeuropäischen Kultur» aufgegeben werden.[47]

Diese Diskussionen kreisten um die Spannung zwischen der Erneuerung des Judentums auf der einen und dem Bedürfnis, Kernelemente der vertrauten Bildungstraditionen zu bewahren, auf der anderen Seite. Sie mussten jedoch bald theoretisch erscheinen: Seit dem Pogrom in der Nacht vom 9. auf den 10. November 1938 waren die deutschen Juden über ihre Ausgrenzungs- und Verarmungserfahrung hinaus auch existenziell bedroht. Physische Angriffe und Einlieferungen in Konzentrationslager legten es nahe, nun um jeden Preis zu emigrieren. Gleichzeitig waren die Aussichten, ein Aufnahmeland zu finden, düsterer denn je. Die inszenierten Brände der Synagogen hatten für alle sichtbar die legitime Präsenz jüdischer Religiosität in Deutschland beendet. Auch rechtlich wurden die Juden nun vom Besuch von Theater-, Konzert- und Tanzaufführungen, öffentlichen Vorträgen, Filmvorführungen und Ausstellungen ausgeschlossen. Selbst die Veranstaltungen des Kulturbundes konnten nur noch in Berlin, nicht mehr im übrigen Reich stattfinden. Das Theatergebäude an der Kommandantenstraße blieb vorerst zwar unzerstört. Aber Direktor Singer kehrte von einer Reise in die Niederlande nicht mehr zurück. Hinkels Kontrolle über die inszenierten Stücke fiel noch schärfer aus als zuvor, während sich die Reihen der jüdischen Musiker, Schauspieler und Mitglieder rapide lichteten. Salman Schockens Verlag musste aufgelöst werden, weil Druckereibetriebe nun jegliche Zusammenarbeit verweigerten. Zum Jahresende 1938 verfügte das Propagandaministerium seine Liquidation. Nach schwierigen Verhandlungen konnte nur noch das Lager mit über 200 000 Bänden gerettet und nach Palästina verschifft werden.

Ihre endgültige Verbannung aus dem kulturellen Leben in Deutschland traf gerade gebildete Juden tief. Victor Klemperer empfand den gänzlichen Ausschluss vom Gebrauch der öffentlichen Bibliothek als «absolute Mattsetzung» und litt unter der «leeren und atemlosen Geschäftigkeit, der absoluten Ungewißheit». Traurig blickte er Ende 1938 auf die Zeit zurück, als er und seine Frau noch mit dem Auto Ausflüge gemacht hatten oder gelegentlich ins Kino gegangen waren: «Es war doch ein Stückchen Freiheit und Leben – mag es auch jämmerlich gewesen sein und uns mit Recht schon als Gefangenschaft gegolten haben.»[48] Was an kultureller Aktivität noch möglich blieb, diente unter diesen Umständen vor allem dazu, die eigene Bedrohungs- und Verlusterfahrung auszudrücken. Klemperer selbst konzentrierte sich notgedrungen auf die Arbeit an seinen Memoiren aus der Zeit des Kaiserreiches und des Ersten Weltkrieges. Dagegen gelang Hertha Nathorff die Emigration. Im Zug nach Bremerhaven, wo sie mit ihrem Mann ein Schiff nach New York besteigen wollte, vertraute sie ihrem Tagebuch an: «Zum letzten Mal fahr' ich durch lang vertraute Straßen, um Mitternacht. Und die Pylonen glühen. Ein Volk muß jubeln, seinen Führer ehren, indess' wir heimatlos von dannen ziehen.»[49]

Die verstörenden Erfahrungen seit dem Novemberpogrom verweisen auf die engen Grenzen, die der kulturellen Selbstbehauptung der deutschen Juden durch den nationalsozialistischen Antisemitismus gesetzt waren. Innerhalb weniger Jahre waren sie vollständig aus der Mehrheitsgesellschaft ausgegrenzt worden. Sie sahen sich auf eine spezifisch jüdische Kultur zurückgeworfen, aus der sie selbst in den Großstädten immer weniger ausbrechen konnten. Viele von ihnen stellten sich allmählich auf diese Ausgrenzung ein: Sie kamen auf Veranstaltungen des Kulturbundes zusammen oder begriffen die Hinwendung zum Judentum gar als Chance. Doch auch dieser letzte, schon zuvor latent bedrohte kulturelle Schutzraum wurde im Herbst 1938 abrupt abgeschafft. Die deutschen Juden mussten darauf hoffen, entweder noch emigrieren oder unter drastisch eingeschränkten Möglichkeiten im Reich überleben zu können. Wie realistisch diese Hoffnungen waren, erschien bereits vor Kriegsbeginn höchst fraglich.

IV.

Krieg der Kulturen

Irgendwo in Frankreich, 1941: Soldaten verschiedener Dienstgrade und Waffengattungen stehen vor einer mobilen «Frontbuchhandlung». Jeder hält ein Buch in der Hand, blättert und liest darin. Sie wirken konzentriert, beinahe in ihre Lektüre versunken, unbeeindruckt vom Zeigefinger, der aus dem Lastwagenfenster gestreckt wird. Die fotografische Inszenierung vermittelt einen bestimmten Eindruck: Die Soldaten haben offenbar Zeit, in aller Ruhe die Titel auszuwählen, die sie tatsächlich erwerben möchten. Sie können sich für einen Moment aus der Kommunikation mit den anderen Soldaten ausklinken und dem Alltag als Besatzer gedanklich entfliehen. Was sie lesen, wissen wir nicht, denn Einbände und Titel bleiben auf dem Foto verborgen. Doch lässt sich vermuten, dass es sich um Unterhaltendes handelt, vielleicht Kriminalromane oder Reisebeschreibungen. Auch ein deutscher Klassiker oder ein seriöserer zeitgenössischer Autor könnten vertreten sein. Das würde den Prioritäten des Frontbuchhandels entsprechen, der mittlerweile weniger Kriegsbücher verkauft als noch zu Beginn des Konflikts. Stattdessen liegt sein Schwerpunkt nun auf populärer Belletristik und, zu einem geringeren Teil, auf bürgerlicher Literatur.

Indem sie in den Büchern blättern und ihre Kaufoptionen abwägen, handeln die abgebildeten Soldaten nicht anders als

Kunden in einer Bahnhofsbuchhandlung zu Friedenszeiten. Aber vor dem Hintergrund von Krieg und Besatzung hat ihr scheinbar triviales Verhalten eine andere Bedeutung. Sie sind nun Teil einer expandierenden Kultur, die den Zusammenhalt von Front und Heimat wahren und Deutschland die Vorherrschaft über Europa sichern soll. Diese Kultur wird durch propagandistische Werbung, den Ausschluss von Alternativen sowie einen für Deutsche äußerst günstigen Wechselkurs gefördert. Dass die Leser auf dem Bild auch französische Bücher erwerben, ist unwahrscheinlich. Das liegt nicht bloß an mangelnden Fremdsprachenkenntnissen, sondern vor allem an kultureller Arroganz. Soldaten und Offiziere sind zumeist von der eigenen Überlegenheit überzeugt, selbst dann, wenn sie keine glühenden Nationalsozialisten sind. Nach den militärischen Erfolgen des Dritten Reiches ist es aus ihrer Sicht mehr denn je an anderen Völkern, sich für die deutsche Literatur, Musik oder Kunst zu interessieren – und nicht umgekehrt. «Die klare, einfache Linienführung der Inneneinrichtung, die selbst einer gewissen Gemütlichkeit nicht entbehrt, fällt gegenüber den hiesigen französischen Buchhandlungen ganz besonders auf», beschreibt ein Gefreiter eine für die Besatzungstruppen eingerichtete Frontbuchhandlung in Le Mans, «zumal neben der geistigen Betreuung der Wehrmacht nach außen hin eine breit angelegte Propaganda unseres Schrifttums für den Franzosen für uns von kulturpolitischer Bedeutung ist».[1]

Die interessierten Leser auf dem Bild werden einem solchen Überlegenheitsanspruch wahrscheinlich gar nicht gerecht, weil sie Trivialliteratur konsumieren – doch auch das ist durchaus typisch. Denn während die Propaganda gerne das hohe Kulturniveau der Deutschen hervorhebt, werden diese an der Front ebenso wie in der Heimat mit reichlich Unterhaltung bedacht. So bietet die «Truppenbetreuung» Kabarettabende und Filmvorführungen. Sie fördert zwar den Besuch von klassischen Konzerten, doch das Publikum soll dabei nicht belastet werden: Typisch ist eine Mischung von kurzen und eingängigen Stücken, die sowohl von Mozart als auch aus Operetten stammen können. Ein in den Niederlanden stationierter Soldat bringt die vorherrschenden Präferenzen lyrisch auf den Punkt: «Hinter dem Atlantikwall und im weiten Osten, wo der Landser überall Wache steht auf Posten, macht man stets ein froh Gesicht, wenn die Künstler kamen, und im Alltag strahlt ein Licht: Sind's auch hübsche Damen?»[2] Von Berlin aus erteilt Propagandaminister Goebbels sowohl bürgerlichen als auch völkischen Erziehungsbemühungen eine Absage: «Unser Volk bei guter Laune zu erhalten, das ist auch kriegswichtig», schreibt er im Februar 1942, «wir haben das während des Weltkrieges versäumt und mußten das mit einer grauenhaften Katastrophe bezahlen. Dies Beispiel darf sich unter keinen Umständen wiederholen.»[3]

Goebbels' Bemerkung verweist auf ein Grundproblem nationalsozialistischer Kulturanstrengungen nach 1939: Sie sollen den Krieg sowohl legitimieren als auch kompensieren. Es gilt, den Kampfeswillen der Deutschen zu stärken und gleichzeitig ihre Lust auf Unterhaltung zu befriedigen. Das ist eine Zeitlang durchaus kein Widerspruch: Nach der Eroberung Polens besiegt das Dritte Reich in der ersten Jahreshälfte 1940 Dänemark und Norwegen, die Beneluxländer und Frankreich. Ein Jahr später werden Teile Jugoslawiens und Griechenlands besetzt. Während der überraschenden Invasion der Sowjetunion im Sommer 1941 scheint selbst die Rote Armee dem deutschen Ansturm nicht gewachsen zu sein. Vor diesem Hintergrund lassen sich die eigenen Opfer als begrenzt und die Feldzüge in West- und Osteuropa als «Blitzkrieg» darstellen. Soldaten und Angehörige der Besatzungsverwaltungen können sich als zugehörig zu einem Imperium empfinden – und ihren Entspannungsbedarf von Orchestermusikern, Schlagersängerinnen oder mobilen Buchhändlern decken lassen.

Etwa zwei Jahre lang scheint es, als könne diese erzwungene Dominanz der deutschen Kultur von Dauer sein, als könne die

«Erneuerung» Europas unter nationalsozialistischen Vorzeichen gelingen. Doch ab dem Herbst 1941 zeichnet sich immer deutlicher ab, dass die gerade errungene Hegemonie des Dritten Reiches höchst fragil ist. Der Vormarsch der Wehrmacht in der Sowjetunion wird gestoppt, die Verluste nehmen zu – immer mehr Soldaten werden von Westeuropa an die Ostfront versetzt. Die Briten bedrohen norddeutsche Städte aus der Luft und verzeichnen Erfolge in Nordafrika. Und mit der Kriegserklärung an die Vereinigten Staaten von Amerika hat sich Hitler endgültig ein Land zum Feind gemacht, dessen ökonomische Stärke sich schon bald militärisch auswirkt. 1942 kontrolliert Deutschland zwar nach wie vor den europäischen Kontinent, aber der Ton der Propaganda wird existenzieller, während gleichzeitig Unterhaltungsangebote von der schwieriger gewordenen Lage ablenken sollen.

Zwischen dem Frühjahr 1940 und dem Frühjahr 1942 verschlechtert sich also die militärische Lage für Deutschland erheblich – doch einen Krieg der Kulturen führt das Dritte Reich von Anfang an. In diesen sind die «Volksgenossen» involviert, ob sie nun in Frankreich Unterhaltungsromane lesen oder daheim Filmkomödien schauen. Denn die deutsche Selbstaufwertung beruht auf der Abwertung anderer Kulturen, so sehr manche von ihnen zeitweilig aus taktischen Gründen vereinnahmt werden. Von einem geeinten Europa wird zwar viel gesprochen, aber diese Rhetorik kaschiert letztlich das eigentliche Ziel: die eigene Überlegenheit zu demonstrieren und durchzusetzen. Nicht nur hinter der mutwilligen Zerstörung des kulturellen Erbes in Polen oder Russland, sondern auch hinter der scheinbaren Konzilianz gegenüber niederländischen Künstlern oder französischen Intellektuellen steht Gewalt.

Kampfeswille und Unterhaltungslust

Die Sängerin, die im Film «Die große Liebe» von Zarah Leander gespielt wird, ist Erfolg gewöhnt: Sie hat schon viele Verehrer abblitzen lassen, bevor sie dem selbstbewusstesten und humorvollsten unter ihnen erliegt. Auf sein zwischenzeitliches Verschwinden reagiert sie empört – bis er ihr eröffnet, dass er Kampfflieger ist. Seine gefährliche Tätigkeit schreckt sie nicht ab: Das Paar kommt sich näher und plant für den nächsten Heimaturlaub die Eheschließung. Sängerin und Pilot haben die Gäste bereits versammelt, als er plötzlich einen erneuten Einberufungsbefehl erhält. Die Hochzeit muss auf unbestimmte Zeit verschoben werden, so dass die Beziehung nur in Briefen und Sehnsuchtsäußerungen gegenüber Dritten geführt werden kann. Der bisherige Freund aller schönen Frauen will nun glücklich verheiratet sein: «Ich will wissen, für wen ich zurückkomme. Dass da jemand auf mich wartet, auf mich allein.» Auch die Sängerin, die lange auf ihre Unabhängigkeit bedacht gewesen ist, freut sich auf das gemeinsame Eheleben: «Wir werden irgendwo ein kleines Haus haben, nicht allzuweit weg von Berlin. Ein richtiges Zuhause, nicht mal hier wohnen und mal da wie bis jetzt.»

Ein erneuter Urlaub ermöglicht ein Treffen in Rom, das jedoch erneut zu kurz zum Heiraten ist. Der Pilot wird gebraucht und begibt sich zurück an die Front – diesmal allerdings freiwillig, ohne einen entsprechenden Befehl erhalten zu haben. Die Sängerin ist außer sich, besinnt sich aber eines Besseren, als ihr der Zusammenhang zwischen seiner Abreise und dem Krieg gegen die Sowjetunion deutlich wird. «Ich schäme mich so», schreibt sie ihm, «während Du in jedem Augenblick Dein Leben einsetzt, bekomme ich es nicht einmal fertig, ein paar Wochen, ein paar Monate auf Dich zu warten.» Der Brief kann aufgrund einer Feldpostsperre nicht verschickt werden; der Pilot bricht die Beziehung ab, um unbelastet in sein Flugzeug steigen zu können. Doch als er verwundet in ein Bergsanatorium geschickt wird, eilt sie zu ihm, und die beiden finden wieder zusammen: «Drei Dinger haben sie mir verpasst», ruft er mit wiedergewonnenem Optimismus, «damit wir endlich einmal drei Wochen Zeit für einander haben.» Das Paar schaut sich in die Augen, blickt aber dann in den Himmel, wo ein Flugzeuggeschwader zu sehen ist. Er wird wieder genesen, aber wie lange ihr gemeinsames Leben dauern kann, bleibt ungewiss.

Die Beziehung zwischen der Sängerin und dem Piloten entwickelt sich vor dem Hintergrund einer immer kampfbereiteren Volksgemeinschaft. Am Abend ihres Kennenlernens müssen sie sich in den Bombenkeller begeben – wo jedoch eine gelassene bis heitere Stimmung herrscht, sie mit einem Jungen «Mensch ärgere dich nicht» spielen und allen Bewohnern «echten Bohnenkaffee» anbieten. Doch in dem Maße, wie die Situation Deutschlands ernstere Züge annimmt, wird ihre Liebe tiefer. Während sie sich nach ihm sehnt, hat sie ein Gastspiel in Paris. Hier tritt sie vor Wehrmachtssoldaten auf, die zunächst schwermütig dreinschauen, bevor sie in ihr Lied einstimmen: «Davon geht die Welt nicht unter, sieht man sie manchmal auch grau. Einmal wird sie wieder bunter, einmal wird sie wieder himmelblau.» Und als der Pilot ihr entsagt, um sich voll seinem Fronteinsatz widmen zu können, singt sie: «Wenn ich nicht in meinem Herzen wüsste, dass du einmal zu mir sagst: Ich liebe dich, wär' das Leben ohne Sinn für mich, doch ich weiß mehr: Ich weiß, es wird einmal ein Wunder geschehn, und dann werden tausend Märchen wahr. Ich weiß, so schnell kann keine Liebe vergehn, die so groß ist und so wunderbar.» Der Größe ihrer Liebe entspricht die Größe des Volkes; und je gewaltiger die Herausforderung des Krieges, desto gewichtiger wird die Beziehung zwischen ihnen. Ihre Liebe ist existenziell, weil deren Verwirklichung ungewiss ist: Womöglich können Sängerin und Pilot doch noch heiraten, aber die Beziehung kann auch durch einen Flugzeugabschuss jederzeit ein unwiederbringliches Ende finden.

Dies ist die Botschaft des mit fast 28 Millionen Zuschauern kommerziell erfolgreichsten Filmes des Dritten Reiches. In der Laufbahn von Zarah Leander markierte «Die große Liebe» einen Höhepunkt.[4] Die schwedische Sängerin und Schaupielerin hatte zuerst 1936 in Wien Aufsehen erregt, bevor sie zum schon länger gesuchten deutschen Pendant zu Greta Garbo und Ersatz für die nun in Hollywood tätige Marlene Dietrich wurde. Sie vereinte scheinbar Widersprüchliches: Glamour und Authentizität, Sinnlichkeit und Reinheit, Autonomie und Opferbereitschaft. Dadurch konnte sie nationalsozialistischen Geschlechterstereotypen ein Gesicht geben. «Im Film und auf der Bühne habe ich stets nur eine einzige Rolle gespielt», schrieb sie später, «in vielerlei Kostümierung und wechselndem Milieu: die Rolle der Zarah Leander.» Doch damit verkannte sie, wie gut diese Rolle in die Kultur des Dritten Reiches passte. Aufgrund ihrer Sonderstellung war Zarah Leander hochbezahlt und mit einer Villa bei Berlin ausgestattet. Im Gegenzug hatte sie sich «an etlichen Abenden aus Repräsentationsgründen zu zeigen»; sie erschien auf dem jährlichen Presseball oder auf Görings Banketten und sammelte zudem erfolgreich Spenden für die NS-Winterhilfe. Ihrem Mentor Goebbels bescheinigte sie im Rückblick, «nicht ohne intellektuellen Charme» gewesen zu sein und «über den Film intelligente Ansichten» geäußert zu haben.[5] Während des Krieges sang Zarah Leander für das Radiowunschkonzert der Wehrmacht und trat auf der Deutschen Kulturwoche im besetzten Paris auf. Doch ihr größter Beitrag zum Krieg war ihre Rolle in einem der wenigen Filme, die erkennbar in der nationalsozialistischen Gegenwart spielten. Hier wurden verbreitete Erfahrungen und Ängste aufgegriffen, aber in einer Erzählung von emotionaler Tiefe und völkischer Selbstverpflichtung überwunden: Erst der Krieg ermöglichte die große Liebe.

«Die große Liebe» brachte zwei zentrale Aspekte der nationalsozialistischen Kriegskultur zusammen: Kampfeswillen und Unterhaltungslust. Das zeigte sich an den Darstellungen nicht nur der Heimat, sondern auch der Front: Am Anfang des Filmes wird der Luftkrieg noch als ein abenteuerliches, beinahe spielerisches Unternehmen dargestellt. Der Pilot entsteigt lachend seinem angeschossenen Flugzeug, nachdem er es durch ein gekonntes Manöver zur Landung gebracht hat. Erst später nehmen die Geschwader ein bedrohlicheres Aussehen an. Es wird deutlich, dass sich das eigene Schicksal selbst durch eine Mischung von Waghalsigkeit und technischem Können nur sehr begrenzt bestimmen lässt. Die nationalsozialistische Repräsentation des Krieges kreiste um eben diese Spannung. Sie propagierte existenziellen Ernst, denn das Individuum setzte sein Leben ein. Gleichzeitig suggerierte sie, die von Hitler geführte Volksgemeinschaft habe den Konflikt im Griff. Dem Dritten Reich gelangen seiner eigenen Propaganda zufolge mehr als bloß militärische Erfolge: Es überwand Gegensätze, die zuvor den Krieg des 20. Jahrhunderts bestimmt hatten: Weder setzte es einseitig auf traditionellen Heroismus, der sich in den Schützengräben von Verdun als überholt erwiesen hatte. Noch gab es dem technisierten Massenkrieg so viel Raum, dass männliche Tugenden in den Hintergrund getreten wären. Deshalb waren individuelle Vorbilder – wie das des Piloten in «Die große Liebe» – so wichtig.

Weit über den Spielfilm hinaus prägte die Überwindung der Spannungen zwischen Technik und Heroismus die medialen Bilder vom Bewegungskrieg. Dieser wurde in Zeitschriften, Radiosendungen und Kinowochenschauen als Gesamtkunstwerk präsentiert, in dem sich individueller Einsatz und gemeinschaftlicher Zusammenhalt, menschliche Aktivität und technologische Ressourcen, kluge Planung und dynamische Ausführung perfekt ergänzten. Im Rundfunk suggerierten Vorträge von Wehrmachtsangehörigen, aufrüttelnde «Frontberichte» und Zusammenstellungen von Kampfgeräuschen ein unaufhaltsames Vordringen der deutschen Streitmacht. Wochenschauen vermittelten einen sinnlichen Eindruck vom Krieg und lockten damit auch die ländliche Bevölkerung, die sich zuvor weniger für Filme interessiert hatte, in die Kinos. Sie versetzten die Zuschauer durch bewegliche Kameraführung in eine Augenzeugenposition, beeinflussten sie durch genau abgestimmte Musik und suggerierten mittels eingebauter Wehrmachtsberichte, die gebotenen militärischen Informationen seien objektiv.

In Dokumentarfilmen wie «Der Feldzug in Polen» (1940) oder «Sieg im Westen» (1941) wurden einzelne Ausschnitte des Kampfgeschehens auf wirkungsmächtige Weise zusammenmontiert. Animierte Karten sollten die Ungerechtigkeit des Versailler Vertrags sowie die Einkreisung Deutschlands durch die Westmächte und deren ostmitteleuropäische Verbündete vor Augen führen. Bilder unterstrichen die angebliche Not der «Volksdeutschen» in Polen oder demonstrierten, dass Frankreich selbst vor dem Einsatz senegalesischer Soldaten nicht zurückschrecke und damit die Überlegenheit der weißen Rasse untergrabe. Im Nachhinein wurde somit die Kriegsvorbereitung legitimiert und zur alternativlosen Sicherung der völkischen Existenz erhoben. Die Schlachten selbst präsentierte man als so harmonisches wie effizientes Zusammenwirken der verschiedenen Waffengattungen: Panzer rollten unaufhaltsam voran, während Flugzeuge ihnen den Weg freiräumten, indem sie die feindlichen Stellungen bombardierten.

Nie erzeugten die Dokumentarfilme jedoch den Eindruck, die militärische Handlungsfähigkeit sei den Maschinen überlassen: Durchgehend wurden die entscheidenden Beiträge von Männern betont, der viel gefeierten Piloten oder Fallschirmjäger ebenso wie der Pioniere mit ihrem «todesverachtenden Einsatz» beim Aufbau zerstörter Brücken oder der einfachen Infanteristen mit ihren phänomenalen «Marschleistungen» in unwirtlichem Gebiet. Immer wieder spitzten Filmaufnahmen und begleitende Kommentierung die Erzählung auf kleine Gruppen zu, die scheinbar unbezwingbare Hindernisse überwanden: «Wenige todesmutige deutsche Soldaten haben die Bresche durch den Wall von Beton und Stahl geschlagen.» Und die überragendste

Einzelleistung in den Filmen war diejenige Hitlers: Der «Führer» blickte nicht nur als genialer, von seinen Getreuen umgebener Planer auf ausgebreitete Karten. Mit seinem mobilen Führerhauptquartier nahm er auch selbst am Bewegungskrieg teil und bereitete deutschen Soldaten eine willkommene «Überraschung», wenn er unerwartet erschien, um eine Parade abzunehmen.

Solche Darstellungen konstruierten einen Krieg, dessen Erfolg bei allem erforderlichen Wagemut nie in Frage stand. Sie verdeckten damit, dass eine militärische Führung, die stark von Hitlers Intuitionen abhing und den raschen Verbrauch knapper Ressourcen in Kauf nahm, früher oder später Probleme aufwerfen musste. Doch das änderte nichts an der kulturellen Wirkungsmacht der Bilder: Der «Blitzkrieg» erschien als Vorwärtsverteidigung gegen eine drohende feindliche Invasion, geplant von einem künstlerisch inspirierten Genie und ausgeführt von effizient kooperierenden, aus willensstarken Männern bestehenden Einheiten. So faszinierte etwa «Der Feldzug in Polen» besonders dort, wo modernste Film- und Militärtechnologie echten Neuigkeitswert hatten, nämlich «auf dem Land, wohin er durch Tonfilmwagen gebracht worden war», wie der Sicherheitsdienst der SS berichtete: «Dort wurden die Vorstellungen, vor allem die Nachmittagsvorstellungen für die Jugend, geradezu gestürmt.»[6]

Dieses idealisierte Kriegsbild wurde so geschickt präsentiert und durch Wiederholung eingehämmert, dass es vielen Zeitgenossen schlüssig erschien – selbst wenn es den Fronterfahrungen der einzelnen Soldaten zuweilen widersprach. Die Prinzipien des Führerkultes und der völkischen Solidarität waren bestätigt worden, weil sie, so wurde argumentiert, die Deutschen aus einer existenziellen Bedrohung gerettet und ungeahnte militärische Leistungen ermöglicht hätten. Der Krieg war demnach gleichzeitig unvermeidlich und geradezu nach Gutdünken gestaltbar.

– «Die nationalsozialistische Propaganda», berichtete ein sozialdemokratischer Informant im Februar 1940 aus Berlin, «hat dem

Volke beigebracht, daß dieser Krieg unter allen Umständen von Deutschland gewonnen werden muß.» Und zwei Monate später verlautete aus der Hauptstadt, es habe sich «eine Stimmung entwickelt, die hinsichtlich des Kriegsausgangs ziemlich optimistisch ist. Bei den meisten Menschen kommt der Gedanke, Deutschland könnte diesen Krieg verlieren, gar nicht auf.»[7]

Letztlich beruhten die Erfolge in den Feldzügen von 1939 und 1940, so betonte etwa der *Völkische Beobachter* wieder und wieder, auf kultureller Überlegenheit. Dank der Politik des Dritten Reiches hätten sich die Deutschen auf ihre völkischen Wurzeln und Werte zurückbesonnen. Nun könnten sie «den Händlern und Geschäftemachern des Westens nicht nur eine unüberwindliche militärische Macht» entgegensetzen, «sondern zugleich auch eine neue Gesinnung, die sich ihres revolutionären Wertes bewußt ist». In Frankreich hätten sich die ehemals so mächtigen Ideale von 1789 längst überlebt, weil sie zum Freibrief für Egoismus degeneriert seien: «Der Westen ist innerlich am Ende. Der ‹Selbstgenuß des Individuums› hat dem Westen das Mark ausgesogen und ihn unfähig zur aufbauenden Gestaltung gemacht.» Ausgedient habe auch der französische Rationalismus, denn die präzise kalkulierten Befestigungsanlagen der Maginot-Linie hätten der deutschen Fähigkeit, unerwartete Umstände zu meistern und sich bedingungslos einzusetzen, nicht standhalten können. Nicht die Technik habe hier gesiegt, «sondern der lebendige Mensch, *der deutsche Kämpfer*». Die Eroberung Polens wurde hingegen damit gerechtfertigt, dass es von vornherein nicht zu Europa gehöre. Wohl gebe es dort einzelne europäische Elemente, aber diese seien ausländischen, insbesondere deutschen Einflüssen geschuldet und wirkten deshalb «aufgepfropft, angelernt oder abgeguckt»: «Alle gotischen Dome dieses Landes sind von deutscher Meisterhand geschaffen, alle Kult- und Prunkbauten der Renaissance tragen deutsche und italienische Handwerkszeichen.»[8]

Die Propagandaerzählung vom legitimen Krieg wurde von den

«Volksgenossen» nicht bloß akzeptiert, sondern auch produziert. Während des Feldzuges gegen Polen beschrieben Soldaten in ihren Feldpostbriefen und Erlebnisberichten ein Volk, das Deutschland schon lange feindlich gesonnen und dabei in allen Belangen unterlegen sei. Rassistische Vorurteile assoziierten die Polen und erst recht die polnischen Juden mit Verfall, Schmutz und Heimtücke. Was die «Ostforscher» in ihren Traktaten wissenschaftlich überhöht hatten, wurde hier unmittelbarer ausgedrückt. Diese Ansichten standen zwar in der Kontinuität nationalistischer Traditionen, doch zugleich machte sich die ideologische Radikalisierung im Dritten Reich bemerkbar. Hinzu kam der Stolz, eine existenziell bedrohliche Situation zugunsten Deutschlands und der deutschen Minderheit in Polen entschieden zu haben. Beides zusammen lieferte die Grundlage für ein weit offensiveres Projekt: das einer deutschen Erneuerungsmission in Europa. «Wir Soldaten sind Dir Führer treu! Wir schufen durch dich den Osten neu!», reimte ein Gefreiter, «ein Wort von Dir, wir sind bereit, zu stürmen den Westen jederzeit.»[9]

Angesichts der militärischen Niederlage wurde dem Widerstand in Polen jegliche Rechtfertigung abgesprochen. Deshalb wurden nicht nur «Partisanen» unerbittlich verfolgt, sondern auch Vergeltungsakte gegen die Zivilbevölkerung durchgeführt. Manche Wehrmachtssoldaten integrierten solche Aktionen in ihre jeweilige private Kriegserzählung und trugen damit zur Dehumanisierung besonders der jüdischen Bevölkerung bei. Sie hielten etwa fotografisch fest, wie die Deutschen die Bewohner eines Hauses in Częstochowa (Tschenstochau), aus dem geschossen worden war, zum nahegelegenen Marktplatz brachten und dann in einem Park exekutierten. Eine andere Bildstrecke zeigt, wie Juden in Końskie gezwungen wurden, ein Grab für getötete deutsche Soldaten zu graben. Als ein Offizier Einhalt gebot und sich die Gefangenen zu entfernen versuchten, eröffnete ein Reserveleutnant das Feuer. Daraufhin brach Chaos aus, und 22 Menschen wurden erschossen. Diese Eskalation ist auf den Bildern nur indirekt zu sehen: im schockierten, weinenden Gesicht Leni Riefenstahls. Die Regisseurin drehte gerade vor Ort einen Film, der nie fertiggestellt wurde, dessen Aufnahmen aber teilweise in «Der Feldzug in Polen» Eingang fanden.[10]

Das Entsetzen der Leni Riefenstahl zeigt exemplarisch, dass Kampfbereitschaft nicht unbedingt bedeutete, nationalsozialistische Vorstellungen vom jüdischen und slawischen «Untermenschentum» in Gänze zu übernehmen. Als der Dokumentarfilm «Feuertaufe» über den Einsatz der Luftwaffe in Polen uraufgeführt wurde, zeigten sich manche Zuschauer bestürzt über die Schrecken des Bombenkrieges. Frauen äußerten sogar Mitleid für die Opfer der Zerstörung Warschaus. Solchen Vorbehalten begegnete die nationalsozialistische Führung, indem sie die rassistische Ausrichtung der deutschen Gesellschaft vorantrieb. Die «Volksgenossen» sollten sich noch schärfer als zuvor in Abgrenzung von äußeren Feinden und inneren «Gegnern» definieren. Auch das Oberkommando der Wehrmacht beteiligte sich daran, indem seine Propagandaabteilung gezielt «scharfe Rassenkontraste» in den Vordergrund ihrer Aktivitäten rückte. An der Westfront boten sich die Franzosen selbst zwar zur rassischen Abgrenzung nicht an. Wohl aber ließen sich «besonders gut gewachsene deutsche Soldaten» neben «besonders vertiert aussehenden Senegalnegern und anderen farbigen Gefangenen» präsentieren.[11]

Die politische Führung des Dritten Reiches verschärfte vor allem die antisemitische Propaganda. Bilder von verarmten und verlumpten Juden in polnischen Gettos erschienen in der illustrierten Presse. 1940 kamen drei Filme unter großem Werbeaufwand in die Kinos. «Der ewige Jude» verglich den jüdischen Einfluss in Europa mit einer Ratteninvasion und ließ ihn im blutigen Schächten einer Kuh gipfeln, fand jedoch fast ausschließlich bei überzeugten Nationalsozialisten Anklang. «Die Rothschilds» behandelte den angeblich betrügerischen Aufstieg der kosmopolitischen Bankiersfamilie im England des 19. Jahrhunderts: Schon nach zwei Monaten wurde dieser Spielfilm aus bis heute unklaren Gründen zurückgezogen, hatte bis dahin aber 8,5 Millionen Zuschauer. «Jud Süß» wurde sogar von über 20 Millionen Deutschen gesehen. Veit Harlans Film griff eine wahre Geschichte aus dem 18. Jahrhundert auf, gab ihr aber insofern eine antisemitische Wendung, als ein mächtiger Jude ein moralisch sauberes Volk spaltet und dessen Herrscher manipuliert.

Aus Geldgier und Machtstreben will Joseph Süß Oppenheimer das Vertrauen des verschwenderischen und beeinflussbaren Herzogs von Württemberg gewinnen. Weil er ihm erhebliche Summen leiht, erlaubt ihm der Herzog, den Schwaben Wegzölle abzupressen und sie auch anderweitig zu schikanieren; auch hetzt er den zunehmend tyrannischen Fürsten gegen die oppositionellen Landstände auf. Der Konflikt nimmt persönliche Züge an, als er um die Tochter eines seiner Gegenspieler anhält: Dieser will sie ihm jedoch nicht zur Frau geben, sondern verheiratet sie mit ihrem Verlobten. Daraufhin lässt Jud Süß den Vater und den Bräutigam verhaften, während er selbst die Tochter vergewaltigt. Die junge Frau (gespielt von der wegen ihrer diversen suizidalen Rollen als «Reichswasserleiche» bekannten Kristina Söderbaum) ertränkt sich. Unter dem Schlachtruf «Der Jude muss weg!» erhebt sich schließlich das Volk gegen Jud Süß. Ein Gericht verurteilt ihn wegen seiner Machenschaften, vor allem aber wegen des Geschlechtsverkehrs mit einer Christin, zum Tode; um sein Leben bettelnd wird er am Ende des Filmes gehängt – eine Variante, auf der Goebbels persönlich bestand. Auf diese aufwühlende Handlung reagierte das Filmpublikum teils mit Rufen nach der endgültigen Vertreibung der Juden aus Deutschland, teils aber auch mit Mitleid mit der Hauptfigur des Filmes – von der in der Darstellung durch Ferdinand Marian sogar eine gewisse erotische Faszination ausging.

Der Erfolg und die Rezeption antisemitischer Filme ließen sich zwar nicht garantieren, doch die propagandistische Ausgrenzung war massiv und eindeutig. Damit ging die vollständige Marginalisierung der noch in Deutschland lebenden Juden einher. Sie durften weder an der bürgerlichen Kultur noch an der Konsumkultur in irgendeiner Weise mehr teilhaben. Victor Klemperer beschrieb in seinem Tagebuch, wie er Hausdurchsuchungen ausgesetzt war, bei denen nach «sicherzustellendem Kulturgut» gefahndet wurde. Bei seinem erzwungenen Umzug in ein sogenanntes Judenhaus verschwanden fast alle seine Bücher und Aufzeichnungen «auf den Speicher, wahrscheinlich auf Nimmerwiedersehen». Die Benutzung kommerzieller Leihbibliotheken blieb ihm ebenfalls versagt. Doch nicht nur der Konsum von Kultur wurde für die Juden zum Problem: Auch Konsumgüter wie Kleider waren kaum noch zu bekommen, weswegen Klemperer meinte, schon vor der Einführung des gelben Sterns im September 1941 für seine Umgebung als Jude erkennbar zu sein. Es blieb ihm nämlich nichts anderes übrig, als «die unmodisch enge schwarze Hose eines Anzugs von etwa 1922» weiter zu tragen. Außerdem musste er zur Kenntnis nehmen, dass Juden in Restaurants nicht mehr bloß «unerwünscht» waren, sondern ihnen der Zugang «verboten» wurde.[12]

Die Hamburger Lehrerin Luise Solmitz, die mit dem nationalsozialistischen Umbruch sympathisiert hatte, war als Ehefrau eines Juden ebenfalls von der antisemitischen Politik betroffen. Da sie zudem die britischen Bombenangriffe auf Hamburg selbst miterlebte, stand sie dem Krieg kritisch gegenüber. Ihre geliebte bürgerliche Kultur grenzte sie nun von der Gegenwart ab, statt wie noch 1933 auf deren Revitalisierung in der neuen Zeit zu hoffen. Anlässlich des 100. Todestags Theodor Fontanes gedachte sie der «freien glücklichen Zeit bürgerlichen Aufstiegs, in der es sich behaglich plaudern ließ». Populärkultur hatte ihr noch nie behagt. Sie empfand es als «etwas Peinliches und Quälendes», den Krieg in der Wochenschau zu verfolgen. Der Schlager «Das kann doch einen Seemann nicht erschüttern», der die Stimmung vieler Deutscher aufheiterte, löste bei ihr «Brechreiz» aus. Anfang 1941 klang ihre Einschätzung des Dritten Reiches negativ und resigniert: «Starre Kompromisslosigkeit wird Eigenart, Eigenleben,

Persönlichkeit, Individualität als Staatsfeindschaft bewerten und den Menschen nur als Werkzeug des Staates betrachten.»[13]

Bei der vollständigen Ausgrenzung der jüdischen Minderheit aus der deutschen Gesellschaft ging es nach nationalsozialistischer Logik um die Stärkung der Volksgemeinschaft in der Entscheidungssituation des Krieges. Dasselbe Prinzip rechtfertigte eine Vielzahl weiterer Maßnahmen, die sich gegen internationale Einflüsse und vermeintliche innere Schwachstellen richteten. Die Werke von Dramatikern und Komponisten aus Frankreich oder Großbritannien wurden kaum noch aufgeführt, Filme aus Hollywood verboten. «Asoziale» und Homosexuelle wurden noch stärker verfolgt als zuvor und in die von der SS betriebenen Konzentrationslager verschleppt. Ferner ordnete die nationalsozialistische Führungsriege nun den massenhaften Mord an Kranken und Behinderten an. Während für die Sterilisierungen vor dem Krieg noch offen geworben worden war, vollzog sich die Euthanasie zunächst im Geheimen. Doch Gerüchte von den Tötungen machten bald die Runde und riefen ernste Beunruhigung hervor. Um der Skepsis der Bevölkerung gegenüber der Euthanasie zu begegnen, wurde an einem Spielfilm gearbeitet, der, wie Goebbels formulierte, erziehen sollte, «ohne daß das Objekt der Erziehung überhaupt merkt, daß es erzogen wird».[14]

Im Mittelpunkt der geplanten Filmhandlung stand ein Chefarzt, der die aktive Sterbehilfe befürwortet, sie schließlich auch ausübt und sich dafür vor Gericht rechtfertigen muss. Verschiedene Szenarien wurden erwogen, in denen der Mediziner das Leben schwerverletzter oder unheilbar kranker Mitmenschen zu ihrem eigenen Wohl beendet. Die Grenze zwischen Euthanasie und Tötung auf Verlangen sollte bewusst verwischt werden, so dass allenfalls individualmoralische Probleme aufkommen konnten und juristische Beschränkungen als überholt erscheinen mussten. Im Film wurde das so eingelöst, dass ein Pathologieprofessor seiner an Multipler Sklerose erkrankten und lebensmüden Frau ein lethales Mittel verabreicht, nachdem er trotz intensiver Forschungen ihre Heilungsaussichten nicht hat verbessern können. Für diese Tat aus Liebe und Barmherzigkeit wird er angeklagt. Im Zuge der Gerichtsverhandlung diskutieren die Geschworenen das Thema kontrovers, während der Mediziner seinerseits «die Vollstrecker überwundener Anschauungen und überholter Gesetze» anklagt. Damit legitimierte der Film die nationalsozialistischen Pläne zur Verrechtlichung der Euthanasie.

Während die Dreharbeiten voranschritten, wuchs die Kritik der katholischen Kirche, insbesondere des Münsteraner Erzbischofs Clemens August von Galen, an den Tötungen in den dafür eingerichteten Anstalten. Die Endversion des Filmes versuchte, auf diese christlichen Bedenken Rücksicht zu nehmen: Bevor dieser im August 1941 unter dem Titel «Ich klage an» in die Kinos kam, schnitt man explizit nationalsozialistische und antireligiöse Bezüge weg. Nun wurde noch stärker die Lebenstragödie der Arztgattin betont und offengelassen, ob der Pathologieprofessor tatsächlich freigesprochen wird oder nicht. Weil der Film mit dem Prädikat «künstlerisch besonders wertvoll» ausgestattet und damit nicht vergnügungssteuerpflichtig war, wurde er bis in die tiefste Provinz hinein gezeigt. Er hatte viele Zuschauer, deren Reaktionen jedoch geteilt waren: Dass die Euthanasiepolitik des Regimes gerechtfertigt werden sollte, war trotz aller Abschwächungen unverkennbar, worauf Christen mit kritischen Äußerungen reagierten. Der Bischof von Berlin, Konrad Graf von Preysing, predigte gegen den Film, weil dieser eine rein materialistische Weltanschauung verfechte und für die Tötung von Menschen werbe. Andere katholische Bischöfe nahmen diese Kritik auf, unter anderen Simon Konrad Langersdorfer in Passau. Langersdorfer erließ sogar ein Hirtenwort, in dem er argumentierte, hier werde nicht nur nur das christliche Tötungsverbot, sondern «eines der allerwichtigsten Grund- und Sittengesetze des menschlichen Zusammenlebens unterhöhlt». Und er führte zusammen mit den Priestern seiner Diözese eine regelrechte Kampagne, die sich allgemein gegen die Euthanasiepolitik richtete. Langersdor-

fers Intervention schlug so breite Wellen, dass «Ich klage an» aus
den regionalen Kinoprogrammen verschwand.[15]

In dieser Kontroverse spitzte sich ein schon länger schwelender Konflikt zu: Eine antikatholische Stoßrichtung hatte die nationalsozialistische Kulturpolitik bereits vor dem Krieg aufgewiesen, doch konnte sich das kirchliche Milieu vom 1933 abgeschlossenen Reichskonkordat einen gewissen Schutz versprechen. Außerdem standen viele Katholiken der gewaltsamen Ausgrenzung der Kommunisten im Zuge der Machtübernahme durchaus positiv gegenüber. Das katholische Milieu blieb zahlenstark und mobilisierungsfähig genug, um sich gegen allzu große Zumutungen zu wehren. Völkisch-heidnische Aktivisten in der NSDAP ließen zwar wiederholt antiklerikale Theaterstücke aufführen, um ihre Macht gegenüber gläubigen Katholiken zu demonstrieren und die neue Zeit einzuläuten. Doch dies rief vehemente Proteste hervor, die in einigen Fällen bewirkten, dass die entsprechende Inszenierung abgesetzt wurde. Trotz dieser Verteidigung der eigenen Lebenswelt zeichneten sich bald Verschärfungen ab: Die Nationalsozialisten drängten den kirchlichen Einfluss auf Schulwesen und Presse immer mehr zurück. Ihr Misstrauen gegenüber der katholischen Volkskultur wuchs noch mit dem näherrückenden Krieg. Sie gingen gegen Amateurtheatergruppen vor, indem sie deren Aufführungen auf religiöse Orte beschränkten und ihnen einen regimeloyalen Leiter vorschrieben, was Priester ausschloss. Lokale Parteifunktionäre verboten Stücke zuweilen ohne jegliche rechtliche Grundlage. Selbst die berühmten Oberammergauer Passionsspiele fanden trotz ihres antisemitischen Gehalts ab 1940 nicht mehr statt. Da zudem katholische Kindergärten geschlossen, Zeitschriften verboten und Klöster enteignet wurden, sahen die kritischeren Bischöfe wie Galen, Preysing oder Langersdorfer ihre Kirche durch das Regime bedroht – und wandten sich auch deshalb öffentlich gegen die Rechtfertigung der Euthanasie in «Ich klage an».

Vergleichbare Protestäußerungen blieben jedoch die Ausnahme. Zudem gefährdeten sie nicht die katholische Loyalität gegenüber dem Krieg, der seit dem Sommer 1941 auch gegen den «gottlosen Bolschewismus» geführt wurde. Dennoch lassen sie erkennen, dass die totale Ausrichtung der deutschen Kultur auf nationalsozialistische Werte nicht bruchlos vonstatten ging. Eine starke, überdurchschnittlich junge Minderheit war vollständig von diesen Werten überzeugt, während andere Deutsche ihnen aufgrund ihrer nationalistischen Vorstellungen grundsätzlich positiv gegenüberstanden. Wieder andere Bevölkerungsteile hatten jedoch durchaus Vorbehalte, so dass die Zustimmung zum Krieg insgesamt erfolgsabhängig und damit latent instabil war. Vielen war die Einlösung der Konsumversprechen aus der Vorkriegszeit wichtiger als territoriale Gewinne. Deshalb reagierten etwa Kinozuschauer mit Unmut auf Werbefilme für Ersatzprodukte. *Das Schwarze Korps* behauptete einerseits vollmundig, die Deutschen bräuchten «kein Stimulans, keinen Schnaps, der Mut einflößt, und keine Beruhigungspillen gegen schlechte Nerven». Andererseits echauffierte sich das SS-Organ, dass junge Frauen noch immer Ehepartner «in gesicherter Position» suchten oder dass «Reisespießer» mehr an ihrem Sommerurlaub als am Krieg interessiert seien und dann auch noch ständig nörgelten.[16]

Diese ätzende Kritik sollte das Elitebewusstsein und den Machtanspruch der SS gegenüber der pragmatischeren Haltung insbesondere des Reichspropagandaministeriums legitimieren, wo man die Bevölkerung bei guter Laune halten wollte. Die Deutschen verlangten weiterhin nach Entspannung und Erholung, zumal andere Konsumgüter knapp wurden. Auch noch während des Krieges besuchten sie Fußballspiele. Sie fuhren zum Urlaub in den Schwarzwald oder nach Garmisch-Partenkirchen – obwohl dogmatische Nationalsozialisten dies für überflüssig hielten und das Regime die Tourismuswerbung auf regionale Ziele beschränkte, um den zivilen Eisenbahnverkehr einzudämmen. Das Nachtleben erfuhr nach anfänglicher Flaute durch den

Kriegsbeginn einen Wiederaufschwung, wie der amerikanische Vizekonsul in Hamburg im November 1939 berichtete: «In den Kneipen an der Reeperbahn stehen die Besucher wieder auf den Tischen und singen; diejenigen Klubs, wo die deutsche Version des amerikanischen Swing gespielt wird, bersten vor Zivilisten und Soldaten, und auch die Opern und Theater sind voll.»[17] Drei Monate später schrieb ein sozialdemokratischer Berichterstatter aus Berlin: «Alle Vergnügungsstätten haben amtlich geförderten Hochbetrieb, trotz der scharfen Verdunkelung. Gerade sie treibt vielmehr die Menschen in die Lokale, wo man, mit Schicksalsgefährten dicht aneinandergedrängt, den Alltag leichter überwindet.»[18]

Für pragmatisch vorgehende Nationalsozialisten wie Goebbels sollte Kultur gerade dadurch den Kampfeswillen im Krieg stärken, dass sie die Unterhaltungslust befriedigte. Deswegen verschoben sich die Schwerpunkte rasch wieder von propagandistischer Überwältigungsästhetik zu populäreren Formaten. Das Interesse an den Wochenschauen ging zurück, weshalb die Kinos ab 1941 wieder mehr Revuen, Krimis und Melodramen zeigten. Der Theaterbetrieb konnte nach anfänglichem Rückgang dank vieler Sonderveranstaltungen für Soldaten oder Rüstungsarbeiter erneut expandieren. Gespielt wurden nun Schwänke, Lustspiele und Operetten. Klassische Stücke wurden zwar noch aufgeführt, um das bürgerliche Publikum zu befriedigen und die Legitimation der NS-Führung als Förderer der Hochkultur aufrechtzuerhalten. Doch auch hier gewannen unterhaltende Elemente an Bedeutung, wenn nun eher die Lustspiele als die Dramen Kleists oder Shakespeares gespielt wurden. Die Rundfunkanstalten bemühten sich, das Programm abwechslungsreich und ansprechend zu gestalten. Sogar ein Reichsorchester für Unterhaltungsmusik wurde gegründet, das in seine seichten und schwungvollen Stücke Jazzelemente integrierte.

Jeden Sonntagnachmittag brachte der Rundfunk das «Wunschkonzert», ein Sendeformat, das es bereits seit 1936 als «Wunsch-

konzert für das Winterhilfswerk» gegeben hatte. Nun aber diente
es dazu, die Verbindung von Front und Heimat aufrechtzuerhalten. Unter der Aufsicht Goebbels', der sich um jedes Detail
kümmerte, wurden individuelle Vorlieben aufgegriffen und in
ein größeres Ganzes integriert. Ob diese Vorlieben nun bürgerlich oder populär waren – im Rahmen des Wunschkonzertes bestand keinerlei Rangunterschied mehr zwischen ihnen: Schlager
und Walzer wurden ebenso gesendet wie Chöre, Kammermusik-
sätze und eingängige Mozart-Serenaden. Soldaten konnten sich
mit Musikwünschen an den Sender wenden und bei dieser Gelegenheit als Volksgemeinschaft im Kleinen auftreten: «Nun,
lieber Rundfunk, hör gut zu: Auf ‹Stube 9› im Lazarett, da trafen
wir uns wieder. Fünf Kameraden von der Front, vergipst sind
unsere Glieder. Im ganzen Haus schon wohlbekannt, das ‹Gips-
geschwader› werden wir genannt.» Selbst nach spezifischen Ge-
räuschen wurde verlangt, beispielsweise durch Angehörige des
Deutschen Afrikakorps («Sehr heiß ist's in der Wüste hier, drum
wünschen wir das Zischen einer Pulle Bier»). Zu dem humorigen
Ton der Hörerwünsche passte, dass prominente Künstler die
Musikstücke mit Sketchen unterbrachen. Die Moderatoren kün-
digten nicht nur die Darbietungen an, sondern nannten die
Namen von neugeborenen Kindern – aber auch von gefallenen
Soldaten.[19]

Dass das Wunschkonzert Ende Mai 1941 zum letzten Mal gesendet wurde, verweist auf die zunehmenden Schwierigkeiten,
Kampfeswillen und Unterhaltungslust in Einklang zu bringen.
Denn schon in diesem Jahr, mit den zunehmenden britischen
Bombenangriffen und dem Angriff auf die Sowjetunion, wurde
der Krieg zu einer existenziellen Angelegenheit. Diese Einsicht
ließ sich nur noch mit Mühe kompensieren oder in Erfolgserzäh-
lungen umdeuten. Ethisch motivierte Todesbereitschaft und romantische Hingabe propagandistisch so zu verbinden wie im
Film «Die große Liebe» – das gelang immer weniger. Doch gleichzeitig erweiterte die Herrschaft über weite Teile Europas den kul-

turellen Einflussbereich des Dritten Reiches und eröffnete neue Betätigungsfelder. Im «Westen» und im «Osten» konnten die Deutschen nun imperiale Erfahrungen sammeln.

Imperiale Erfahrungen

Ernst Jünger erlebte seine Pariser Jahre als angenehme Zeit. Der Hauptmann besuchte die Sehenswürdigkeiten und Museen der französischen Hauptstadt, flanierte durch ihre kleinen Straßen und beobachtete das Leben auf ihren Plätzen. Darüber hinaus hatte Jünger echtes Interesse an der französischen Kultur: Er kaufte antiquarische Bücher, saß lesend in der Nationalbibliothek und besuchte Theatervorstellungen. Bei Gesprächen mit einheimischen Intellektuellen profitierte er von seinen guten Sprachkenntnissen. Die Weltstadt inspirierte den Literaten und Zeitdiagnostiker, der als prominenter Vertreter des «soldatischen Nationalismus» zur intellektuellen Schwächung der Weimarer Republik beigetragen, sich aber nach 1933 zunehmend vom Dritten Reich distanziert hatte. Paris war für ihn «noch immer Kapitale, Sinnbild und Festung altererbter Lebenshöhe und auch verbindender Ideen, an denen es den Nationen jetzt besonders fehlt». Jünger betrachtete Kultur als etwas Deutsches oder Französisches, aber zugleich auch als etwas, das nationale Unterschiede überwölbte – womit er im Dritten Reich eine Außenseiterposition einnahm. «An solchen großen Begräbnisstätten», sinnierte er nach einem Besuch des Friedhofes Père Lachaise, «wird die Kultur als Einheit sichtbar, und zwar in ihrer jenseits der Kämpfe ruhenden Macht».[20]

Über seine intellektuelle Neugier und seinen europäischen Horizont hinaus genoss Jünger die sinnliche Seite der französischen Kultur. Er speiste in teuren Restaurants oder Hotels und suchte gelegentlich einen Klub auf: «Dort eine Revue mit nackten

Frauen vor einem Parkett von Offizieren und Beamten der Besatzungsarmee mit einem Pelotonfeuer von Sektpfropfen. Die Körper gut gewachsen bis auf die Füße, die durch das Schuhwerk verdorben sind.» Solche Abende hätte man auch vor dem Krieg als Tourist in Paris genießen können, doch nun gehörten sie zu einer imperialen Erfahrung: Durch die Okkupation befanden sich zahlreiche deutsche Männer in der französischen Hauptstadt, wo sie über reichlich Freizeit und – aufgrund des künstlich hoch gehaltenen Wechselkurses – viel Geld verfügten. Trotz seiner betont distanzierten und kosmopolitischen Perspektive galt das auch für Jünger. Die freizügige Darbietung im Klub war für ihn «auf den Mechanismus des Triebes abgestimmt» und bestätigte gleichzeitig ein nationales Stereotyp: In der Revue trete, so meinte er, «das Hahnenhafte der gallischen Rasse stark hervor».[21]

In seiner Beobachterrolle konnte Jünger von den Privilegien des Besatzungsoffiziers profitieren, die sich selbst auf das Flanieren erstreckten: «Abends Spaziergang durch die öden Straßen der Stadt. Die Bevölkerung wird wegen der Attentate schon am frühen Abend auf die Wohnungen beschränkt.» Als Pressezensor, der rege Kontakte mit französischen Künstlern und Intellektuellen pflegte, wirkte er an der deutschen Kulturpolitik in Frankreich mit. Dass er auch als Vertreter einer feindlichen Besatzungsarmee wahrgenommen wurde, scheint Jünger jedoch kaum bewusst gewesen zu sein. Als er in einem Papiergeschäft ein Notizbuch erwarb, registrierte er überrascht, dass ihn die Verkäuferin «mit erstaunlichem Haß betrachtete», «mit einer Wollust, mit der vielleicht der Skorpion den Stachel in seine Beute bohrt». Zwar kommentierte er mitleidig die Ausgrenzung und Deportation der französischen Juden. Doch ging er in seinen Reflexionen weniger auf die nationalsozialistische Politik ein, sondern stellte Bezüge zur Moderne im Ganzen her: «Oft sehe ich den Menschen jetzt als Leidensmann, der durch die Zacken und Walzen einer Maschine gepreßt wird, die Rippe um Rippe, Glied um Glied zerbricht, während er doch als Mensch nicht sterben kann, vielleicht sogar gewinnt.»[22]

Jünger erging sich nicht nur in allgemeinen Betrachtungen, sondern war auch ein genauer Chronist seiner Pariser Zeit. Im Auftrag des Oberbefehlshabers dokumentierte er, wie Angehörige des kommunistischen Widerstands gegen die deutschen Besatzer vorgingen. Sie erschossen Soldaten und Offiziere auf dem Weg nach Hause, oft nach einem Theater- oder Kinobesuch. Durch Sprengstoffanschläge zerstörten sie eine deutsche Buchhandlung, ein Wehrmachtskasino sowie eine Animierbar. Zur Vergeltung schlossen die Besatzer die einheimische Bevölkerung von abendlichen Freizeitaktivitäten aus und exekutierten Geiseln.[23] Der Ton seiner Denkschrift war nüchtern, doch ergänzte er sie, indem er Abschiedsbriefe der Geiseln ins Deutsche übersetzte – wenn auch in erster Linie zur eigenen Beruhigung: «Die Lektüre kräftigte mich», schrieb er in sein Tagebuch, «Der Mensch scheint in dem Augenblick, in dem man ihm den Tod verkündet, aus dem blinden Willen herauszutreten und zu erkennen, daß der innerste aller Zusammenhänge die Liebe ist.»[24]

Jüngers Erlebnisse, seine Beobachtungen und Reflexionen verweisen auf den imperialen Charakter der Kultur des Dritten Reiches im Krieg. Schon vor 1939 hatte sich diese Kultur nicht auf das Reichsgebiet beschränkt, wegen internationaler Propagandaaktivitäten sowie wegen des Ausgreifens nach Österreich und dem Sudetenland. Nach der Okkupation weiter Teile Europas fand sie jetzt ebenso in Paris, Amsterdam oder Krakau statt wie in München oder Berlin. Die nationalsozialistische Führung verfolgte damit das Ziel, einem internationalen Publikum die eigene kulturelle Überlegenheit zu demonstrieren. Das traf sich mit der Sehnsucht vieler Deutscher nach neuen Erfahrungen. Deshalb war die Besetzung der französischen Hauptstadt auch eine Inszenierung kultureller Dominanz. Sie trug sowohl symbolträchtige als auch scheinbar banale Züge: Deutsche Soldaten marschierten unter dem Arc de Triomphe hindurch, legten unter dem Eiffelturm eine Pause ein, näherten sich vor der Kirche Sacré Coeur einheimischen Frauen an oder durchstöberten die Auslagen der Bouquinisten entlang der Seine. Das Theater- und Musikleben in der Hauptstadt erholte sich rasch von Krieg und französischer Niederlage, doch die Pariser Oper war nun mit Hakenkreuzflaggen dekoriert und führte mehr Werke Beethovens, Mozarts und Wagners auf als zuvor. Den Berliner Philharmonikern, die bereits drei Wochen nach dem deutschen Einmarsch mehrere Konzerte in Paris gaben, folgten Orchester aus Köln, Dresden und München, die im Palais de Chaillot oder im Théâtre des Champs-Élysées spielten. Herbert von Karajan dirigierte das Ensemble des Aachener Stadttheaters und das Orchester der Berliner Staatsoper. Der Zirkus Busch trat ebenso auf wie zahlreiche Militärkapellen, der Regensburger Domchor und – in der Hoffnung auf ein Publikum, das Deutsch verstand – das Berliner Schillertheater mit «Kabale und Liebe».[25]

Deutsche Kulturpolitik im besetzten Westeuropa beschränkte sich dabei nicht auf symbolische Inbesitznahmen und attraktive Angebote. Sie zielte auch darauf, den einheimischen Kulturbetrieb zwar nicht lahmzulegen, ihn aber doch im Sinne nationalsozialistischer Prinzipien zu kontrollieren. In Paris wurde diese Kontrolle auf Hitlers Anweisung durch Joachim von Ribbentrops Auswärtiges Amt ausgeübt. Botschafter Otto Abetz verfolgte eine vergleichsweise pragmatische Linie, wenngleich er dabei immer wieder in Konflikte mit der Propagandaabteilung der Wehrmacht sowie der SS geriet. Das Pariser Kulturleben blieb in vieler Hinsicht unbeeinträchtigt, solange keine politische Gefährdung zu erkennen war. Die Besatzer betrieben zunächst eine zurückhaltende Filmpolitik, so dass französische Produktionen florieren konnten. Von den deutschen Propagandafilmen wurde nur «Jud Süß» in zahlreichen Kinos gezeigt – durchaus zur Begeisterung des heimischen Publikums. Auch das Pariser Theater erlebte unter der deutschen Besatzung eine regelrechte Blütezeit, mit Uraufführungen von Stücken Jean-Paul Sartres und anderer bedeutender Autoren. Zweck der deutschen Zurückhaltung in kulturellen Belangen war es, die Bevölkerung zu beruhigen und sie von den Vorzügen der Besatzung zu überzeugen.

Einfluss genommen wurde eher im Verborgenen: Die deutschen Besatzer drohten Zeitungen an, ihnen die überlebenswichtige Papierzuteilung zu entziehen, wenn sie kritische Artikel veröffentlichten. In ihrem Auftrag durchsuchte die französische Polizei Redaktionsräume und fahndete in Buchhandlungen oder Verlagshäusern nach indizierten Schriften. Zahlreiche Schulbücher wurden verboten oder zwangsweise abgeändert, politisch profilierte Hochschullehrer ebenso überwacht wie katholische Jugendorganisationen. Vor allem zielte die Besatzungsmacht auf die Durchsetzung des Antisemitismus im kulturellen Leben. Schon der Verdacht, Jude zu sein, konnte die Karriere eines Schauspielers oder Regisseurs gefährden. Theater- und Kinodirektoren mussten schriftlich erklären, keine jüdischen Mitarbeiter zu beschäftigen; bei falschen Angaben liefen sie Gefahr, von Konkurrenten denunziert zu werden. Das eröffnete den Deutschen die Chance, auf dem Wege der «Arisierung» günstig Filmtheater zu erwerben. Da außerdem ältere französische Filme wegen der Mitwirkung jüdischer Schauspieler oder Techniker zensiert wurden, wuchs die Dominanz der eigenen Produktionen auf dem französischen Filmmarkt. Bei aller scheinbaren Mäßigung ging es auch im besetzten Paris um die kulturelle Hegemonie des Dritten Reiches.

In den Niederlanden war das Vorgehen zunächst ähnlich zurückhaltend wie im besetzten Teil Frankreichs. Die aus nationalsozialistischer Sicht «rassenverwandte» Bevölkerung sollte zur Kollaboration bewogen werden. Zwar herrschte Pressezensur, aber man setzte vorrangig auf die Zusammenarbeit mit anpassungsbereiten Zeitungsredaktionen und Radiosendern. Die erhoffte Überzeugungswirkung blieb jedoch aus – aufgrund des desillusionierenden Auftretens der Deutschen ebenso wie aufgrund der Gegenpropaganda der niederländischen Exilregierung aus London. Zudem drängten die Vertreter der NSDAP und der SS innerhalb des Besatzungsapparates auf eine harte Linie bis hin zur Germanisierung des Landes. Bald überwog die Repression vor der Werbung um Kooperationsbereitschaft: Die kulturelle Angleichung der Niederlande an Deutschland sollte erzwungen werden. Nach deutschem Vorbild wurde eine niederländische Kulturkammer mit verschiedenen Unterorganisationen gegründet, in denen Schriftsteller, Maler oder Musiker Mitglied sein mussten. Die davon ausgeschlossenen Juden knüpften ihrerseits an das Modell des Kulturbundes an, wie es aus dem Deutschland der Vorkriegszeit bekannt war. Dessen früherer Berliner Generalsekretär Werner Levie, der schon zuvor nach Amsterdam emigriert war, ergriff dazu die Initiative. In einem zur «Joodse Schouwburg» umbenannten Theatergebäude erklangen nun unter Aufsicht der Besatzer Werke Gustav Mahlers oder Felix Mendelssohn Bartholdys, wobei Orchestermusiker ebenso wie Konzertbesucher den gelben Stern tragen mussten – bis zur Auflösung des Kulturbundes im Juli 1942.

Die Deutschen, die mit der Durchsetzung der Kulturpolitik in den besetzen Ländern Westeuropas beauftragt waren, standen dem nationalsozialistischen Projekt zumeist unkritisch bis positiv gegenüber. Gleiches galt für Frauen, die von der Wehrmacht nach Frankreich oder in die Niederlande geschickt wurden, um dort als Fernschreiberinnen oder -sprecherinnen tätig zu sein. Solche quasimilitärischen Aktivitäten präsentierte man euphemistisch als genuin weibliche «Hilfe». Vor allem Paris übte dabei eine enorme kulturelle Anziehungskraft auf die oft aus der deutschen Provinz stammenden Wehrmachtshelferinnen aus. Eine von ihnen erinnerte sich, wie sie sich die französische Hauptstadt erschloss: «Ja, und man konnte also in Paris spazieren gehen, ohne Angst zu haben, nich.» Hinzu kam die Freude an einem luxuriösen Leben. Eine Wehrmachtshelferin berichtete später vom Leben in einer Amsterdamer Villa, die «früher nem Juden gehört» hatte: «Und an den Wänden alles Seidentapete und die, die Bäder – also in der ersten Etage, ich wohnte mit in der ersten Etage – die waren aus Marmor.»[26]

Auch wer andere Wertvorstellungen hatte und dem Regime kritischer gegenüberstand, konnte den neuen Erfahrungen im Ausland etwas abgewinnen. Für den Wehrmachtssoldaten Heinrich Böll boten seine Aufenthalte in Frankreich und Belgien willkommene Abwechslungen von einem Kasernenalltag, den er als stumpfsinnig empfand. Der spätere Schriftsteller freute sich, «die prächtige Stadt Antwerpen in der Nachmittagssonne» zu sehen und bald «die Breughels und die alten Gassen» besichtigen zu können. Auch er war von nationalistischen Vorurteilen nicht frei: Seine Wahrnehmung Frankreichs war sowohl von kultureller Faszination als auch von Vorurteilen und Abwehr geleitet. In Le Mans spazierte Böll durch leere Straßen, an alten und kleinen Häusern vorbei, bis er die Kathedrale erblickte, «die ganz hoch liegt und so fremd anmutet mit ihren maurischen Zügen, aber sie ist prächtig und vielgliedrig, und man kann kaum glauben, daß dieses Volk sie gebaut hat, diese widerlichen Männer, die sich weibisch herumlümmeln». Als gläubiger Katholik war er empfänglich für Stereotypen französischer Sittenlosigkeit, sah «nirgendwo auch nur eine Spur von Keuschheit, die die Mutter aller Kraft ist». Dann wieder äußerte er nach einem Dorfspaziergang Respekt vor vermeintlichen nationalen Eigenschaften: «ach, ich liebe diese Hecken irgendwie sehr, sie geben allem etwas Inniges und Eigenes, ach, diese Franzosen sind wirklich Individualisten». Böll beneidete die einheimischen Männer um ihre Fähigkeit, «politisch vollkommen unfrei» zu sein und dennoch «wie junge Götter» aufzutreten – und sah sich gerade deswegen in seiner Überzeugung bestätigt, die Deutschen könnten «soviel auf eine harte, unerbittlich phrasenlose Weise ertragen und opfern».[27]

Die Besatzung Frankreichs, Belgiens und der Niederlande bot den Deutschen in diesem Sinne reichlich Gelegenheit zur kollektiven Selbstbestätigung. Länder mit einem bedeutenden kulturellen Erbe waren nun deutscher Kontrolle unterworfen. Ihre

Gegenwartskultur rief zwar durchaus Interesse hervor, aber sie hatte, so schien es, der deutschen Dynamik nichts entgegenzusetzen. Insofern wurde sie von den Besatzern nicht als Herausforderung, sondern als Palette von Konsumoptionen wahrgenommen – vor allem in Paris, wo gute Restaurants, sonnige Caféterrassen, freizügige Revues und günstige Schallplatten lockten. Eigene Traditionen nicht nur zu pflegen, sondern sie zu revitalisieren und zu erneuern: Das schien nur der deutschen Kultur zu gelingen, die deshalb einen europäischen Führungsanspruch geltend machen konnte. Noch deutlicher wurde die Wechselwirkung von imperialer Erfahrung und kultureller Selbstbestätigung im Osten Europas. Dort gab es wenig bis nichts, was als heimisches Erbe Anerkennung gefunden hätte. Wenn überhaupt etwas reizvoll erschien, so war es die Aussicht, an den historischen deutschen Einfluss in der Region anknüpfen und grundlegende Aufbauarbeit leisten zu können.

Während er Ende Juni 1941 gelangweilt vor einer Kaserne im rheinischen Wesseling stand, gingen Heinrich Böll Bilder nordamerikanischer Steppensiedlungen durch den Kopf. Angesichts der Nachrichten von der Ostfront stellte er es sich «herrlich» vor, «in diese unendliche Weite Rußlands vorzustoßen». «Soldatentum» und «Siedlertum, diese Kraft, alle Kultur und Zivilisation abzuwerfen und ganz, ganz neu zu beginnen», erschienen ihm wesensverwandt und gleichermaßen attraktiv.[28] Anders als Böll wurde Ernst Jünger tatsächlich von Frankreich nach Russland versetzt – und konnte dem Ortswechsel kaum etwas abgewinnen. Bei seinen Gängen durch die Stadt Rostow «wiederholten sich die Bilder der Entzauberung». Zwar würdigte er das, was er als naive Natürlichkeit der Bevölkerung wahrnahm, doch vermisste er die «höheren Stufen des Lebens», insbesondere «die spendende, wohlwollende musische Kraft».[29] Noch weit negativer als Jünger äußerte sich ein anderer deutscher Soldat: «Nichts von Kultur, nichts von Paradies», schrieb dieser kurz nach der deutschen Invasion, «ein Tiefstand, ein Dreck, eine Menschheit, die uns zeigen, daß hier eine große Kolonialaufgabe liegen wird.» Und ein Hauptmann der Wehrmacht hielt ein Jahr später sogar jegliche Kolonialisierungsmission für aussichtslos. Das Problem der Russen seien «nicht die erbarmungslosen Hütten und Straßen», sondern dass sie «geistig so völlig darniederliegen. Und das kann auch keine Erziehung ändern, das ist eben eine Tatsache.»[30]

Solche Wahrnehmungen und Projektionen waren ebenso die Folge wie die Bedingung der nationalsozialistischen Politik. Das Dritte Reich zerstörte bewusst die kulturellen Grundlagen der okkupierten Regionen Osteuropas, um so den eigenen Machtanspruch dauerhaft abzusichern und zu legitimieren. Wer seine angestammte Religion nur noch eingeschränkt ausüben durfte, Filme von schlechter Qualität vorgeführt bekam und in Zukunft nur noch eine minimale Schulbildung erhalten würde, dem fehlten – so das Kalkül – die Ressourcen für jeglichen Widerstand gegen die Besatzer. Je zerstörter die Gebäude waren, je ärmlicher und ungebildeter sich die einheimische Bevölkerung ausnahm, desto eindrucksvoller musste umgekehrt die deutsche Kultur erscheinen. Noch die konventionellste Theater- oder Musikaufführung bestätigte dieses Überlegenheitsgefühl. «Der Pole», formulierte Arthur Greiser 1942, «hat auch eine ganz andere innere Einstellung zu den Dingen des täglichen Lebens und zur Kultur in Europa». Der Gauleiter des Warthegaus (der in das Reich inkorporierten polnischen Westgebiete) zeichnete das Bild einer Bevölkerung, die so fromm wie verfressen war. Gerade aufgrund ihrer Kulturlosigkeit fühle sie sich unter der deutschen Herrschaft mehrheitlich «absolut wohl». Ansätze zu einer Erneuerung kämen bloß durch Deutsche aus dem Reich oder aus dem Baltikum, die infolge von Annexion und Germanisierungspolitik in den Warthegau strömten. In Posen «könnte sich», so Greiser, «ohne die baltische Umsiedlung das Kulturleben in der Breite und auf der Höhe gar nicht entwickeln, wie es sich tatsächlich entwickelt hat. Die schönen Reichsgautheater, die der Führer hat bauen lassen, hätten keinen Inhalt, die Symphoniekonzerte –

jede Woche eins – wären nicht möglich, wenn die kulturtragenden und auf hohem Kulturniveau stehenden Umsiedler nicht da wären.»[31]

Weil derart zahlreiche Veranstaltungen viel Personal erforderten und die Leistungen von Deutschen als höherwertig galten, war die Nachfrage nach Künstlern aus dem Reich groß. Konzerte und Kabarettabende für Wehrmachtssoldaten im Rahmen der «Truppenbetreuung» verschafften Zehntausenden von Mitgliedern der Reichskulturkammer gut bezahlte Arbeit – und zugleich die Freistellung vom Militärdienst. Von Paris über Prag bis Krakau fanden zahlreiche Gast- und Festspiele statt, wurden neue deutschsprachige Theaterensembles gegründet und Ausstellungen eröffnet. Das half auch denjenigen Künstlern, die sich im Dickicht nationalsozialistischer Kulturorganisationen ansonsten schwertaten. Hans Pfitzner etwa hatte es an rechtsradikalen Ideen noch nie gemangelt, aber er war – nicht zuletzt aufgrund seines notorisch schwierigen Charakters, der bereits während der Weimarer Zeit das Missfallen Hitlers erregt hatte – nicht der erste Komponist des Dritten Reiches geworden. Doch im Warthegau genoss er die Unterstützung Greisers, dessen Frau Pianistin war und ein Konzert Pfitzners aufführte. Zudem wurde er zum Direktor der «Posener Musikwoche» gemacht, erhielt die Gelegenheit zur umfassenden Selbstdarstellung sowie einen lukrativen Preis; sogar eine Straße wurde nach ihm benannt. Auch Hans Frank war Musikliebhaber und schätzte den auf Ruhm versessenen Komponisten. Der Generalgouverneur der besetzten Teile Polens legte Wert darauf, dass das von ihm gegründete Krakauer Symphonieorchester Pfitzners Werke spielte und sogar von ihm dirigiert wurde – und ließ ihm für die Anreise die Wahl zwischen seiner Dienstlimousine und einem eigenen Bahnwagen.

Kulturpolitik im annektierten oder besetzten Osteuropa war – das zeigen die Fälle Greisers, Franks und Pfitzners – gleichermaßen ein Instrument der persönlichen Selbstinszenierung wie Ausdruck nationalsozialistischer Propaganda. Die Pläne Arthur

Greisers für ein Gauforum in Posen umfassten eine Versammlungshalle mit nicht weniger als 40 000 Stehplätzen und ein Kunstmuseum nebst imposanten Verwaltungsgebäuden. In Abstimmung mit Hitler und unter Heranziehung von Zwangsarbeitern ließ der Gauleiter das 1910 für Wilhelm II. gebaute Schloss renovieren, so dass es seinem «Führer» eine Residenz und ihm selbst luxuriöse Dienst- und Wohnräume bot. Die Gründung der Reichsuniversität Posen ging auf Greisers Initiative zurück; neben der Erforschung des «deutschen Ostens» diente sie seiner eigenen Prestigesteigerung. Ferner führte die als «Reichsgautheater» wiedereröffnete städtische Bühne Dramen, Opern und Operetten auf, während reisende Ensembles, neugegründete Kinos und Lastwagen mit Filmprojektoren deutsche Kultur bis in kleine Gemeinden brachten. Das Kaiser-Friedrich-Museum zelebrierte die völkische Kunst und Identität der Region. Im ersten Jahr seines Bestehens wurde es von 50 000 Deutschen besucht; der polnischen Bevölkerung hingegen blieb der Eintritt verwehrt.[32]

Die deutsche Verwaltung des Warthegaues strebte an, jeglichen polnischen Einfluss aus der regionalen Kultur zu verdrängen. Sie entfernte Straßenschilder und religiöse Statuen aus dem öffentlichen Raum. Überdies konfiszierte sie zahlreiche Kunstwerke sowie mehr als eine Million Bücher in der Landessprache, die entweder eingelagert oder verkauft wurden. Greiser selbst sicherte sich für seine Diensträume ein flämisches Gemälde, das zuvor einer polnischen Adelsfamilie gehört hatte, außerdem wertvolle Möbel aus den Beständen des Posener Schlosses.[33] Wie er beteiligten sich viele hochrangige Nationalsozialisten am Raub von Kunst in den besetzten Teilen Europas – und wie bereits vor dem Krieg konkurrierten sie dabei um Status, Macht und die Gunst Hitlers. So ließ etwa Hermann Göring 31 Zeichnungen Albrecht Dürers aus einem Lemberger Museum entfernen, um sie seinem «Führer» zu verehren. In Polen sicherten sich Göring, Himmler und Frank bereits zu Beginn der Besatzung die Kontrolle über kulturell wertvolle Gegenstände. Dabei konnten sie jeweils auf eigene Organisationen und Beauftragte zurückgreifen. Zahlreiche Kunst- und Prähistoriker waren offiziell mit dem Erhalt und der Restauration von Baudenkmälern betraut; tatsächlich aber widmeten sie sich dem systematischen Kunstraub aus Kirchen, Gemäldegalerien und privaten Sammlungen.

Zwar galt offiziell das Prinzip, nur als niederrangig geltende Werke für die persönliche Repräsentation freizugeben, doch wurde es aufgrund des Prestigedranges der nationalsozialistischen Elite rasch Makulatur. Göring besuchte häufig den Pariser Jeu de Paume, wo von jüdischen Eigentümern beschlagnahmte Kunst aufbewahrt wurde. Bei diesen Besuchen wählte er knapp 600 Werke für seine eigene Sammlung aus, ohne jemals dafür zu bezahlen. Frank schmückte seine vier Residenzen im Generalgouvernment mit konfiszierten Gemälden, unter anderen von Rembrandt und Leonardo da Vinci. Die Grenzen zwischen Raub und Erwerb waren fließend, und es bestand keine Trennung zwischen öffentlichen und privaten Mitteln: Eigentümer konnten unter Druck gesetzt werden, beschlagnahmte Sammlungen standen zum Verkauf. So schauten sich Goebbels und Speer selbst oder mittels Agenten ausgiebig in Paris um und ließen kistenweise Kunstobjekte zusammenraffen. Hitler ordnete an, für sein Linzer «Führermuseum» vor allem in Frankreich, den Niederlanden und Italien in großer Zahl Gemälde und Skulpturen zu erwerben. Gleichzeitig machte er sich die deutschen Gebietseroberungen direkt zunutze, um Wandteppiche aus der Prager Burg sowie in Polen ausgestellte Werke von Raphael, Rembrandt und Leonardo da Vinci beschlagnahmen zu lassen.

Im besetzten Frankreich entbrannte ein Konflikt um die Zuständigkeit, Kunst deutscher Herkunft zu registrieren, zu beschlagnahmen und zurück ins Reich zu bringen. Anfangs war für die «Rückforderung von Kulturgütern von Feindstaaten» Goebbels zuständig. Seine Rivalen blieben jedoch nicht untätig: Göring unterhielt ein eigenes Netzwerk von Kunstagenten und begeisterte sich nun auch für die französische Kunst des 18. Jahrhunderts. Heinrich Himmlers Ahnenerbe hatte es auf prähistorische Denkmäler sowie den mittelalterlichen, die Eroberung Englands durch die Normannen darstellenden Teppich von Bayeux abgesehen. Außenminister Joachim von Ribbentrop beauftragte das «Sonderkommando Künsberg» mit der Beschlagnahmung von Regierungsakten und Kunstwerken aus Museen oder Privatwohnungen. Goebbels, der nur selten persönlich nach Paris kam und in diesem Punkt keine Unterstützung durch Hitler genoss, geriet ins Hintertreffen.

Nutznießer der Besetzung Frankreichs war vor allem Alfred Rosenberg. Der völkische Ideologe, der mit seinem Kampfbund für deutsche Kultur Ende der dreißiger Jahre deutlich an Einfluss verloren hatte, gelangte jetzt als Organisator des Kulturgutraubes zu neuer Machtfülle. Sein «Einsatzstab» begann mit der Konfiszierung von Büchern, Handschriften und Musikinstrumenten, noch bevor er von Hitler ermächtigt wurde, dem Reich «herrenlose» Kunstwerke zu sichern – also solche, die sich im Besitz jüdischer Eigner befanden. Von den Funden aus der Sammlung der Rothschild-Familie konnte Rosenberg stolz dem «Führer» berichten, wie er in seinem Tagebuch notierte: «Falltür u. Geheimkeller m. 62 Kisten voll Urkunden, Büchern u. a. U. a. auch ein Kästchen mit Porzellanknöpfen Fr. d. Grossen.»[34] Dabei profitierte er von einem Bündnis mit Göring, der mit der wirtschaftlichen Ausplünderung der besetzten Gebiete betraut war und über entsprechende Kompetenzen verfügte. So konnte Rosenbergs Einsatzstab das geraubte Kulturgut mit Zügen transportieren, durch Wachpersonal sichern lassen und in vielen Fällen überhaupt erst aus den Bankschließfächern jüdischer Eigentümer entnehmen. Natürlich gab es diese Unterstützung nicht ohne Gegenleistung: Der Reichsmarschall erhielt auf diese Weise unbegrenzten persönlichen Zugriff auf Gemälde, die seinen Vorlieben entsprachen oder sich zum Tauschhandel eigneten.

Auch an der Ostfront wurde Rosenberg tätig, ermächtigt durch einen eigenen Führerbefehl und trotz der konkurrierenden Aktivitäten von Ahnenerbe und Außenministerium. Dem Baltendeutschen war es bereits vor dem Angriff auf die Sowjetunion gelungen, Hitler seine Einsichten über «die rassische u. geschichtliche Lage in den Ostseeprovinzen, die Ukraine in ihrem Kampf gegen Moskau, die notwendige wirtsch. Verbindung mit dem Kaukasus» nahezubringen. Ausgestattet mit der Autorität eines «Reichsministers für die besetzten Ostgebiete» konnte er auf die deutsche Zivilverwaltung zurückgreifen und deren Angehörigen vermitteln, «daß es hier eine gewisse Ellbogenfreiheit gibt, daß hier ein Raum vorhanden ist, der geradezu nach deutscher Herrschaft schreit».[35] Nach dieser Devise bemächtigte sich sein Einsatzstab wertvoller Gemälde, archäologischer Gegenstände, religiöser Ikonen und historischer Urkunden. Zehntausende von Objekten wurden in Frachtwagen abtransportiert, darunter das demontierte Bernsteinzimmer, das der preußische König Friedrich Wilhelm I. Zar Peter dem Großen geschenkt hatte. Weil die Übergänge zwischen Kulturgutraub und Vernichtungskrieg fließend waren, gingen Beschlagnahmung und Zerstörung Hand in Hand. Das geschah einerseits bewusst – um Russen, Balten und Juden ihrer kulturellen Grundlagen zu berauben –, andererseits auch auf eher willkürliche Weise, wenn etwa eine Wehrmachtseinheit das Tschaikowski-Museum in Klin in eine Garage umwandelte und mit wertvollen Partituren beheizte.

Imperial war an diesem Verhalten, dass allein die deutschen Besatzer darüber entschieden, was mit dem eroberten Kulturgut geschehen sollte. Ob sie die einheimische Kultur zerstörten, zurückdrängten, beraubten oder teilweise konsumierten: Stets gingen sie von der prinzipiellen Höherwertigkeit des Eigenen aus. Das dahinter stehende Gewaltverhältnis wurde ihnen rasch so selbstverständlich, dass es sogar Soldaten, die wie Ernst Jünger oder Heinrich Böll dem Nationalsozialismus skeptisch gegenüberstanden, gar nicht mehr als solches wahrnahmen. In Frankreich und den Niederlanden, in Polen und der Sowjetunion

schien ein Traum wahr geworden zu sein: Die bereits im späten
19. Jahrhundert weithin empfundene Überlegenheit der deutschen Kultur konnte nun, so glaubten die Besatzer, europaweit
durchgesetzt und dauerhaft gesichert werden. Darauf liefen sowohl die Aktivitäten Alfred Rosenbergs oder Arthur Greisers als
auch die Erfahrungen vieler Wehrmachtssoldaten auf den Straßen von Paris oder in den Dörfern Russlands hinaus. Solange
das Dritte Reich militärisch erfolgreich war, konnte es die kulturelle Erneuerung Europas bestimmen.

Erneuerung Europas

Anfang Juli 1940 gab Willem Mengelberg dem *Völkischen Beobachter* ein Interview. Der berühmte Dirigent des Amsterdamer
Concertgebouw-Orchesters verlieh seiner Begeisterung für die
deutsche Kultur Ausdruck. Mengelberg berichtete, wie er keine
zwei Monate zuvor die Kapitulation seines Landes während einer
Konzertreise im Reich erlebt hatte. «Als der Waffenstillstand
abgeschlossen wurde, da blieben wir die ganze Nacht auf, es war
in Bad Gastein», schwärmte der 69-Jährige, «und wenn ich auch
zehnmal zur Kur dort sein sollte, wir setzten uns mit allen Freunden zusammen, ließen Champagner kommen und feierten miteinander diese großartige Stunde. Es ist wirklich eine großartige
Stunde, die Weltgeschichte wird das bestätigen, Europa kommt
in neue Bahnen.» Dass nun die Verbindungen der Niederlande
mit «dem Westen» abgeschnitten seien, fände er «gar nicht so
schlimm», zumal das kulturelle Leben nicht beeinträchtigt sei.
«Wir sind doch gerade mit Deutschlands Geistesleben immer
besonders eng verbunden gewesen. Und wenn der Westen zu-
rücktritt, dann wird Deutschland noch stärker in den Vordergrund treten.»[36]

Mengelbergs Äußerungen, welche die Tageszeitung *De Tele-*

graaf wenige Tage später in niederländischer Übersetzung veröffentlichte, wurden kontrovers aufgenommen. Zu diesem Zeitpunkt konnte es aufgrund der Pressezensur keine öffentliche Debatte mehr geben, aber verschiedene Musikfreunde gaben ihrer Empörung in anonymen Briefen an das Concertgebouw-Orchester Ausdruck. «Der Champagner, den Sie in Bad Gastein getrunken haben, hat Sie zugleich die Sympathie unseres Volkes gekostet!!!», rief einer von ihnen Mengelberg zu. Die Leitung empfahl dem Dirigenten, erst nach Ablauf eines halben Jahres aus dem Ausland zurückzukehren. Mengelberg selbst meinte, vom *Völkischen Beobachter* falsch wiedergegeben worden zu sein, denn er habe den Champagner nicht auf die niederländische Kapitulation getrunken. An seiner über Jahrzehnte kultivierten Verehrung für Deutschland und seine musikalische Kultur hielt er jedoch fest. Dass das Dritte Reich und dessen Expansion daran etwas ändern sollten, sah er nicht ein. Damit unterschied sich der Dirigent zwar von der dezidiert pronazistischen Minderheit im Lande. Den Sieg Hitlers begrüßte er jedoch als Chance zu der kulturellen Symbiose zwischen Deutschland und den Niederlanden, die er schon lange herbeigesehnt hatte.[37]

Mit diesem Wunsch stand Mengelberg 1940 keineswegs allein. Schon vor dem Krieg hatte es enge Verbindungen zwischen niederländischer und deutscher Kultur gegeben. So war der Operettensänger Johannes Heesters im Reich erfolgreich gewesen – und dafür von der Presse seines Heimatlandes gelobt worden. Nun erschien eine Vereinheitlichung und Unterstützung des kulturellen Lebens durch das neue deutsche Herrschaftssystem als durchaus attraktive Aussicht. Doch aufgrund seiner Prominenz und seiner öffentlichen Stellungnahme wurde Mengelberg, ohne es zu wollen, zum Symbol der Kollaboration – auch dann noch, als sein anfänglicher Enthusiasmus längst einer nüchterneren Betrachtung gewichen war. Wie er fühlten sich viele zunächst deutschlandfreundliche Künstler vor den Kopf gestoßen von der unverhohlenen und gleichzeitig unkalkulierbaren Hegemonialpolitik der Besatzer. Die Juden wurden unerbittlich ausgegrenzt, während die unbeliebten niederländischen Nationalsozialisten reichlich Raum erhielten. Mengelberg selbst interventierte verschiedentlich zugunsten jüdischer Musiker des Concertgebouw-Orchesters und litt darunter, dass er die Werke des von ihm verehrten Gustav Mahler nicht mehr aufführen konnte. Zu einem Engagement in den von den Besatzern dominierten kulturpolitischen Organisationen konnte er sich nicht entschließen. Aber er dirigierte weitere Orchester von Berlin bis Bukarest, womit er zu einem wichtigen Akteur der europäischen Kulturpolitik des Dritten Reiches wurde. Mengelberg ließ sich in die nationalsozialistische Kunstrhetorik integrieren, wenn etwa Goebbels' Kulturzeitschrift *Das Reich* im Juli 1940 lobte, dass er, «durch Geburt und Wirken zwischen den Kulturen stehend, entschieden der deutschen» zuneige und seine Dirigentenrolle entsprechend interpretiere: «Er ist eine Herrschernatur, die ihren Willen ohne Rest zu realisieren weiß, ein Meister der Orchesterdisziplin, zugleich ein impulsiver, aus der Intuition des Augenblicks schöpfender Künstler.»[38]

Unter den kulturellen Eliten Europas war Willem Mengelberg nicht der Einzige, der Sympathien für Deutschland bekundete. Die raschen militärischen Erfolge des Dritten Reiches schienen einen Konflikt entschieden zu haben, der bereits den Ersten Weltkrieg geprägt hatte: den zwischen «westlicher», inbesondere französischer, und deutscher Kultur. Großbritannien, das ohnehin weniger kulturelle Anziehungskraft entfaltet hatte, war ein isoliertes Inselland, dessen Kolonialreich zudem infolge der japanischen Eroberungen geschrumpft war. Darin lag in den Augen vieler Beobachter eine Realität, mit der man sich zu arrangieren hatte, aber durchaus auch eine Chance. Denn Deutschland galt weltweit als Land der Musik, Literatur und Wissenschaft. Wenn man sich nicht – wie damals viele gebildete Niederländer oder Finnen – ohnehin mit seiner Kultur verbunden fühlte, sprach – etwa in Rumänien oder Bulgarien – viel für eine Neuorientierung auf Kosten des zuvor dominierenden Frankreich. Dass das Dritte Reich modernistische, linke und jüdische Einflüsse aus Deutschland verbannt hatte und dies nun in den besetzten Teile Europas ebenfalls durchzusetzen versuchte, störte nur eine Minderheit. Denn unter europäischen Intellektuellen waren rechte Einstellungen lange vor 1939 verbreitet gewesen. Aus dieser Sicht bot die «Reinigung» von Kommunisten und Juden sowie von amerikanischen Einflüssen Gelegenheit, die jeweils eigene Kultur zu bewahren, zu erneuern oder sogar auszuweiten. Erst nach und nach stellte sich heraus, dass nationalistische Ideale mit der deutschen Dominanz schwerlich vereinbar waren – und auch dies ließ nicht unbedingt vor der intellektuellen Kollaboration zurückschrecken.

Solche Erwägungen gab es selbst in Frankreich, das durch die imperiale Machtentfaltung des Dritten Reiches in besonderem Maße bedroht war – ging es Hitler und Goebbels doch explizit darum, die Vorherrschaft der deutschen gegenüber der französischen Kultur europaweit durchzusetzen.[39] Diese Bedrohung ließ sich jedoch leicht verdrängen. In Paris brachten Botschafter Otto Abetz und seine Diplomaten sowie die Offiziere der Wehrmacht ihre Wertschätzung für die Kultur des besiegten Landes zum Ausdruck. Suchte man als Pariser Künstler oder Intellektueller den Kontakt zu ihnen, ergaben sich interessante Gespräche, Veranstaltungsbesuche am Deutschen Institut, das 1940 aus der Kulturabteilung der deutschen Botschaft hervorgegangen war, sowie – in einer Zeit der Einschränkungen von nicht geringer Bedeutung – Einladungen zu Empfängen. Weil die Besatzer bei aller Mäßigkeit im Auftreten die Regeln vorgaben, lag es zudem im eigenen Interesse, sich daran anzupassen. Schließlich erschien ein Ende der deutschen Kontrolle vor Ort nicht absehbar, zumal aus dem von Vichy aus autoritär regierten, mit Hitler verbündeten Süden des Landes keine Entlastung zu erwarten war. Wer in Paris ein Buch veröffentlichen, ein Theaterstück aufführen oder einen Film produzieren wollte, musste die deutsche Zensur passieren. Das bedeutete, nicht nur auf antideutsche Aussagen, sondern auch auf jüdische Referenzen und Beiträge zu verzichten. So entfernte selbst der Schriftsteller und Philosoph Albert Camus, der sich später dem Widerstand anschloss, Bezugnahmen auf das Werk Franz Kafkas aus seinen Betrachtungen über den «Mythos von Sisyphos». Nicht immer blieb es bei bloßen Kompromissen: Ebenso wie im Reich ließ sich auch in Frankreich aus der Verdrängung jüdischer Verlagseigentümer, Hochschullehrer oder Bibliothekare persönlicher Profit schlagen.

Die Beiträge von Juden zur französischen Kultur zu eliminieren und auf absehbare Zeit die deutsche Dominanz zu akzeptieren – das war für einige Intellektuelle keine Einsicht in eine vermeintliche Notwendigkeit, sondern Herzensangelegenheit. Diese Kollaborateure gehörten zu einem rechtsextremen Milieu, das bereits seit der Jahrhundertwende für republikanische Werte nur Verachtung übrig gehabt hatte. Sie hassten Juden und auch Freimaurer, die mit dem Republikanismus verbunden waren und die zudem häufig für die angebliche Dekadenz des Landes verantwortlich gemacht wurden. Die Niederlage Frankreichs sahen die intellektuellen Kollaborateure als Bestätigung ihrer Auffassungen sowie als Chance zu einer grundlegenden Erneuerung. Dabei wollten sie weiter gehen als die nationalkonservative Regierung in Vichy mit ihrer Rhetorik von «Arbeit, Familie, Vaterland». Sie bewunderten die Kultur des Dritten Reiches, die gleichermaßen traditionsverhaftet, schöpferisch und männlich-dynamisch erschien und sich damit sowohl vom Amerikanismus als auch vom Bolschewismus vorteilhaft abhob. Deutschland war, so redete man sich ein, Modell und Grundlage für eine umgestaltete europäische Kultur, in der auch Frankreich einen wichtigen Platz einnehmen würde.

So teilte etwa Jacques Chardonne seinen Lesern mit, wie sehr er die neuen Deutschen bewundere: «Die geistige Freiheit der jungen Führer hat mich überrascht», berichtete der Autor von Romanen über das Leben in der französischen Provinz nach einem Besuch im Reich, «und die Natürlichkeit, Bescheidenheit, Eleganz, die Zeichen einer wahrhaftigen Überlegenheit. Es gibt bei diesen Kriegern viel Anmut.» Die Dominanz dieser «Führer» und «Krieger» sei nicht nur verdient, sondern komme auch anderen Völkern zugute – so sehr, dass man sich fragen könne, «ob es Deutschland ist, das triumphiert, oder Europa». Gerade Frankreich, das unter der Republik träge, innerlich geschwächt und nur auf sterile Weise frei gewesen sei, könne davon profitieren.[40] In erheblich radikalerer Form sah Lucien Rebatet die Niederlage als Chance zur Erneuerung. In seinen viel gelesenen Erinnerungen an den kurz zuvor verlorenen Krieg gegen das Deutsche Reich trat der antisemitische Publizist dafür ein, «die Vergangenheit vollständig zu liquidieren». Er wolle sicherstellen, «dass keine Gemeinsamkeiten bleiben zwischen dem jüdischen und demokratischen Frankreich – niveaulos, verblödet, burlesk in seiner Großspurigkeit, erbärmlich in seiner Panik – und dem gestraften, aber gereinigten Frankreich des Waffenstillstandes». Nur ein «französischer Nationalsozialismus» könne den Weg in die Zukunft weisen.[41]

Die Motive der Zusammenarbeit mit dem Dritten Reich variierten also zwischen pragmatischer Anpassung, Bemühen um Kontinuität und überzeugter Kollaboration. Künstler und Intellektuelle unterschieden sich darin nicht von gewöhnlichen Franzosen. Das zeigen auch die inszenierten Begegnungen zwischen der Kultur beider Länder. Die offiziöse Ausstellung des nationalsozialistischen Bildhauers Arno Breker in der Pariser Orangerie war ein großer Erfolg. Ob aber die Bewunderung der Besucher Brekers Skulpturen monumentaler Männerkörper galt, seiner politischen Haltung oder seiner Nähe zu Frankreich, die auf einen mehrjährigen Aufenthalt zur Zeit der Weimarer Republik zurückging, blieb unklar. Einladungen zu Deutschlandreisen wurden von manchen französischen Künstlern unter Vorwänden abgelehnt, von anderen angenommen. Literaten fuhren zu zwei europäischen Schriftstellerkongressen in Weimar, während acht

Filmstars den Babelsberger Ufa-Studios sowie Goebbels persönlich einen Besuch abstatteten. Auf den begleitenden Empfängen war etwa aus dem Munde des völkischen Schriftstellers und Kulturfunktionärs Hanns Johst zu vernehmen, dass «der Deutsche heute keinerlei imperialistische Ziele» verfolge und «aufrichtigen und tiefen Respekt vor Frankreich» empfinde.[42] Doch unter den Deutschlandreisenden befanden sich neben intellektuellen Kollaborateuren wie Chardonne auch Künstler, die eine naive Neugier gegenüber Deutschland hegten – sowie solche, die zugunsten kriegsgefangener Landsleute zu intervenieren versuchten.

Die ambivalente Wahrnehmung des Dritten Reiches in Frankreich vermochte die deutschen Machthaber nicht zu irritieren. Denn es ging ihnen gar nicht darum, die dortigen Kultureliten von den Prinzipien des Nationalsozialismus zu überzeugen, der – wie gerne betont wurde – nicht als Exportartikel gedacht war. Vielmehr sollten die Überlegenheit der deutschen und die Zweitrangigkeit der französischen Kultur als unabänderliche Tatsachen dargestellt werden. Diese Botschaft wurde auch im Reich selbst vermittelt, wo zahlreiche Zeitungsartikel und Wochenschauberichte die Besuche ausländischer Schriftsteller, Musiker und Filmschauspieler zum Ausweis internationaler Anerkennung erhoben. Die Größen des Dritten Reiches waren ohnehin in erster Linie auf Selbstbestätigung aus. Immer wieder bescheinigten sie sich ein erfolgreiches Vorgehen und schoben jegliche im Ausland vorhandene Skepsis auf die Uneinsichtigkeit der Rezipienten. «Die Kulturpropaganda ist den Franzosen gegenüber immer noch die beste Propaganda», diktierte Goebbels, «ich werde sie deshalb noch mehr als bisher verstärken.»[43] Und Rosenberg zeigte sich über den Erfolg seines Pariser Redeauftritts im Februar 1941 erfreut, da «der Beifall demonstrativ lange dauerte», «d. Vortrag b. allen Franzosen Tagesgespräch gewesen» sei und sie «hier einen neuen geistigen Weg gesehen» hätten.[44]

Weit eindeutiger als in Frankreich strebte die deutsche Besatzungsmacht im besetzten Osteuropa eine Germanisierung auf Kosten der einheimischen Kultur an. In Polen wurden keine Möglichkeiten zur intellektuellen Kollaboration gewährt, geschweige denn zur Bewahrung des Eigenen unter der Fremdherrschaft. Mit der Verhaftung von Professoren, Studenten und Priestern und ihrer Verschleppung in Gefängnisse oder in das Konzentrationslager Sachsenhausen sollten die Träger der polnischen Kultur ausgeschaltet werden. Nationalbewusste Ukrainer hingegen waren zunächst in einer günstigeren Situation: Sie hatten Grund zu der Annahme, die deutsche Besatzung würde ihnen größere kulturelle Entfaltungschancen bieten als zuvor die polnische Dominanz oder die sowjetische Unterdrückung. Im südöstlichen Teil des Generalgouvernments Polen, wo sie als ethnische Minderheit präsent waren, und später in Kiew wurden ihre Bildungseinrichtungen gefördert. Theater, Oper und Film erlebten eine Blütezeit, und die ukrainische Variante des orthodoxen Christentums durfte praktiziert werden. In Verbindung mit der einheimischen Tradition des Antisemitismus legitimierte dieser Eindruck die Beteiligung an der nationalsozialistischen Judenvernichtung. Doch schon bald zeichnete sich immer deutlicher ab, dass die ukrainische Unabhängigkeit kein Ziel des Dritten Reiches darstellte – vielmehr herrschten Ausbeutung und Repression vor. Eine eigene Nationalkultur ließ sich unter deutscher Kontrolle nur sehr bedingt verwirklichen.

Anders war die Situation in den von Deutschland abhängigen Satellitenstaaten. Auch ohne den unmittelbaren Druck einer Okkupation musste man sich hier bis zu einem gewissen Grad anpassen und der nationalsozialistischen Auslandspropaganda öffnen. Aber das stand nicht im Widerspruch zum jeweiligen nationalen Erneuerungsprojekt. In Rumänien war das kulturelle Klima bereits vor Kriegsausbruch rechtsradikal dominiert gewesen, so dass weder die politische Allianz mit dem Dritten Reich noch die Beteiligung am Holocaust als große Zäsur gesehen wurden. Auf diese Weise ließen sich die 1940 an die Sowjetunion

abgetretenen Gebiete wieder zurückgewinnen und sogar Trans-
nistrien mit seiner Hauptstadt Odessa annektieren – zur großen
Enttäuschung der ukrainischen Nationalbewegung. Sich an die
deutsche Kultur anzunähern, erschien dabei eher als Option
denn als Zwang. Es stand den Rumänen frei, populäre Filme oder
politische Ideen aus dem faschistischen Italien den deutschen
vorzuziehen oder sich auf die eigenen Traditionen zu besinnen.
Dennoch wurde das Dritte Reich in vielen Fällen als ausgesprochen attraktiv empfunden. Dem Intellektuellen und Filmpoli-
tiker Nichifor Crainic erschien der deutsche Einfluss «fruchtbar»,
im Unterschied zum französischen: «Französische Kultur ver-
sklavt, deutsche Kultur befreit. Französische Kultur löscht die
Persönlichkeit aus; deutsche Kultur bringt das innere Wesen des
Individuums hervor.»[45]

Im Europa der frühen vierziger Jahre gab es also reichlich kulturelle Erneuerungsprojekte, die mit der Expansion des Dritten
Reiches vereinbar schienen oder von ihr zu profitieren hofften.
Dazu gehörten die rumänischen, ungarischen oder slowakischen
Spielarten des Nationalismus. Erst recht galt dies für die faschistischen Visionen der gewaltsamen Reinigung und Wiedergeburt
im kroatischen Ustascha-Staat und, trotz einer gewissen Konkurrenz zum nationalsozialistischen Deutschland, in Mussolinis Italien. Auch ohne ein solches Erneuerungsprojekt konnten spezifi-
sche Erwägungen für eine Annäherung sprechen. Finnland registrierte die deutsche Invasion der Sowjetunion, gegen die es selbst
Krieg führte, mit Erleichterung. Von Ribbentrops dort mit dem
Kulturgutraub befassten Sonderkommando erhoffte man sich
die Sicherstellung finnischer Akten und Kunstwerke – allerdings
vergeblich, denn die Archive und Museen in Moskau und Lenin-
grad blieben für die Wehrmacht unerreichbar. In Norwegen gab
es Rundfunkmitarbeiter, welche die Veränderungen infolge der
deutschen Besatzung als Chance sahen, ein populäreres, weniger
verstaubt-pädagogisches Radioprogramm zu entwickeln. Und
gebildete Griechen erhofften sich von den Deutschen mit ihrer

prestigereichen Kultur zunächst eine respektvollere Behandlung als von den Italienern, die ihr Land zuvor besetzt hatten.

Aus deutscher Perspektive beschränkten sich diese Entwicklungen nicht auf den jeweiligen nationalen Kontext, sondern liefen auf eine Erneuerung Europas als Ganzes hinaus. Insofern konnte man sich immer aufs Neue selbst Verdienste attestieren, die über die eigene Herrschaftssicherung hinausgingen. Deutschland, so hieß es etwa in *Das Reich*, sei «das Herzstück und das Kraftzentrum des europäischen Kontinents», die treibende Kraft hinter einer «Revolution, durch die nicht nur die staatlichen Ordnungen verändert, sondern auch neue Kräfte und neue Methoden im Lebenskampf der Völker entwickelt worden sind». Damit unterscheide es sich fundamental vom rein auf die eigenen Interessen bezogenen, materialistischen Großbritannien. «So sind sie!», echauffierte sich Goebbels in einem seiner zahlreichen – übrigens fürstlich bezahlten – Artikel, «gebt euch keine Mühe, sie ganz zu verstehen. Sie werden uns Europäern ewig ein Rätsel bleiben.» Endlich habe, hieß es in einem weiteren Artikel, die «Stunde Europas» geschlagen, weil die Deutschen zusammen mit den Italienern dafür sorgten, «daß die abendländische Welt nicht wieder als Hinterland des britischen Empire mißbraucht werden kann».[46]

Die Verbindung von europäischer Erneuerung und deutscher Dominanz ermöglichte, so berichtete *Das Reich*, vielfältige und befriedigende Erfahrungen, individuell wie kollektiv: Man konnte in Wien die kulturelle Vertrautheit mit den Balkanländern nutzen und dadurch «wieder ein wichtiges Zentrum europäischen Lebens» werden, in Brügge die architektonischen Glanztaten des germanischen Mittelalters bewundern oder sich im rückständigen Bulgarien der «Anhänglichkeit und Treue» gegenüber Deutschland erfreuen. Im Elsass und in Lothringen entfernten die Deutschen die künstlich aufgepfropften französischen Einflüsse aus dem öffentlichen Raum, inklusive der «schreienden Reklameschilder der Byrrh, Pernod, Dubonnet, und wie die Apéritifs alle hießen». Man konnte aber auch als deutsche Avantgarde im Warthegau leben und aufgrund der bescheidenen Verhältnisse die wöchentliche Filmvorführung genießen, selbst wenn Aktualität und Qualität zu wünschen übrig ließen: «Dennoch aber, was am Orte deutsch und was neu zugewandert ist, findet sich ein, die Beamten und Pimpfe, die Soldaten und Arbeitsmaiden, die Feldjäger und Gutsverwalter und die hellhaarigen handfesten BdM-Führerinnen aus dem Reich.»[47]

Seit Juni 1941 wurde jedoch deutlich, dass die Opfer für dieses gleichermaßen deutsche wie europäische Projekt nicht auf das Warten auf die nächste Filmvorführung in einer abgelegenen Kleinstadt beschränkt bleiben würden. Denn seit der Invasion der Sowjetunion wurde der Krieg endgültig als Krieg der Kulturen präsentiert, der existenziellen Einsatz verlange. Briten und Amerikaner, ereiferte sich Goebbels, hätten es darauf angelegt, dass Deutschland «zwischen den Mahlsteinen des Bolschewismus zerrieben» werde: «Was gilt beiden schon Europa oder die Kultur oder die Zivilisation oder die Menschheit! Sie reden nur davon, wenn sie sich einen Vorteil davon versprechen.» *Das Reich* stellte den Kampf an der Ostfront als Verteidigung Europas gegen ein System dar, das sich rein materialistisch auf das Proletariat stütze. Der Bolschewismus bedrohe mit der «geschichtlich-geistigen Vergangenheit» den «Lebensnerv der Völker schlechthin» – all das, «was Europa von einem geographischen Begriff zu einer weltgeschichtlichen Potenz erhoben hat». Als sich im November 1941 die Kriegserklärung an die Vereinigten Staaten immer klarer abzeichnete, wurde zu ihrer Rechtfertigung ein «gemeinsamer europäischer Stolz» bemüht. Weit über Deutschland hinaus sei man davon überzeugt, «daß ein Staat, der keine einzige von Schönheit und Geschichte überquellende Stadt wie Würzburg, Bern oder Palermo besitzt, gewiß nicht berufen ist, Europa zu beherrschen, und daß es da besser wäre, sich noch ein weiteres Jahrtausend zu streiten, als sich durch den Geist der amerikanischen Hochhäuser befrieden zu lassen».[48]

Das Dritte Reich versuchte, den wohlwollend neutralen, verbündeten oder besetzten Völkern (mit Ausnahme der direkt un-
terdrückten Polen, Tschechen, Serben und Russen) eine attraktive
Botschaft zu vermitteln: Die deutsche Vorherrschaft sei nicht nur
mit den jeweiligen nationalen Belangen vereinbar, sondern liege
auch im gesamteuropäischen Interesse. Goebbels' Propagandaministerium betrieb sogar eine regelrechte europäische Kulturpolitik, die für kurze Zeit durchaus Ausstrahlungskraft entfaltete.
Die französische Dominanz im kulturellen Leben der Welt vor
1939 war nämlich aus der Perspektive kleinerer Länder mit Nach-
teilen verbunden gewesen. Sie hatte bedeutet, dass man etwa
als Schriftsteller nur dann internationale Anerkennung finden
konnte, wenn man auch in Paris gelesen wurde und die dort
vorherrschenden aufklärerischen Werte vertrat. Demgegenüber
versprach die neue deutsche Dominanz nun einen Wiederaufschwung der aus der Romantik herrührenden Idee, Dichtung
solle volksnah sein und nationale Identitäten formen. Von Finnland bis zum Balkan war dies eine prinzipiell willkommene Entwicklung, zumal man hier den Ausschluss von Modernisten, Linken und Juden aus der europäischen Literatur ebenfalls begrüßte.
Im Herbst 1941 wurde diese Neuorientierung auf einem «Dichter-
treffen» von 37 Vertretern aus 15 Ländern begangen – überwiegend Verfassern nationalistischer Romane, die auf dem
Lande spielten. Der idyllische Kongressort Weimar, um 1800 die
intellektuelle Heimat Goethes, Schillers und des national-
romantischen Theoretikers Johann Gottfried Herder, eignete sich
bestens als Gegenbild zu Paris und zur großstädtischen Zivilisation überhaupt. Der Austausch auf Champagnerempfängen
und Festbanketten begleitete die Gründung der Europäischen
Schriftsteller-Vereinigung, die als zukunftsreiches Projekt erschien.[49]
Die Erneuerung Europas unter deutscher Führung war aber
nicht ausschließlich ein Projekt für die kulturellen Eliten, sondern hatte auch ein populäres Gesicht. Das Dritte Reich bemühte

sich, die eigenen Filme und Wochenschauen international zu verbreiten, vor allem auf Kosten der Filmproduktion der Vereinigten Staaten. Dazu wurden neue Vertriebs- und selbst Produktionsgesellschaften gegründet und Kinos beschlagnahmt. Gleichzeitig setzte man auf die Popularität von Dramen mit Zarah Leander, Kostümfilmen mit Marika Rökk oder Komödien mit Heinz Rühmann. Deutsche Produktionen füllten die Leinwände und Filmzeitschriften des faschistischen Kroatien; auch im nationalistischen Ungarn oder im neutralen Schweden erhöhten sie ihren Marktanteil. «Die große Liebe» stieß beim Publikum auf besonderen Anklang, sowohl in der deutschsprachigen Schweiz als auch im okkupierten Belgien – wo allerdings angesichts der Beschränkungen der einheimischen Produktion und der Kontrolle des Vertriebes wenig Alternativen blieben. Zur europaweiten Koordination des Filmwesens wurde die Internationale Filmkammer, die bereits 1935 entstanden und zwischenzeitlich aufgelöst worden war, neu gegründet. Sie sicherte die deutsche Dominanz durch Marktregulierungen und Sanktionsdrohungen, wozu besonders der Ausschluss europäischer Produzenten von dem nötigen, in Deutschland produzierten Rohmaterial gehörte. Die begleitende Rhetorik feierte ein gehaltvolles, national verwurzeltes europäisches Kino – das mit dem angeblich materialistischen und oberflächlichen Kino Hollywoods kontrastiert wurde.

Auch die Illustrierte *Signal*, ein gemeinsames Projekt der Propagandaabteilungen von Wehrmacht und Auswärtigem Amt, widmete sich der Erneuerung Europas. Innovative Werbefachleute, Journalisten und Fotografen versuchten, mittels Ausgaben in der jeweiligen Nationalsprache ein internationales Publikum zu erreichen. Damit waren sie durchaus erfolgreich, denn die Zeitschrift wurde sowohl im verbündeten Ungarn, in Rumänien und Bulgarien als auch im besetzten Belgien und in Frankreich, in neutralen europäischen Ländern wie Portugal oder Schweden bis nach Persien und Japan gekauft. Die Gesamtauflage erreichte im Frühjahr 1942 über zwei Millionen Exemplare. Mit attraktivem Design und reicher Bebilderung vermittelte *Signal* den Eindruck einer sich unaufhaltsam ausbreitenden deutschen Vorherrschaft. Gut aussehende Wehrmachtssoldaten hissten allenthalben die Hakenkreuzflagge, badeten nackt in den Thermopylen oder machten es sich in der nordafrikanischen Wüste bequem. Sie wurden von bosnischen Einheimischen begeistert begrüßt und kämpften zusammen mit französischen Freiwilligen; finnische Infanteristen wussten sie ebenso an ihrer Seite wie slowakische Kampfpiloten. Bilder dänischer Mädchen, eines italienischen Flugzeugingenieurs auf Heimaturlaub und spanischer Rotkreuzschwestern beim Besuch der Salzburger Festspiele unterstrichen den europäischen Charakter dieser deutschen Dominanz. Dass die militärischen Leistungen Japans gewürdigt und muslimische Gäste in Berlin – vom Jerusalemer Großmufti bis hin zu Studenten und Wissenschaftlern – vorgestellt wurden, erweiterte die Perspektive ins Globale.

Die zahlreichen Bildreportagen aus dem neuen Europa ergänzte *Signal* durch Artikel, in denen behauptet wurde, deutsche und europäische Interessen seien deckungsgleich. Während Großbritannien die kontinentalen Völker verachte und diese zugunsten seines Empire vernachlässigt habe, sei Deutschland aufgrund seiner Mittellage auf ungehinderten Austausch kultureller und ökonomischer Güter angewiesen. Gegen die britische und sowjetische Bedrohung könne Europa nur als Koalition auftreten, «die das Glück hat, einen starken Fürsprecher zu besitzen, der auf Leben und Tod mit ihr verbunden ist, nämlich Deutschland». Über den Appell an antikommunistische Ängste wurde der Topos der existenziellen Entscheidung europäisiert: «Durch Sieg oder Niederlage wird sich entscheiden, ob Europa endlich einmütig wird, sich gegen äußere Interventionen zu sichern weiß und auch in der Welt etwas zu sagen hat. Europa wird entweder in neuer Gestalt auferstehen oder ausgelöscht werden.» Als Zukunftsvision winkte ein «Lebensraum Europa», der «die Interessen aller europäischen Völker» mobilisiere und zusammenbringe in einer «Welt, die aus autonomen Lebenskreisen besteht».[50]

Solche rhetorischen Höhenflüge stießen sich jedoch mit den Realitäten – vor allen Dingen dort, wo das Dritte Reich Besatzungsmacht war. Zwar wurde seine gewaltsame Dominanz von denjenigen, die mit der deutschen Kulturpolitik vor Ort betraut waren, oft verschleiert. Besonders in Westeuropa hielten sich Diplomaten und Militärs mit betont nationalsozialistischen Äußerungen zurück. Stattdessen brachten sie ihre Wertschätzung für das jeweilige nationale Erbe zum Ausdruck und machten Teilen der einheimischen kulturellen Eliten Angebote zur Zusammenarbeit. Doch änderte dies nichts daran, dass gleichzeitig SS und Partei ohne jegliche Kompromissbereitschaft die eigene Machtstellung ausnutzten, dass Zensur ausgeübt und Kunst geraubt wurde. Deutschland mochte weithin für seine kulturellen und wissenschaftlichen Leistungen anerkannt werden. Aber wenn die Besatzer auf der Akropolis eine riesige Hakenkreuzflagge hochzogen, in Norwegen hunderttausendfach Radioapparate beschlagnahmten und in den Niederlanden immer deutlicher auf Germanisierung setzten, schwand die anfänglich durchaus vorhandene Bereitschaft zur Kollaboration rasch.

Diese Problematik war jedoch auch klugen Zeitgenossen nicht recht deutlich. Indem die Propaganda des NS-Regimes wieder und wieder die Ausbreitung und das Prestige der deutschen Kultur hervorhob, schlug sie eine Brücke zu bildungsbürgerlichen Wertvorstellungen. Der daraus resultierende Stolz machte blind für den Zusammenhang zwischen «Erneuerung» Europas und imperialer Expansion. So beklagte Werner Heisenberg im September 1941 gegenüber seiner Frau, dass Kopenhagener Kollegen seinen Gastvortrag aus politischen Gründen boykottiert hatten: «Es ist merkwürdig, wie man hier, obwohl die Dänen ja völlig ungestört leben können u. es ihnen ausgezeichnet geht, verstanden hat, so viel Hass und Angst zu erzeugen, daß auch eine Verständigung auf kulturellem Gebiet – wo sie früher selbstverständlich war – fast unmöglich geworden ist.»[51] Was der renommierte Physiker euphemistisch «Verständigung auf kulturellem Gebiet» nannte, beruhte letztlich auf militärischen Voraussetzungen – und war gerade deshalb fragil.

V.

Kultur der Zerstörung

Anfang 1944, auf einer schneebedeckten Straße in Berlin: Mit Ausnahme des einen Uniformträgers unter ihnen wirken die Passanten mit ihren Hüten, Mänteln und guten Schuhen bürgerlich. Sie kommen aus einem Konzert. Auf dem Programm standen ausschließlich Werke nichtjüdischer deutscher Komponisten, denn Musik von Franzosen, Engländern und Russen wird schon seit Jahren nicht mehr gespielt. Das zerstörte Gebäude im Hintergrund verweist eindringlich auf die durch den Luftkrieg veränderten Lebensbedingungen in der Reichshauptstadt. Den Lichtverhältnissen zufolge hat das Konzert tagsüber stattgefunden; überhaupt sind viele Veranstaltungen nun so angesetzt, dass die Besucher nach dem Schlussapplaus noch rechtzeitig Haus und Bombenkeller erreichen können, um vor den nächtlichen Angriffen geschützt zu sein. Musik bietet einen Ausgleich zur Konzentration auf das tägliche Überleben, eine selten gewordene Gelegenheit zu bürgerlichem Kulturgenuss. Aber diese Momente der Muße lassen sich immer weniger von den Konsequenzen nationalsozialistischer Politik trennen.

Die Aufnahme stammt von Hanns Hubmann, der für die *Berliner Illustrirte Zeitung* und für *Signal* fotografiert und an vielen kriegsverherrlichenden Berichten mitwirkt. Seine Fotografie der Konzertgänger ist hingegen durchaus ambivalent, weil sie sowohl als Beleg für die katastrophale Lage in Berlin als auch als Ausweis des Durchhaltewillens seiner Bevölkerung interpretiert werden kann. Wann genau sie aufgenommen wird und aus welchem Konzert die abgebildeten Berliner kommen, wissen wir nicht. Es könnte sich um eine Aufführung der Philharmoniker gehandelt haben, die im Winter 1943/44 nach wie vor regelmäßig in der Stadt auftreten.

Propagandaminister Joseph Goebbels geht es darum, «der Bevölkerung eine gewisse Entspannungsmöglichkeit zu geben». Als Berliner Gauleiter will er vermeiden, «daß die Reichshauptstadt infolge der feindlichen Luftangriffe langsam erstickt wird» – was, so befürchtet er, die konkurrierende Kulturmetropole Wien attraktiver erscheinen lassen würde. In gewohnter Manier interveniert Goebbels persönlich, um ausgebombten Künstlern unter die Arme zu greifen, die Filmproduktion in Babelsberg zu halten und Theatergebäude notdürftig reparieren zu lassen. Von einem Konzert der Philharmoniker, das im Berliner Dom statt in ihrem kurz zuvor zerstörten Kreuzberger Konzertsaal stattfindet, ist er begeistert: «Der Dom ist von Berliner Bombengeschädigten überfüllt und bietet ein festliches Bild. Leider ist die Akustik nicht besonders gut; aber Furtwängler reißt die Philharmoniker zu unvergleichlichen Leistungen empor.»[1] Goebbels weiß um den symbolischen Wert, der den Auftritten des «Reichsorchesters» zukommt. Damit die alliierten Bomben keine Lücken im Ensemble reißen können, verfügt sein Ministerium im Mai 1944, die Musiker sollten «mit ihren Familien bei Luftangriffen den nächstliegenden Bunker aufsuchen».[2]

Die Philharmoniker sind damit einmal mehr privilegiert, weil sie Zugang zu Luftschutzbunkern haben, statt auf die weniger gut schützenden Bombenkeller ihrer Wohnhäuser angewiesen zu sein. Doch die Zerstörung ihres angestammten Gebäudes und die Auslagerung von Instrumenten aus Berlin zeigt ihnen, dass auch ihre Tätigkeit vom Krieg betroffen ist. An der für die Saison vorgesehenen Anzahl von Konzerten halten sie nicht freiwillig, sondern nur auf Druck Goebbels' fest. In den ersten Kriegsjahren feierte das Orchester große Erfolge und gab häufig Gastspiele in deutschen und europäischen Städten. Zwar ist das jetzt nur noch eingeschränkt möglich, aber die Philharmoniker reisen im Frühjahr 1944 zu Konzerten nach Frankreich, Portugal und Spanien. Dort wirken sie auch bei den Dreharbeiten zu einer Filmromanze mit, in der ein Violinist während des Umbruchs von 1933 das Herz der Tochter eines Orchestervorstandes gewinnt und vom Unterhaltungsmusiker zum Ensemblemitglied avanciert. «Philharmoniker» kommt im Dezember 1944 in die Kinos – zu einer Zeit, als andere Ensembles bereits aufgelöst sind, das deutsche Vorzeigeorchester aber immer noch auftritt.

Das Beispiel des Berliner Konzertlebens illustriert, dass die Kultur im Dritten Reich während der zweiten Kriegshälfte immer stärker von Zerstörung geprägt ist. Sie besteht einerseits im Versuch, dennoch an etablierten Ausdrucksformen und Konsumgewohnheiten festzuhalten – in den deutschen Städten ebenso wie, unter noch weit extremeren Bedingungen, in den jüdischen Gettos. Andererseits ist Kultur Gewalt nicht nur ausgesetzt, sondern treibt sie auch voran, dient ihrer Legitimation und Motivation. In Gestalt antisemitischer Fantasien und rassistischer Gesellschaftsvisionen untermauert sie seit dem Sommer 1941 die systematische Ermordung der europäischen Juden. Zur selben Zeit beginnt die vom Dritten Reich ausgehende Zerstörung auf Deutschland zurückzufallen: Die Bombenangriffe nehmen zu. Später nähern sich sowjetische, britische und amerikanische Truppen von Russland, Italien und schließlich Frankreich aus den Grenzen des Reiches. Die Alliierten ebenso wie die verschiedenen europäischen Widerstandsbewegungen müssen für ihre enormen Anstrengungen auch in kultureller Hinsicht mobilisieren – und unterscheiden dabei kaum noch zwischen «nationalsozialistisch» und «deutsch». Während der Krieg seine letzte Phase erreicht, stellt Kultur nach wie vor einen Gegenpol zur allgegenwärtigen Zerstörung dar, bietet Momente der Ablenkung und des Trostes. Doch gleichzeitig inspiriert sie den Kampf des Dritten Reiches um Leben und Tod.

Im Zeichen der Vernichtung

Im Juli 1942 wurde Philipp Manes nach Theresienstadt deportiert. Schon Jahre zuvor war der Veteran des Ersten Weltkrieges von der nationalsozialistischen Judenpolitik im Kern seiner Existenz getroffen worden. Im Zuge der «Arisierung» hatte er sein Pelzgeschäft verloren und seit Kriegsbeginn Zwangsarbeit in einer Fabrik leisten müssen. Nebenberuflich Artikel zu veröffentlichen war seine Passion gewesen, bis die Reichsschrifttumskammer ihm dies 1935 untersagt hatte. Auch vom Besuch von Theatern, Opernhäusern und Konzertsälen sah sich Manes wie alle anderen Berliner Juden ausgeschlossen. Mit der Deportation verloren er und seine Frau fast alles – auch ihre Bücher und Noten. Doch der 67-Jährige bemühte sich unter widrigen Umständen um einen Neuanfang: Im «Vorzeigegetto» Theresienstadt, das zu Täuschungszwecken regelmäßig internationalen Besuchern präsentiert wurde, waren die Bedingungen zwar deutlich besser als in den Vernichtungslagern, aber immer noch lebensbedrohlich. Dennoch war hier ein vielfältiges Kulturleben entstanden, das auch Manes nach seiner Ankunft Betätigungsmöglichkeiten bot.

Manes organisierte eine zunehmend erfolgreiche Veranstaltungsreihe, die er selbst mit Vorträgen über Berlin im Kaiserreich eröffnete: «Schnell hatte es sich in Theresienstadt herumgesprochen, daß sich im Raum A6 so eine Art Kulturgemeinschaft herangebildet habe, nämlich Kultur in besonderer Form», hielt er stolz in seinen Aufzeichnungen fest, «mit jedem Monat kamen neue Hörer, die zu bestimmten Vorträgen Karten haben wollten und denen ich leider oft ein Nein aussprechen mußte.» Zusätzlich rief Manes einen Poesiewettbewerb ins Leben, förderte die Entstehung von Zeichnungen mit Theresienstädter Motiven und organisierte Theaterabende. Ganze Stücke zu inszenieren war ihm nicht möglich, doch er ließ sie mit verteilten Rollen lesen und verschaffte damit den im Getto lebenden Schauspielern Auftrittsmöglichkeiten. Zur Ergänzung der ansonsten viel aufgeführten Lustspiele für ein tschechisches Publikum griff er auf den klassischen Kanon der deutschen Hochkultur zurück: «Gibt es überhaupt einen Zweifel, was man bringen soll?», fragte er rhetorisch, «doch nur Goethe. Und wenn ihn – dann nur *Faust*.»[3]

Deutsche Literatur und Musik zu pflegen, schloss das Interesse an jüdischer Kultur keineswegs aus. Martin Bubers chassidische Geschichten gehörten zu den gemeinsamen Lektüren. Der berühmte Berliner Rabbiner Leo Baeck und andere Gelehrte sprachen über religiöse, philosophische und historische Themen. So gab sich Manes überzeugt, «sehr viele Laue und Schwankende und Abseitsstehende dem Judentum als überzeugte Anhänger zurückgewonnen» zu haben. Indem er sich mit deutscher ebenso wie mit jüdischer Kultur beschäftigte und dies auch anderen Gettobewohnern ermöglichte, vermochte Manes ein Gegengewicht zur bitter nötigen Konzentration auf das tägliche Überleben herzustellen. Dieses Interesse diente ihm auch zur Abgrenzung von solchen Juden in Theresienstadt, die aus unterschiedlichen Gründen seine Missbilligung hervorriefen: Wienern, deren Reizbarkeit seine «Zuneigung für die Kaiserstadt an der blauen Donau» schwinden ließ, Materialisten, die «nicht ohne den Handel zu leben» vermochten und sich mit zweifelhaften Methoden besseres Essen beschafften, und Spitzel, «die aus verdammenswerten Gründen die Glaubensgenossen verraten».[4]

Philipp Manes' Aktivitäten in Theresienstadt waren außergewöhnlich umfangreich – untypisch waren sie jedoch nicht. Soweit irgend möglich versuchten die Juden in ganz Europa, ihre kulturelle Betätigung aufrechtzuerhalten, in den Gettos und Lagern, im Untergrund oder in «Judenhäusern» (im Falle derjenigen, die in «Mischehen» weiter im Reichsgebiet lebten). Wie Manes versuchten sie so, ihrem existenziellen Ausgeliefertsein an das nationalsozialistische Deutschland etwas entgegenzusetzen: Autonomie, Traditionsbindung und Zukunftsorientierung. Dabei wurden Unterschiede deutlich: Umstritten war besonders die Haltung zur deutschen Kultur, die vor dem Krieg Bedeutung für gebildete Juden in ganz Europa gehabt hatte. Sollte man an ihr festhalten und sich damit der antisemitischen Ausgrenzung aus dieser Kultur widersetzen? Oder sollte man sich ganz neu ausrichten, auf andere nationale Identitäten, auf das jüdische Erbe oder den zionistischen Zukunftsglauben? Wie auch immer die Entscheidung ausfiel, blieb Deutschland als positiver oder als negativer Bezugspunkt wichtig. «Da meint ein hoher Herr, ich wäre zu betont ‹deutsch›. Ein anderer, ich wäre im Getto zuwenig jüdisch», beklagte sich Manes. Er rechtfertigte sich damit, dass er erst in Theresienstadt «die Vergangenheit und die großartige geistige Entwickelung des Judentums» kennengelernt und sich infolgedessen um entsprechende Vortragsthemen bemüht habe.[5]

Die Debatte über die der Situation angemessene kulturelle Orientierung wurde vor dem Hintergrund der drohenden Vernichtung geführt. Auch wenn Manes lange voller Optimismus und Tatendrang blieb, klang selbst bei ihm zunehmend eine existenzielle Furcht durch: «Schubert, zu ihm flüchte ich mich am liebsten, wenn die Seele nicht mehr ein und aus weiß», notierte er im September 1944, «wenn die quälenden Sorgen gar zu heftig drücken, die sehnenden Gedanken in die Ferne gehen, ohne ein Ziel zu finden, weil alles so furchtbar ungewiß scheint und sie keinen Ankergrund finden.» In den Gettos und Konzentrationslagern wurden Tagebücher, Chroniken, sogar sozialwissenschaftliche Studien auch deshalb so zahlreich verfasst und sorgfältig verborgen, weil die Autoren nicht damit rechneten zu überleben. Die Bedeutung solcher Texte wurde darin gesehen, über die jeweils eigenen Erfahrungen hinaus das Schicksal der Juden für die

Nachwelt zu dokumentieren. Das galt auch für Manes' «Tatsachenbericht» – der im Oktober 1944 plötzlich abbricht, weil sein Autor nach Auschwitz deportiert und dort unverzüglich ermordet wurde.[6]

Noch stärker als in Theresienstadt stand das Leben in den Gettos im besetzten Polen, in Warschau oder Łódź (das bald in Litzmannstadt umbenannt wurde) im Zeichen der Vernichtung. Hier herrschten schwierigste hygienische Bedingungen und große Nahrungsmittelknappheit.[7] Doch auch hier war die weitere Entwicklung anfangs noch unklar. Die polnischen und die deutschen Juden, die ab dem Herbst 1941 ebenfalls dorthin deportiert wurden, hofften nicht nur auf ihr physisches Überleben: Sie wollten sich durch das Festhalten an ihren kulturellen Werten darüber hinaus seelisch stärken und dem alltäglichen Kampf gegen den Hunger etwas entgegensetzen. Wichtig war außerdem, Kindern und Jugendlichen Bildung zu vermitteln und sie damit zu Garanten jüdischer Kontinuität zu machen, so improvisiert der schulische Unterricht in den Gettos auch sein mochte. Über Kultur konnte gleichermaßen die Verbindung zur Vergangenheit aufrechterhalten werden wie der Anschein einer «normalen» Gegenwart und der Glaube an eine bessere Zukunft. Als Reaktion auf die vollständige antisemitische Ausgrenzung verschoben sich einerseits die kulturellen Schwerpunkte: Vermehrt wurden in den Gettos jüdische Religiosität, Literatur oder Musik sowie die jiddische und auch die hebräische Sprache gepflegt. Andererseits waren die kulturellen Prägungen der Vorkriegsjahre weiter von Bedeutung, gerade weil sich die Welt seither bis zur Unkenntlichkeit verändert hatte. Dazu gehörte auch die Identifikation mit der deutschen Kultur, an der viele Juden nach wie vor festhielten.

Mit großer Energie widmeten sich darum sowohl professionelle Regisseure und Schauspieler als auch begeisterte Amateure dem Theater, führten regelmäßig Stücke auf und stellten Kostüme und Bühnenbilder her. Neben altbekannten Dramen kamen neue Komödien zur Aufführung, in denen der Gettoalltag persifliert wurde. In eigens eingerichteten Konzertsälen und sogar in Suppenküchen sangen Solisten Opernarien; ganze Symphonieorchester spielten klassische Musik. «Damals konnte man überraschende Klänge hören», erinnerte sich Marcel Reich-Ranicki an seine Zeit im Warschauer Getto, «in einem Hof Beethovens Violinkonzert, im nächsten Mozarts Klarinettenkonzert, allerdings beide ohne Begleitung.»[8] Populäre Lieder waren in Revuen, in Cafés und auf der Straße zu hören. «Die aktuellen Revue-Strophen wurden bald populär und gingen als Gassenhauer durch das Getto», beschrieb ein Literatur- und Theaterkritiker später die Situation in Litzmannstadt, «das Publikum setzte sich zumeist aus Arbeiterkreisen zusammen, die im Theater Entspannung suchten und fanden».[9] Andere kulturelle Aktivitäten wurden im Privaten praktiziert: Lese- und Diskussionszirkel trafen sich in Wohnungen, Theaterliebhaber probten auf Dachböden und in Kellern. Religiöse Juden beteten gemeinsam, diskutierten Glaubensfragen und begingen die jüdischen Feiertage, obgleich sich die rituellen Vorschriften immer weniger einhalten ließen. Zudem gab es einen regelrechten Literaturboom, dessen Produkte jedoch mangels Veröffentlichungsmöglichkeiten nur wenigen Lesern zugänglich waren.

Weil verschiedene Gettoorchester wiederholt gegen das Verbot verstießen, Musik deutscher Komponisten oder aber des polnischen Nationalkomponisten Frédéric Chopin aufzuführen, wurden Symphoniekonzerte im Frühjahr 1942 zeitweilig untersagt. Das Leben in den Gettos war immer mehr der mörderischen Willkür der deutschen Herrscher ausgesetzt: Erschießungen, Geiselnahmen und Deportationen in die Vernichtungslager konnten jeden Musiker, Literaten oder Theaterliebhaber treffen. Adam Czerniaków nahm sich das Leben, um sich als Vorsitzender des Judenrates im Warschauer Getto nicht an der Zusammenstellung von Deportationslisten beteiligen zu müssen. Kurz vor seinem Suizid notierte er: «Ich erinnere mich an einen Film: das Schiff sinkt, doch der Kapitän befiehlt der Jazzband zu spielen, um den

Passagieren Mut zu machen. Ich habe beschlossen, dem Beispiel dieses Kapitäns zu folgen.»[10] Marcel Reich-Ranicki erinnerte sich, wie im September 1942 Zehntausende von Juden nach Treblinka gebracht wurden – von denen einige ihre Instrumente mitnahmen. «Die Deutschen lieben doch die Musik», erläuterten sie, «vielleicht werden sie einen, der ihnen etwas vorspielt, nicht ins Gas schicken.»[11]

Angesichts ihrer bevorstehenden Ermordung erlangten Musik, Literatur und Religion für die Juden noch größere Bedeutung als zuvor. Immer wichtiger wurde auch, was als Anliegen bereits von Beginn an zur Gettokultur gehört hatte: die Dokumentation der Verhältnisse für die Nachwelt. In Litzmannstadt und Warschau sammelten Historiker, Sozialwissenschaftler und Journalisten Material über gesellschaftliches Leben unter extremen Umständen. Während sie selbst gegen Hunger, Krankheit und Kälte kämpften, zeichneten sie die Ereignisse auf und verfassten enzyklopädische Artikel. Über ihre offiziöse Chronistentätigkeit hinaus entwickelten sie innovative Ansätze: Sie interessierten sich für Aspekte von Wirtschaft, Alltag und Religion oder führten Interviews durch. Doch auch ohne professionellen Anspruch wurde das Leben im Getto dokumentiert, in Fotografien, Zeichnungen oder Texten – immer in der Hoffnung, dass diese Zeugnisse für die Nachwelt erhalten bleiben würden. Die Grenzen dieser Versuche standen ihnen dabei überdeutlich vor Augen: «Und selbst wenn ich Homer, Shakespeare, Goethe und Dante ihre Musen stehlen würde», fragte sich ein junger Bewohner des Litzmannstädter Gettos im Juni 1944, «wäre ich denn fähig zu beschreiben, was wir leiden, was wir empfinden, erfahren im Leben? Ist es denn überhaupt menschenmöglich?»[12]

Eine Minderheit der Juden im Reich und im besetzten Europa konnte der Deportation in Gettos und Vernichtungslager vorerst entgehen – entweder wegen einer «Mischehe» oder durch Flucht in den Untergrund. Diese Situation verlangte erst recht nach individuellen und unauffälligen Ausdrucksformen von Kultur. Weder in «Judenhäusern» noch versteckt auf Dachböden oder in Gartenlauben war an Kammermusik, Chorgesang oder Theaterproben zu denken. Wenn Untergetauchte Opernhäuser oder Kinos besuchten, setzten sie sich der Gefahr aus, dabei erkannt und denunziert zu werden. Doch wie in den Gettos blieben neben Ernährung, Hygiene und Kleidung kulturelle Aktivitäten wichtig. Gerade weil die Möglichkeiten so eingeschränkt und die eigenen Zukunftsaussichten so fraglich waren, wurde nachgedacht, geschrieben und gezeichnet. Dabei ging es auch darum, sich der fragilen «Grenze zwischen Zivilisation und Kultur» zu vergewissern. So drückte es Victor Klemperer aus, der zu diesem Zeitpunkt dank seiner nichtjüdischen Frau Eva in einem Dresdner Judenhaus lebte. Er musste Zwangsarbeit leisten und dabei fürchten, doch noch deportiert zu werden. Seine Hoffnungen auf einen baldigen Sieg der Alliierten wurden immer wieder enttäuscht. Bange fragte er sich, ob ihn der erzwungene Verzicht auf frühere Selbstverständlichkeiten wie Toilettenpapier, Zahnpasta oder neue Kleidung «nicht auch geistig schäbig und *unfrei*» mache.[13]

Um dieser Gefahr zu begegnen, arbeitete Klemperer, soweit es seine Kräfte zuließen, an der Analyse von Sprache und Geist des Dritten Reiches. Zwischen Überlebenshoffnung und Todesfurcht schwankend rettete er sich «immer wieder in das, was jetzt meine Arbeit ist, in diese Notizen, in meine Lektüre». Er wollte «zu gern der Kulturgeschichtsschreiber der gegenwärtigen Katastrophe werden», sein Tagebuch «weiter wagen» und «Zeugnis ablegen bis zum letzten».[14] Auch dies war schwierig, weil sein Haus mehrmals von der Gestapo durchsucht wurde, die dabei seine Aufzeichnungen hätte finden können. Durch den Nationalsozialismus sah Klemperer die Grundlagen seines eigenen Denkens als Deutscher in Frage gestellt. Er setzte sich intensiv mit dem Zionismus auseinander, dessen Gegner er immer gewesen war und auch unter den drastisch veränderten Bedingungen blieb: «Ich bin deutsch, die andern sind undeutsch; ich muß daran festhalten: Der Geist entscheidet, nicht das Blut.» Doch kurze Zeit darauf gelangte er zu einer Teilrevision: Er betrachtete das Dritte Reich nun nicht mehr als Fremdkörper in der eigenen Nation. «An das ganz undeutsche Wesen des Nationalsozialismus kann ich nicht mehr glauben», notierte Klemperer, «er ist ein deutsches Eigengewächs, ein Karzinom aus *deutschem* Fleisch, eine Spielart des Krebses, wie es eine *spanische* Grippe gibt.»[15]

Zur selben Zeit wie Victor Klemperer führte auch Anne Frank Tagebuch. Ihr Verhältnis zur deutschen Kultur war ein ganz anderes. Da sie schon 1933 im Alter von vier Jahren in die Niederlande gekommen war, schrieb das intellektuell interessierte, fantasievolle und stilistisch gewandte Mädchen in der Sprache seines Aufnahmelandes. Klassischen deutschen Autoren näherte es sich zwar mehr auf väterlichen Wunsch als aus eigenem Interesse, aber doch mit einigem guten Willen: «Vater hat Goethes und Schillers Dramen aus dem großen Bücherschrank geholt, er will mir nun jeden Abend etwas vorlesen», notierte Anne Frank, «Mit ‹Don Carlos› haben wir schon angefangen.» Bei aller Liebe zum Lernen und zu Büchern distanzierte sie sich jedoch von der Kultur, aus der ihre Familie ausgegrenzt worden war und deren Vertreter sie nun mit der Deportation bedrohten. Kurz darauf entwarf Anne Frank einen fiktiven Werbeprospekt für das Hinterhaus im Zentrum Amsterdams, das ihr und anderen Juden Zuflucht bot. In diesem Text kehrte sie das Zwangsregime der Besatzer um. Sie schrieb vor, «dass nur ausnahmsweise deutsche Sender gehört werden dürfen, z.B. klassische Musik u.Ä.», dass «keine deutschen Bücher gelesen werden» dürften, «ausgenommen wissenschaftliche und klassische», und dass «alle Kultursprachen» erlaubt seien, «also kein Deutsch». Ihre Träume für ihr zukünftiges Leben in Freiheit richteten sich darauf, in Paris und London Kunstgeschichte zu studieren, vor allem aber eingebürgert zu werden. «Ich liebe die Niederländer, ich liebe unser Land, ich liebe die Sprache und will hier arbeiten», beschrieb sie ihre Haltung im Frühjahr 1944, «und wenn ich an die Königin selbst schreiben muss, ich werde nicht aufgeben, bevor mein Ziel erreicht ist.»[16]

Anne Frank wurde mit ihrer Familie verraten und nach Auschwitz-Birkenau deportiert. Später kam sie nach Bergen-Belsen und starb dort im März 1945 an den Folgen einer Typhuserkrankung. Zuletzt erzählte das bereits stark geschwächte Mädchen den Kindern im Lager Geschichten.[17] Im Angesicht der Ermordung bedeutete es bereits viel, sich Gedichte in Erinnerung zu rufen oder mit anderen Lagerinsassen zu reden. Selbst denjenigen, die in den Vernichtungslagern eine Zeitlang überleben konnten, war es meist unmöglich, Tagebuch zu führen, zu schreiben oder zu zeichnen. Dafür waren die Anstrengungen und Schmerzen zu groß, der Kampf um das tägliche Brot zu hart, die nötigen Materialien zu knapp. Zu den wenigen Ausnahmen gehörte Ana Novac, die mit 14 Jahren aus Siebenbürgen nach Auschwitz-Birkenau kam. «Glücklicherweise ist es in der Baracke nie ganz dunkel, ich kann schreiben», reflektierte sie über ihr Tagebuch, «Hauptsache, ich kann die Last unerträglicher Gedanken abschütteln. Sie loswerden.» Dabei half es ihr, mit Genauigkeit und zuweilen mit schwarzem Humor das Lager, seine Bewacher und seine Insassen zu charakterisieren – etwa die ungarische Jüdin, die sich über die Zustände in Auschwitz beschwerte: «Die deutsche Kultur! Welche Enttäuschung für sie, die ihre Ferien in Baden-Baden verbrachte, die den *Faust* gelesen hat! Wie nur konnte dieses in Hygiene vernarrte Volk so grauenhafte Latrinen bauen!»[18]

Zwar wurden in Auschwitz-Birkenau heimlich Lieder gesungen und Konzerte veranstaltet, aber für weitergehende kulturelle Aktivitäten war die Erlaubnis der deutschen Bewacher nötig. Dennoch entstanden mehrere Orchester, deren Aufführungen sich in die Unterdrückungspolitik im Lager einpassten – wie schon zuvor in Buchenwald oder Sachsenhausen. Sie mussten Marschmusik spielen, wenn die Häftlingskommandos das Lager zur körperlichen Schwerstarbeit verließen und abends wieder zurückkamen. Unterhaltungsmusik täuschte die Gefangenen bei ihrer Ankunft über die Realitäten des Lagers hinweg; sie wurde ihnen regelrecht aufgezwungen, wenn sie im «Häftlingskrankenbau» lagen oder für die Gaskammern «selektiert» wurden. Doch auch zur Unterhaltung und Entspannung der SS-Funktionäre wurden die Orchester und Jazzgruppen des Lagers eingesetzt. Ihre Leistungen waren eindrucksvoll, beispielsweise unter dem Dirigat von Alma Rosé, der Nichte Gustav Mahlers, die den Mut besaß, sich bei den Sonntagskonzerten ihres «Mädchenorchesters von Auschwitz» Störungen zu verbitten. Zugleich wurden diese Leistungen von einem System vereinnahmt, in dem die SS tagtäglich ihre Macht über Leben und Tod demonstrierte: Wer beim Marschieren zu Orchesterklängen aus dem Takt geriet, wurde geschlagen oder als nicht mehr arbeitsfähig ermordet. Und die Musiker und Musikerinnen erhielten keineswegs eine Überlebensgarantie, sondern waren denselben Bedingungen ausgesetzt wie andere Häftlinge. Auch Alma Rosé starb im April 1944 an einer Vergiftung, deren Ursache ungeklärt bleibt.[19]

Die Erfahrungen der Häftlinge in Auschwitz und anderen Vernichtungslagern waren die Folge einer nationalsozialistischen Politik, die zwischen Sommer 1941 und Frühjahr 1942 in einem komplexen Entscheidungsprozess zur systematischen Ermordung aller europäischen Juden überging. Warum gestanden die Nationalsozialisten der jüdischen Minderheit nicht einmal mehr das Leben unter ärmlichsten Bedingungen in Gettos und Arbeitskommandos zu? Im Hintergrund der Verschärfung stand die ältere antisemitische Fantasie, sich durch die Verbannung der Juden aus der eigenen Gesellschaft selbst erlösen zu können. Diese Fantasie hatte Hitlers «Mein Kampf» ebenso durchzogen wie zahlreiche andere nationalsozialistische Schriften seit den frühen zwanziger Jahren. Seit der Machtübernahme war sie zunehmend in Maßnahmen und Gesetzen konkretisiert worden, bevor sie in den öffentlichen Gewaltinszenierungen vom November 1938 gipfelte. Die antisemitischen Vernichtungsziele radikalisierten sich im Verlauf des Krieges immer weiter, während gleichzeitig die Zahl der unter deutscher Herrschaft lebenden Juden drastisch zunahm. Seit der Invasion der Sowjetunion und der Kriegserklärung an die Vereinigten Staaten sah sich das Dritte Reich zudem in einen apokalyptischen Kampf gegen Bolschewismus und Kapitalismus verstrickt – zwei Systeme, die es aus dem Einfluss «des» Judentums ableitete. Weil die Nationalsozialisten von einer weltweit und koordiniert handelnden Rasse ausgingen, betrachteten sie auch völlig wehrlose Bewohner osteuropäischer Dörfer oder Gettos als Bedrohung. Am 26. April 1942 erläuterte Hitler seine Lesart des Krieges auf der letzten Sitzung des «Großdeutschen Reichstags»: Die Juden richteten sich, so der «Führer», gegen jegliche Eigenart der europäischen Völker und zielten auf die «Beseitigung aller jener kulturellen Grundlagen, die als tausendjährige Erbmasse diesen Völkern einen inneren Wert geben oder als Mahner für die Zukunft wirken könnten. Was dann noch übrig bleibt, ist das Tier im Menschen und eine jüdische Schicht, die zur Führung gebracht, als Parasit am Ende den eigenen Nährboden zerstört.»[20]

Wenn die Juden aufgrund unveränderlicher rassischer Eigenschaften als Zerstörer von Menschlichkeit und Kultur galten, erschien es zwingend notwendig, sie ihrer kulturellen und physischen Existenz zu berauben – wodurch umgekehrt ihre Rache zu befürchten stand, wenn die Vernichtung nicht konsequent durchgeführt wurde. Diese zirkuläre Logik schien in den Reden der Nationalsozialisten, in Zeitschriftenartikeln und dem in Wandkästen aushängenden *Stürmer* immer wieder auf, wenngleich die konkreten Vernichtungsmaßnahmen verschwiegen wurden. Von den meisten Deutschen wurde der Übergang zur systematischen Ermordung wenn nicht begrüßt, so doch akzeptiert oder hingenommen. Die Propaganda des Regimes war auch insofern wirkungsvoll, als sie zur Judenvernichtung im besetzten oder umkämpften Osteuropa beitrug. Das zeigte sich besonders an der Beteiligung der Wehrmacht. Viele Soldaten rezipierten die

Propaganda des Regimes nicht nur, sondern produzierten sie mit: Sie hielten Massaker in Fotoaufnahmen fest oder rechtfertigten sie in eigenen Worten. In diesem Krieg gehe es, so schrieb ein deutscher Leutnant aus der Sowjetunion, «eben um die jüdische Weltgeltung, die unserer Lösung der Judenfrage die Vernichtung des deutschen Volkes entgegenstellt». Daher handele es sich um einen «Glaubenskrieg, an dessen Ende nur vollständige Vernichtung stehen kann». Ein anderer Soldat verfasste einen Leserbrief an den *Stürmer*, in dem er dafür plädierte, Juden in einem auf die nackte Existenz zurückgeworfenen Zustand zu betrachten: «Wer den Juden glaubt zu kennen und ihn nicht in seiner Urheimat, dem Osten, gesehen hat, irrt! Den Juden kann man nur erkennen, wenn man ihn dort studiert, wo er auch ohne Kultur seine schmutzigen Geschäfte betreiben kann.»[21]

Solche Aussagen entwarfen eine Dichotomie zwischen authentischer deutscher Kultur und – bislang geschickt verdeckter – jüdischer Unkultur. Wenn man jeglichen Deckmantel entferne, könne man das Wesen des Rassenfeindes erkennen. Diese Entfernung einer nur scheinbar vorhandenen Kultur fassten die Nationalsozialisten als symbolischen Prozess auf, den sie auf dem Weg zum Völkermord an den Juden Schritt für Schritt inszenierten. Deshalb durften in den Gettos keine deutschen oder selbst polnische Komponisten gespielt werden, deshalb wurden schließlich die letzten Freiräume für «jüdische» Kultur, wie etwa die Mahler-Konzerte des Amsterdamer Kulturbundes, beseitigt. Nach derselben Logik setzten Angehörige der SS die Häftlinge der Konzentrations- und Vernichtungslager demütigenden hygienischen Bedingungen aus. Juden «arischer» Macht zu unterwerfen beinhaltete gleichzeitig, ihre Not fotografisch zu inszenieren und die Bilder für antisemitische Propagandazwecke einzusetzen. Es bedeutete außerdem, die Minderheit als Phänomen der Vergangenheit, als jetzt endlich überwindbares Hindernis auf dem Weg in ein neues Zeitalter einzustufen. Dem dienten die Untersuchungen der «Judenforscher», der millionenfache Raub einschlägiger Bücher und Archivalien durch den Einsatzstab Reichsleiter Rosenberg sowie das Jüdische Zentralmuseum in Prag, dessen Sammlung die SS von jüdischen Mitarbeitern betreuen ließ – was diese allerdings nicht vor der Deportation rettete.

Die Vorstellung einer bereits historisch gewordenen jüdischen Präsenz lag darüber hinaus den Planungen für eine deutsche Vorherrschaft in Ostmitteleuropa zugrunde. Die Vernichtung der Juden und die gleichzeitige Unterdrückung, Deportation und teilweise Ermordung der slawischen Bevölkerung schienen dort eine rasante rassische und soziale Umgestaltung zu ermöglichen. «Ostforscher» und SS-Führer erfanden eine Mission der «Volksgenossen» sowohl aus dem Reich als auch unter den deutschen Minderheiten in Europa: geographische Ausbreitung bei gleichzeitiger Konzentration in ethnisch «reinen» Gebieten. In diesen neu erschlossenen Räumen sollten sie zu einer idealen Gesellschaftsform gelangen, die über das hinausging, was innerhalb des Altreiches mit seinen bloß teilweise veränderbaren Strukturen möglich war. «Nur eine gesunde Verbindung von Land und Stadt», diktierte Heinrich Himmler im Januar 1942, «kann das politische, wirtschaftliche und kulturelle Leben der neuen Ostgebiete auf den Stand germanisch-deutscher Kulturlandschaften heben.»[22] In seiner Posener Rede am 4. Oktober 1943 sagte er explizit, wer den Preis dafür zu bezahlen hatte. Er rechtfertigte sowohl die Ermordung der Juden als auch die Ausbeutung von Polen und Russen: «Ob die anderen Völker im Wohlstand leben oder ob sie verrecken vor Hunger, das interessiert mich nur soweit, als wir sie als Sklaven für unsere Kultur brauchen, anders interessiert mich das nicht.»[23]

Vom Sommer 1941 an setzten die Nationalsozialisten ihren mörderischen Antisemitismus systematischer als zuvor in die Tat um. Sie versprachen sich davon die Erlösung vom jüdischen Erbe und den Übergang in ein neues Zeitalter. Dafür mussten die verfolgten Juden jedoch erst ihrer Kultur beraubt werden, zunächst durch Gettoisierung und die Reduktion auf die nackte

Existenz, schließlich durch physische Vernichtung. Dieses Vorgehen sollte zugleich vor Augen führen, dass die völkische Eigenart der Deutschen vor einer existenziellen Bedrohung gerettet werden müsse, die von der unüberbrückbar fremden Minderheit ausgehe. Gegen diese Logik versuchten sich die europäischen Juden mit allen ihnen noch zur Verfügung stehenden Mitteln zu wehren. Deutschland blieb dabei ein wichtiger Bezugspunkt ihrer intensiven kulturellen Aktivitäten, im Positiven wie im Negativen. Doch während immer mehr Juden dem Vernichtungswillen der Nationalsozialisten zum Opfer fielen, veränderte sich die Kriegslage. Die Gegner des Dritten Reiches verzeichneten zunehmend sowohl militärische als auch propagandistische Erfolge – und waren immer weniger bereit, dabei zwischen nationalsozialistischer und deutscher Kultur zu unterscheiden.

Gegen die deutsche Kultur?

Im Laufe des Jahres 1942 hellte sich Thomas Manns Stimmung langsam auf. Zunächst hatte er zusammen mit seiner Tochter Erika noch die «lendenlahme, geistesschwache Kriegsführung» der Alliierten beklagt und angesichts diverser militärischer Rückschläge mit einem langen Konflikt gerechnet. Doch dann erreichten ihn positive Nachrichten über die Lage an der Ostfront – wenngleich er sich davon keine großen Auswirkungen auf Deutschland versprach: «Alle Berichte deuten auf wachsende Hoffnungslosigkeit, die aber nicht, oder noch lange nicht zur Revolution führen wird.»[24] Parallel dazu schien die kulturelle Mobilisierung in den Vereinigten Staaten effektiver zu werden, was sich etwa an Alfred Hitchcocks Thriller «Saboteur» zeige: «Vorzügliche Nazi-Typen. Das Ganze lehrreich für Unwissende.» Ab dem Herbst 1942 sah Mann voraus, «daß dieser scheußliche Irrwitz trotz Gewalt und Müh in einem Blutwirbel zu Grunde gehen wird». Aber in den Vereinigten Staaten schwanke man nach wie vor, «ob man den Fascismus [sic] eigentlich vernichten will», und könne daher «Europa keine Würde, Klarheit, innere Macht» zeigen.[25]

Als er diese Beobachtungen in sein Tagebuch notierte, lebte Thomas Mann in Kalifornien. Er gehörte einer deutsch-europäischen Exilgemeinde an, die sich regelmäßig zum Gedankenaustausch und gemeinsamen Musikgenuss traf und deren Mitglieder er nach Kräften unterstützte. Kulturell blieb er seinem Herkunftsland verbunden, gleichzeitig distanzierte er sich jedoch von ihm: «Bei dem Gedanken, Deutschland wieder zu betreten, schaudert mir», schrieb er an eine amerikanische Gönnerin, «ich mache kein Geheimnis mehr daraus, dass mir meine Nation bis *da* geht.» Mann behauptete sogar, er sei «immer eher ausländisch gesinnt» gewesen; seine nationalistischen Stellungnahmen aus der Zeit des Ersten Weltkrieges unterschlug er dabei großzügig. Seiner Grundhaltung entsprach, dass er sich auf Alltagsleben und Kultur der Vereinigten Staaten einließ – mehr als andere deutsche Exilintellektuelle, deren Position allerdings auch weniger komfortabel war. Er richtete sich mit seiner Familie in einem modernistischen Haus in Pacific Palisades bei Los Angeles ein und berichtete von einem Abend unter amerikanischen Intellektuellen, den er trotz sprachlicher Defizite «geradezu genossen» habe.[26]

Thomas Mann kommentierte den alliierten Kampf gegen das Dritte Reich nicht nur, sondern beteiligte sich selbst an ihm. Seit Jahren hatte der international prominente Schriftsteller in öffentlichen Vorträgen für ein konsequentes Vorgehen der Vereinigten Staaten gegen das nationalsozialistische Deutschland geworben – zu einer Zeit, als sich weite Teile der amerikanischen Öffentlichkeit noch aus dem Krieg heraushalten wollten. Unter dem Titel «Deutsche Hörer!» hielt er Radioansprachen, die von der BBC in seine frühere Heimat ausgestrahlt wurden. In diesen Reden schilderte Mann die mörderischen Auswirkungen der Ver-

nichtungspolitik, verglich die nationalsozialistischen Verheißungen mit der Realität und erläuterte die alliierten Kriegsziele.
Anfangs trat er dabei als ein von seinem angestammten Publikum abgeschnittener Nationalautor auf, «dessen Werk und Person von euren Machthabern verfemt sind und dessen Bücher,
selbst wenn sie vom Deutschesten handeln, von Goethe zum Beispiel, nur noch zu fremden, freien Völkern in ihrer Sprache reden
können». Doch zunehmend klang in Manns Reden seine Enttäuschung über die Deutschen durch, die sich immer noch nicht
von ihrem «Führer» zu lösen bereit waren – weshalb sie verdien-
termaßen die Folgen seiner Politik zu spüren bekämen und für
das Dritte Reich verantwortlich gemacht würden. «Gibt es das:
Deutschland; gibt es das Volk als geschichtliche Gestalt, als eine
kollektive Persönlichkeit mit Charakter und Schicksal», äußerte
Mann im Januar 1945, «dann ist der Nationalsozialismus nichts
anderes als die Form, in die ein Volk, das deutsche, sich vor zwölf
Jahren gebracht hat.» Damit war er, der sich jahrzehntelang als
führender Repräsentant der Kulturnation verstanden hatte, zum
überzeugten Anhänger eines zivilisatorischen Weltbürgertums
geworden.[27]

Was der Schriftsteller öffentlich ansprach und privat kommentierte, waren allgemeine kulturpolitische Fragen, die sich den
Gegnern des Dritten Reiches zwischen Hollywood und Moskau
stellten. Es galt zunächst, die jeweils eigene Bevölkerung von der
fundamentalen Bedrohung zu überzeugen, die vom Nationalsozialismus ausging. Das war besonders in den Vereinigten Staaten keine einfache Aufgabe. Dort schien das Dritte Reich weit entfernt; es war vor dem Krieg kaum als Gefahr gesehen worden und
richtete nun seine Vernichtungspolitik gegen Völker und Minderheiten, die auch bei vielen Amerikanern wenig Sympathie
genossen. In den besetzten Teilen Europas war man sich zwar der
Unmenschlichkeit der nationalsozialistischen Politik bewusst,
aber damit auch der Risiken, die sich mit jeder Form von Auf-
lehnung verbanden – weshalb für Widerstand oder auch nur für

dessen Unterstützung erst geworben werden musste. In den unbesiegten, aber unmittelbar bedrohten Ländern Großbritannien und Russland musste schließlich für einen Krieg mobilisiert werden, dessen Ende sich auch nach Jahren erst langsam abzeichnete. Überall dienten Propagandaschriften, -bilder und -filme dem Zweck, die eigene Nationalkultur zu stärken und sie über die Gegnerschaft zum Dritten Reich zu definieren. Inwieweit sich dies auch gegen die *deutsche* Kultur richtete, blieb dabei zunächst unklar. Diese Unklarheit wirkte sich auch auf die deutschen Künstler und Intellektuellen im Exil aus: Ihre Mitwirkung an der Propaganda gegen das Dritte Reich war teils willkommen, teils wurde sie aber auch misstrauisch beäugt oder sogar blockiert. Und ihr potenziell wichtigster Beitrag, nämlich die Deutschen zu erreichen, ließ sich kaum realisieren, weil diese von Einflüssen aus dem Ausland weitgehend isoliert waren. Das musste selbst so ein prominenter und medial präsenter Schriftsteller wie Thomas Mann erfahren.

Als die Vereinigten Staaten Großbritannien nicht mehr nur durch Waffenlieferungen unterstützten, sondern im Dezember 1941 auch offiziell an seiner Seite in den Krieg eintraten, veränderte sich das amerikanische Selbstverständnis. Man präsentierte sich jetzt als Nation, die gesellschaftspolitische Entscheidungen im Konsens traf und demokratisch-rechtstaatlich ausgerichtet war. Amerika sei es deswegen gelungen, verschiedene Ethnien zu vereinen und den höchsten Lebensstandard der Welt zu schaffen. Das Dritte Reich bot dafür die ideale Negativfolie: So kontrastierte eine Karikatur den «Hitler way», bei dem ein Arbeiter von stahlhelmtragenden Bütteln mit Peitschenhieben vorangetrieben wurde, mit dem «American way», bei dem Arbeitnehmer- und Arbeitgebervertreter unter der Schirmherrschaft von Uncle Sam am Tisch saßen und einen Kompromiss aushandelten. Zahlreiche Firmen verbanden die Werbung für ihre eigenen Produkte – von Pepsi-Cola über Chesterfield-Zigaretten bis zu Kaugummis der Marke Wrigley – mit der Werbung für den

Militärdienst, die Arbeit in der Rüstungsindustrie und die Zeichnung von Kriegsanleihen. Die implizite Botschaft lautete, dass sich die amerikanischen Konsummöglichkeiten fundamental von der allgemeinen Knappheit im nationalsozialistischen Deutschland unterschieden. Auch die Regisseure und Filmmogule in Hollywood beteiligten sich jetzt maßgeblich an dieser kulturellen Mobilisierung der Amerikaner, nachdem die Antifaschisten unter ihnen zuvor lange in der Minderheit gewesen waren.

War der Nationalsozialismus primär eine ideologische Herrschaftsform oder das Produkt eines bestimmten Landes und seiner Kultur? Auf diese Frage gab es unterschiedliche Antworten. Viele Menschen in den Vereinigten Staaten fühlten sich den Deutschen durchaus nahe, im Unterschied zu den Japanern, deren Wahrnehmung meist von rassistischen Vorurteilen geprägt war. Dass man nun gegen diese Deutschen kämpfen sollte – und das auch noch in einer Allianz mit russischen Kommunisten –, war eine Botschaft, die erst einmal plausibel gemacht werden musste. Angesichts verbreiteter antisemitischer Vorurteile auch unter den Amerikanern selbst vermied man dabei sorgfältig den Eindruck, der Krieg werde «für die Juden» geführt. Eine Möglichkeit war, Nationalsozialisten als Verkörperung einer antidemokratischen und verabscheuungswürdigen Mentalität zu präsentieren, die nicht an nationale Zugehörigkeit gebunden war. So waren die «Nazi-Typen», die Thomas Mann in Hitchcocks «Saboteur» bewunderte, keine Deutschen, sondern reiche und verräterische Amerikaner. Diese antifaschistische Kritik an der eigenen Oberschicht barg jedoch die Gefahr, die krasse Ungleichheit der amerikanischen Gesellschaft zu thematisieren und dadurch den inneren Konsens zu gefährden.

Andere Ausdrucksformen der populären Kriegskultur in den Vereinigten Staaten verzichteten keineswegs auf ethnische Stereotype, um Gefühle der Fremdheit hervorzurufen und die nationale Einheit zu festigen: Der Zeichentrickfilm «The Ducktators»,

mit dem in den Kinos für die Zeichnung von Kriegsanleihen geworben wurde, präsentierte Hitler, Mussolini und General Hideki
Tojo dem jeweiligen nationalen Klischee entsprechend. Sie werden durch groteske Enten verkörpert, welche die Herrschaft über
naiv-unterwürfiges Federvieh erlangen. Eine Henne plädiert erst
für Frieden und Verständigung, bis sie sich schließlich dazu
durchringt, die für die Achsenmächte stehenden Enten mit Gewalt zu stoppen. Auch eine Radiosendung über die Abenteuer
von «Superman» griff auf gängige ethnische Vorurteile gegenüber den Feinden Amerikas zurück. Kritik wies der Macher mit
dem Argument zurück, er müsse kindlichen Hass entfachen und
könne dabei nun einmal nicht «zwischen dem Individuum und
dem Staat, dessen Ideologie er verteidigt», unterscheiden: «Ein
Deutscher ist ein Nazi und ein Jap der kleine gelbe Mann, der uns
in Pearl Harbor in den Rücken stach.»[28]

Zu den ambitionierten Hollywoodfilmen, in denen deutsche
Nazis vorkamen, gehörte Hitchcocks «The Lifeboat» («Das Rettungsboot», 1944). Eine ethnisch und sozial gemischte Gruppe
von Amerikanern findet sich nach einer Seeschlacht im Nord-
atlantik auf einem Rettungsboot wieder. Die Schiffbrüchigen ziehen einen Deutschen aus dem Wasser und behandeln ihn als
Kriegsgefangenen. Der freundlich auftretende und sangesfreu-
dige Mann erschleicht sich ihr Vertrauen und spaltet die Gruppe
zunehmend. Aufgrund seiner nautischen Kompetenz und seines
Geschickes an Steuer und Ruder wirkt er autoritativ. Er beginnt,
Befehle zu erteilen, so dass einer der Schiffbrüchigen ausruft:
«Was sagt man dazu? Wir haben einen Führer!» Beinahe gelingt
es ihm, sie zu einem deutschen Kriegsschiff zu lotsen. Schließlich
erkennen die Amerikaner ihren Fehler, überwältigen den Feind
und werfen ihn ins Wasser. Mit seinem Film wollte Hitchcock
angesichts der von Deutschland ausgehenden Gefahr zur inneren Einheit aufrufen. Sein Film wurde jedoch dafür kritisiert, den
Feind als intelligent und entschlossen, die Alliierten aber als naiv
und zerstritten darzustellen, wenn es etwa selbstkritisch hieß,

die Passagiere hätten «den Nazi nicht nur für uns rudern, sondern auch für uns denken lassen». Während Vertreter des amtlichen Propagandaapparates vielen Hollywoodfilmen vorwarfen,
die Deutschen zu unterschätzen und sie als zu inkompetent oder
als zu regimekritisch darzustellen, musste sich Hitchcock des
gegenteiligen Einwandes erwehren.

Dem aus Wien stammenden und 1933 von Berlin nach Hollywood emigrierten Fritz Lang konnte dagegen nicht angelastet
werden, die Deutschen ungewollt als überlegen darzustellen. Sein
Thriller «Hangmen Also Die» («Auch Henker müssen sterben»,
1943), für den Bertolt Brecht das Drehbuch schrieb und Hanns
Eisler die Musik komponierte, fiktionalisierte die Geschehnisse
nach dem Prager Attentat auf Reinhard Heydrich im Mai 1942.
Die Botschaft des Filmes war, dass sich mit List und Opferbereitschaft selbst gegen übermächtige Besatzer ein Positionsgewinn
erzielen ließ. Die Tschechen, die wegen der Schließung der Karls-
Universität in Privatwohnungen Seminare abhalten, im Kino
nach einer berühmten Passage aus Antonín Dvořáks Symphonie
«Die Moldau» Beifall klatschen und nach Kräften Widerstand
gegen die Besatzer leisten, sprechen makelloses Amerikanisch –
womit Lang bewusst die Identifikation des Publikums fördern
wollte. Dagegen bellen die Gestapomänner, die meist von jüdischen Exilanten gespielt wurden, ihre Befehle mit starkem Ak-
zent. Hans Heinrich von Twardowski, der 1933 wegen seiner
Homosexualität emigriert war und sich in Hollywood schon länger auf Nazirollen spezialisiert hatte, schrie als Heydrich in seiner
Muttersprache: «Ich verlange, dass in der Tschechei Deutsch
gesprochen wird, verstanden?! Deutsch! Deutsch! Deutsch!
Deutsch!»

Bedingt durch die Dauer des Krieges sowie durch die Nachrichten von den Verbrechen des Dritten Reiches verschwammen
die Grenzen zwischen Deutschen und Nationalsozialisten in der
amerikanischen Wahrnehmung zunehmend, und dies nicht nur
in Zeichentrickfilmen oder Thrillern. Frank Capras Propaganda-

filmreihe «Why We Fight» («Warum wir kämpfen», 1942) erläuterte den amerikanischen Soldaten die Gründe für die Beteiligung des eigenen Landes am Konflikt. Zur Illustration der nationalsozialistischen Kriegführung wurden Aufnahmen aus «Der Feldzug in Polen» und «Sieg im Westen» verwendet. Für Hitlers Aufstieg machte die Filmreihe «bestimmte deutsche Eigenschaften» verantwortlich: Eine «angeborene Liebe zu militärischer Unterordnung und strenger Disziplin» habe aus dem vormaligen Land der «Poeten und Philosophen» ein Reich der Unterdrückung und Expansion, aus seinen Bewohnern «gedanken- und gefühllose Waffen» gemacht. Dagegen wollten die Propagandaexperten im amtlichen «Office of War Information», die neben der Mobilisierung im Inland die psychologische Kriegführung gegen das Dritte Reich im Auge hatten, schärfer zwischen deutscher Kultur und ihrer nationalsozialistischen Pervertierung unterschieden wissen. Die «Naziideologie», hieß es in einem Memorandum vom Januar 1943, «*widerspricht* den maßgeblichen Tendenzen und Leistungen der deutschen Kultur (Deutsche Klassik, Humanismus und Idealismus)».[29]

Die Frage, was die deutsche Kultur mit dem Dritten Reich zu tun hatte, blieb also innerhalb der amerikanischen Debatte kontrovers. Mit ihr setzten sich auch die intellektuellen Interpreten des Dritten Reiches auseinander – darunter viele Exilanten, die sich der deutschen Kultur selbst eng verbunden fühlten. Auch diese Intellektuellen unterstellten zwar den Deutschen Eigenschaften wie Unterordnungsbereitschaft und Machtanbetung. Aber im Unterschied zu Filmregisseuren oder Plakatdesignern oblag es ihnen, diese Eigenschaften auch zu erklären. Dabei drängte die Zeit insofern, als eine Vorstellung davon entwickelt werden musste, wie nach dem ersehnten militärischen Sieg mit der deutschen Bevölkerung umzugehen sein würde. Und weil kaum noch Informationen aus dem Reich selbst flossen, war man auf Ferndiagnosen einer Bevölkerung angewiesen, die sich auch dann nicht gegen die nationalsozialistische Diktatur erheben wollte, als sich das Kriegsglück schon längst gewendet hatte.

Ging die Katastrophe auf eine staatstreue protestantisch-preußische Tradition seit Martin Luther und Friedrich dem Großen zurück? Oder waren entscheidende Weichen im 19. Jahrhundert gestellt worden, als das Militär die Revolution von 1848/49 niedergeschlagen und Bismarck die nationale Einheit mit Blut und Eisen geschaffen hatte? Solche historischen Herleitungen des Nationalsozialismus verdammten die deutsche Kultur nicht als Ganzes, wohl aber manche ihrer Stränge – in Verbindung mit politischen Entwicklungen. Ihnen standen Erklärungsversuche gegenüber, die psychoanalytische Einsichten mit marxistischer Klassenanalyse kombinierten und dabei kulturelle Aspekte eher außen vor ließen. So sah etwa Erich Fromm die Gründe für Hitlers Erfolg in der Anschlussfähigkeit seiner sado-masochistischen Persönlichkeit «mit ihren Minderwertigkeitsgefühlen, mit ihrem Haß auf das Leben, ihrem Asketentum und ihrem Neid auf all jene, die sich des Lebens freuen». Diese habe im deutschen Kleinbürgertum Anklang gefunden, das nach 1918 seine ökonomische, gesellschaftliche und familiäre Sicherheit verloren habe.[30] Wie immer man langfristige und kurzfristige, geistige, politische oder sozialpsychologische Faktoren gewichtete: Fest stand, dass es nicht ausreichen würde, die Deutschen von Hitlers Herrschaft zu befreien und sie zu entwaffnen. Angesichts der schweren Schuld, die sie auf sich geladen hatten, erschien eine – im Einzelnen noch undeutliche – Mischung von Kontrolle und Umerziehung notwendig.

Das wurde in Großbritannien nicht anders gesehen. Auf der schon länger und viel unmittelbarer vom Dritten Reich bedrohten Insel wurde zwar ebenfalls intensiv über die Interpretation der nationalsozialistischen Herrschaft diskutiert. Aber insgesamt war die Bereitschaft, zwischen Nationalsozialisten und Deutschen – die Premierminister Winston Churchill gerne «Hunnen» nannte – zu differenzieren, noch geringer als in den Vereinigten

Staaten. Auch das britische Selbstverständnis wandelte sich während des Krieges. Neue Hoffnungen richteten sich auf eine Überwindung der Klassengesellschaft sowie auf eine Kultur, die nicht länger ausschließlich im Dreieck zwischen Oxford und Cambridge mit ihren Universitäten und London mit seinen Institutionen und literarischen Zirkeln definiert sein würde. Die Gemeinsamkeit der Briten wurde nun in humorvoller Durchhaltebereitschaft, zivilgesellschaftlicher Toleranz und pragmatischem Common Sense gesehen. Deutschland, das mit Militarismus, Autoritätshörigkeit und gefährlicher Träumerei identifiziert wurde, bot das Gegenbild dazu. Es hatte seinen eigenen Sound: In britischen Filmen und Radiosendungen erklangen gebrüllte Befehle, Soldatenstiefel, die im Takt der Marschmusik auf das Pflaster schlugen, und Maschinengewehrfeuer, begleitet von Melodien Richard Wagners. Dies markierte einen unverkennbaren Kontrast nicht nur zu den Briten, sondern auch zu den gegen deutsche Unterdrückung aufbegehrenden, patriotische Hymnen singenden Kontinentaleuropäern.[31]

In den besetzten Ländern richtete sich die Selbstbehauptung der eigenen Kultur zunehmend gegen die deutsche Herrschaft. Der zunächst durchaus verbreitete Glaube, die Expansion des Dritten Reiches könne die jeweilige nationale Erneuerung befördern, verlor sich in der zweiten Kriegshälfte. Ausbeutung und Repression nahmen stetig zu. Zudem befanden sich die Deutschen jetzt auch auf dem Territorium vormaliger Verbündeter wie Italien oder Ungarn und in der von Vichy aus regierten südlichen Hälfte Frankreichs – und wurden dort nur noch von Rechtsextremen und hartnäckigen Kollaborateuren unterstützt. Da sich gleichzeitig die militärische Balance deutlich zugunsten der Alliierten verschob, gewannen die Widerstandsbewegungen überall in Europa an Rückhalt in der Bevölkerung. Vom Peloponnes über die Emilia Romagna bis zum französischen Zentralmassiv operierten Partisanen, die sich – etwa im noch heute bekannten Lied «Bella Ciao» – auf eine romantisierte Volkskultur beriefen und diese mit ihrer Nation identifizierten. Zugleich verbreitete sich die weltanschauliche Basis des Widerstands, so dass sich ihm nun verschiedene politische und religiöse Gruppen anschließen konnten. Die eigene Bevölkerung wurde gedrängt, nicht länger zwischen Nationalsozialismus und deutscher Kultur zu unterscheiden: Gerade auch die mangels amerikanischer Alternativen beliebten, scheinbar unpolitischen Unterhaltungsfilme der Ufa verdienten nach dieser Lesart den Boykott. Auch deshalb wurden in Paris und Amsterdam Werbeplakate für den fantastischen Film «Münchhausen» (1943), dessen Drehbuch der diskret regimekritische Schriftsteller Erich Kästner verfasst hatte, mit Hakenkreuzen verschmiert.

Selbst dort, wo die kulturelle Selbstbehauptung und der Kampf gegen die Besatzer in eins fielen, gab es zwar weiterhin Anhänger der Auffassung, es gebe auch gute Deutsche. Aber das Ausmaß der Gewalt, die SS und Wehrmacht gegen die Zivilbevölkerung verübten, entzog solchen Differenzierungen immer mehr den Boden. Das Widerstandsblatt *Vrij Nederland* argumentierte, das deutsche «Volk als Ganzes» habe den europäischen Prägungen Goethes, Bachs und Friedrichs des Großen zum Trotz niemals seine «barbarischen Züge» verloren. Deshalb sei es ein «unverdaulicher Brocken in Westeuropa» geblieben und infolge der nationalsozialistischen Revolution zu einer «tödlichen Gefahr» für andere Länder geworden; ein «anderes Deutschland» existiere nur noch im Verborgenen.[32] Als nach der Befreiung von Paris im August 1944 Leichen von Folter- und Mordopfern aufgefunden wurden, brachte Albert Camus in einer Zeitschrift der Résistance seine Bestürzung über Täter zum Ausdruck, «deren Gesicht ähnlich dem unseren geschaffen war». Der französische Schriftsteller und Philosoph urteilte, 1933 habe sich «ein gesamtes Volk auf die Zerstörung der Seelen eingelassen». Darüber könnten auch die guten Manieren derer nicht hinwegtäuschen, die «in der Métro ihren Sitzplatz zur Verfügung gestellt» hätten, «so wie auch Himmler, der aus der Folter eine Wissenschaft und einen Beruf gemacht hat, nachts nach Hause kam und durch die Hintertür eintrat, um seinen Lieblingskanarienvogel nicht aufzuwecken».[33]

Die Lage in Russland unterschied sich grundlegend von der Situation in Frankreich, den Niederlanden oder auch der Ukraine. Denn die deutsche Kriegführung und Besatzung waren derart gewalttätig, dass es erst gar keinen Raum für anfängliche Kollaborationsversuche oder Grauzonen des Verhaltens gab. Anders als es die marxistische Weltsicht vorgesehen hatte, machte die deutsche Arbeiterschaft keine Anstalten, den Kampf gegen Kommunisten zu verweigern. Dass die Wehrmacht einen Vernichtungskrieg auf rassistischer Grundlage führte, wurde den Russen nur allzu deutlich. Der kulturelle Überlegenheitsanspruch der Deutschen äußerte sich in der massenhaften Ermordung und unbegrenzten Ausplünderung der Zivilbevölkerung. Eine Küchengehilfin aus Stalingrad berichtete über ihre Erfahrungen mit den Besatzern vor der Schlacht: «Als sie Stalingrad einnahmen, waren sie satt. Sie brauchten Kleidung, gute Schuhe, Gold, Uhren, und später nahmen sie dann alles.» Die Stadt zu verlassen, sei möglich gewesen – aber nur gegen «eine goldene Uhr, gute Stiefel, einen Männermantel oder einen guten Teppich», die sie und ihre Familie nicht besaßen. Während die deutsche Kriegsrhetorik gesinnungsstarke, selbstständig agierende Kämpfer in den Vordergrund rückte, sah die russische Wahrnehmung ganz anders aus. Einem Hauptmann fiel die «Stärke der mechanischen Disziplin in der deutschen Armee» auf, wo «die große Masse der Soldaten Offiziersbefehle widerspruchslos befolgte», auch wenn dieselben Soldaten einzeln von Kriegsmüdigkeit sprächen.[34]

Vor dem Hintergrund solcher Erfahrungen und geschürt von der sowjetischen Kriegspropaganda wurden die Deutschen selbst zunehmend als Feinde ethnisiert. Zwar gab es in der russischen Intelligenz nach wie vor großen Respekt vor der Kultur Goethes und Beethovens. Zudem wirkten deutsche Exilanten an der sowjetischen Propaganda und Nachkriegsplanung mit – vorausgesetzt, es handelte sich bei ihnen um besonders linientreue

Kommunisten. Doch dies waren Ausnahmen, die nichts mit den SS-Männern und Wehrmachtssoldaten der Gegenwart zu tun zu haben schienen. Im existenziellen Kampf gegen das Dritte Reich vermischten sich kommunistische Ideologie und großrussischer Nationalismus. Dem orthodoxen Christentum und der Erinnerung an die Zarenherrschaft wurde nun ein wichtiger Platz eingeräumt, weil im Interesse des militärischen Erfolges auch Bevölkerungsgruppen mit konservativen Überzeugungen mobilisiert werden mussten. Der Hass auf die Deutschen bot – in Verbindung mit dem Misstrauen gegenüber den nichtrussischen Völkern der Sowjetunion – eine Klammer, welche diese heterogene Kriegskultur zusammenhielt. Der Schriftsteller Ilja Ehrenburg, der aufgrund seiner jüdischen Herkunft noch stärker bedroht war als andere Russen, schrieb: «Wenn du einen Deutschen getötet hast, töte noch einen. Nichts erfreut uns mehr als der Anblick deutscher Leichen.» Ein anderer Schriftsteller, Lew Kopelew, erinnerte sich später, wie er beim Einmarsch in Deutschland seine Soldaten von Gewalttaten gegen die Zivilbevölkerung abzuhalten versuchte. Seine Vorgesetzten beschuldigten den politischen Offizier deshalb, die Kampfmoral zu schwächen und die «Propaganda des bourgeoisen Humanismus» zu verbreiten.[35]

Die zunehmende Gleichsetzung von Deutschen und Nationalsozialisten unter den Alliierten und in den besetzten Ländern war ein unmittelbares Resultat der Politik des Dritten Reiches – und kam dieser kurzfristig zugute. Denn sie erleichterte es, Hitlers Herrschaft nach innen als alternativlos darzustellen. Das deutsche Volk könne sich gar nicht vom Nationalsozialismus lösen, so die implizite Botschaft, weil es auch in den Augen der Alliierten auf Gedeih und Verderb mit ihm verbunden sei. Als Beweis für diese Behauptung konnten die britischen und amerikanischen Bombenangriffe herangezogen werden, die sich tatsächlich nicht nur gegen die Rüstungsproduktion, sondern auch gegen die Zivilbevölkerung richteten, um deren Moral zu untergraben. Goebbels sprach immer wieder von einem alliierten

Krieg gegen die Deutschen und alles, was ihnen lieb und teuer war. Dazu gehörten Baudenkmäler und Museen, welche die Alliierten aufgrund ihres geschichtlichen Minderwertigkeitskomplexes zu bekämpfen entschlossen seien. «Wenn heute englische und amerikanische *Terrorbomber* über deutschen und italienischen Kunstzentren erscheinen und in einer knappen Stunde einen Kulturbesitz in Schutt und Asche legen, an dem Jahrhunderte gebaut und geschaffen haben», rief der Propagandaminister bei der Eröffnung der Deutschen Kunstausstellung Ende Juni 1943 aus, «dann bedarf es schon einer Vergewaltigung des gesunden Menschenverstandes, um einem so freventlichen Verbrechen ausgerechnet eine kulturelle Bedeutung zu geben.»[36]

Thomas Mann hatte für derartige Beschwerden nur Verachtung übrig: «Drohungen mit Giftgas-Repressalien gegen die inhumanen Phosphor-Bomben», notierte er nach Lektüre deutscher Pressekommentare über die Luftangriffe, «das Wort ‹inhuman›, das Wort ‹Kultur›, das Wort ‹Menschheit›.» Doch was Mann «Kultur-Lamento der Nazis» nannte,[37] wurde von vielen Deutschen geteilt, die in den vom Bombenkrieg betroffenen Städten lebten oder von der Front dorthin zurückzukehren hofften. Neben der Sorge um das eigene Überleben wurden Beschädigungen von Kirchen und Zerstörungen historischer Innenstädte als Angriffe auf die eigene Identität empfunden. Sie belegten die von den Alliierten ausgehende Bedrohung dessen, was man über politische Zäsuren hinweg kannte und schätzte, was die Gegenwart mit der Vergangenheit verband. Deshalb ließ das Propagandaministerium die Zerstörungen von Gebäuden durch Fotografien oder Zeichnungen dokumentieren – was es überdies erleichterte, von den Toten und Verletzten zu schweigen. So lieferte etwa der «Frevel am Kölner Dom» der nationalsozialistischen Propaganda willkommene Argumente für ihre Botschaft des notwendigen Kampfes um alles, was die deutsche und europäische Existenz ausmache: «Das ist der brutalste Schlag ins Gesicht der kulturbewußten Menschheit, zu dem die Angelsachsen sich in der strafwürdigen Reihe ihrer hinterhältigen Gemeinheiten erdreisteten.»[38]

Die alliierten Luftangriffe, der zähe Kampf der Roten Armee und der zunehmende Widerstand in den verschiedenen europäischen Ländern resultierten aus der Kriegführung und der imperialen Herrschaft des Dritten Reiches. Doch sie bedurften der weltanschaulichen Begründung und propagandistischen Mobilisierung, die mit der Erneuerung nationaler Kulturen von Russland bis zu den Vereinigten Staaten von Amerika einherging. Diese nationalen Kulturen bestimmten sich durch die Abgrenzung vom Gegner. Die Hoffnung, dass selbst «in der jetzigen Epoche der Schande das wahre Deutschland, das wir so bewunderten, insgeheim lebt und mit uns die Stunde der Befreiung erwartet», wie sie ein in Berlin ausgebildeter Grieche formulierte,[39] wurde immer weniger gehegt. Jahrelang hatte das Dritte Reich selbst die Gleichsetzung von nationalsozialistischer und deutscher Kultur vorangetrieben und war damit auf breite Zustimmung unter den «Volksgenossen» gestoßen. Nun fiel diese Gleichsetzung auf Deutschland zurück – in Propagandafilmen und Widerstandsblättern ebenso wie in Gestalt von Bomben auf Baudenkmäler und historische Innenstädte.

Zwar gab es Bemühungen verschiedener oppositioneller Zirkel im Deutschen Reich selbst, dieser Identifikation entgegenzuwirken. Aus christlichen oder säkularen, konservativen oder sozialdemokratischen Motiven grenzte der Widerstand deutsche von nationalsozialistischen Werten ab. Doch auch im Erfolgsfall wäre er zu spät gekommen, um das längst verlorene internationale Vertrauen noch zurückgewinnen zu können. Zur großen Enttäuschung des Schriftstellers führten Thomas Manns Rundfunkreden, die überhaupt nur unter beträchtlichem Risiko gehört werden konnten, keine Erhebung gegen Hitlers Regime herbei. Als sich die alliierten Truppen schließlich den deutschen Grenzen näherten, zeichneten sich die kulturellen Alternativen immer deutlicher ab: Entweder wurde die eigene Unschuld konstruiert – oder das Ende des Dritten Reiches als persönlicher Untergang erfahren.

Unschuld und Untergang

Mit der militärischen Lage veränderte sich ab der Jahreswende 1942/43 auch die Stellung Adolf Hitlers innerhalb des Dritten Reiches. Der kometenhafte Aufstieg und die weitreichende Macht des «Führers» hatten auf seinen Erfolgen beruht. Hitlers Siege über innere und äußere Feinde waren für viele Zeitgenossen zur selbsterfüllenden Prophezeiung und Rechtfertigung seines Genieanspruchs geworden. Nun, da sich die Bombenangriffe mehrten und die alliierten Truppen auf dem Vormarsch waren, ließ sich dieses Bild nur noch unter großen Schwierigkeiten aufrechterhalten. Hitler reagierte darauf, indem er als Prophet der Vernichtung auftrat, die das deutsche Volk bei nur halbherziger Gegenwehr von den jüdisch gelenkten Alliierten zu erwarten habe. Das «Schicksal der deutschen Nation», sagte er in einer Rundfunkansprache im Januar 1944, sei im Falle einer Niederlage «die völlige Ausrottung durch den Bolschewismus». Gerade angesichts schwerster menschlicher und materieller Verluste müsse weitergekämpft werden, um die Substanz des eigenen Volkes zu erhalten – darunter die kulturelle Substanz, der die äußeren Zerstörungen nichts anhaben könnten. Hitler sah dabei die Bombenangriffe auf deutsche Städte auch als Chance. Zwar betraue er die «endgültig verlorenen Kunstdenkmäler», aber das ändere nichts an seinem kulturpolitischen Optimismus: «Aus den Ruinen wird eine neue deutsche Städteherrlichkeit erblühen.»[40]

Seit jeher hatte sich Hitler als Künstler empfunden, dessen Gedanken und Intuitionen untrennbar mit dem Schicksal des deutschen Volkes verbunden waren. An diesem Selbstverständnis hielt er auch dann fest, als sich die Niederlage deutlich abzuzeichnen begann. Deshalb beschäftigte er sich im Führerhauptquartier so intensiv mit Architektur und sprach so ausgiebig über kulturpolitische Fragen. Es gebe «keine bessere Vorbereitung der Verteidigung, als die Menschen für die Größe ihrer kulturellen Güter zu begeistern», hieß es in einem seiner dort gehaltenen Monologe, «die Vernichtung wertvoller kultureller Güter wirkt stärker auf die Menschen, als wenn man uns eine Fabrik zusammenhaut». Kultur untermauerte für Hitler den deutschen Überlegenheitsanspruch umso mehr, je fragiler die militärische Stellung seines Reiches wurde; sie hatte einen Wert, der von aktuellen Erfolgen oder Misserfolgen unabhängig war. Die Deutschen hätten die «größten künstlerischen Leistungen im 19. Jahrhundert» erbracht, behauptete er. Ihren Denkern könnten «die Engländer, Franzosen und Amerikaner nichts, aber auch gar nichts Gleichwertiges an die Seite stellen». Besonders wichtig war Hitler die Romantik, die er nicht nur als eine literatur-, musik- und kunsthistorische Epoche betrachtete, sondern als die Grundlage der deutschen Identität ansah. «Unser Volk hat nun einmal ein ausgeprägtes Gefühl für Romantik», räsonnierte er im Juni 1943, «das dem Amerikaner restlos abgeht, weil er nie über das Häusermeer seiner Wolkenkratzer hinausschaut.»[41]

Was der «Führer» unterdessen wirklich dachte, lässt sich schwer ausmachen. Schriftliche Festlegungen oder gar persönliche Aufzeichnungen vermied er. Äußerungen gegenüber Anderen waren immer auch taktisch motiviert, und eine klare Grenze zwischen Authentizität und Selbstdarstellung hatte es für ihn ohnehin nie gegeben. Es spricht jedoch einiges dafür, dass sich Hitler der zunehmenden Ausweglosigkeit der Lage sehr wohl bewusst war und sie vor allem deshalb nicht eingestand, weil er seine Autorität als «Führer» bewahren und die Kampfmotivation der Deutschen aufrechterhalten wollte.[42] Er litt weniger unter Realitätsverlust, als dass er zielstrebig an der Inszenierung des unvermeidlich gewordenen Untergangs arbeitete – seiner selbst, aber auch großer Teile des deutschen Volkes. Mit dem Gestus des genialen Künstlers beugte er sich gleichermaßen über Karten der verschiedenen Kriegsschauplätze wie über architektonische Entwürfe für Berlin oder Linz. Öffentlich trat er in der zweiten Kriegshälfte kaum noch auf. Stattdessen griff er selbst zum Zeichenstift, um Festungen zu planen und Bunker für den «Ostwall» zu entwerfen. Außerdem ersann er Namen für neue Panzermodelle. Am wichtigsten war ihm, die Ermordung der europäischen Juden zu vollenden und als große historische Figur in das Gedächtnis der Nachwelt einzugehen. Mit diesem Ziel war es nicht zu vereinbaren, sich auch nur teilweise der Kompetenz professioneller Militärs unterzuordnen oder Möglichkeiten für einen Separatfrieden zu sondieren.

Hitler war von einer bestimmten Richtung innerhalb der deutschen Romantik fasziniert. In der Zeit der «Befreiungskriege» gegen Napoleon hatten Poeten den bereitwilligen Opfertod für das eigene Volk mythisch überhöht. Später gewann Richard Wagner aus germanischen Sagen und mittelalterlichen Überlieferungen Erzählungen des schmerzlich-schönen Untergangs, die gleichzeitig eingängig und komplex waren. Die Idee, dass wahrer Heroismus erst im Tod seine Erfüllung finde, gehörte zum kulturellen Haushalt des Bürgertums. Der ruhmvolle Untergang war eine emotional ansprechende Fantasie, die jedoch zumeist folgenlos für das eigene Leben blieb. Doch bereits im Ersten Weltkrieg waren romantische Deutungsmuster zur Überhöhung des Todes auf dem Schlachtfeld eingesetzt worden. Sie hatten sogar als – sich damals noch nicht durchsetzendes – Argument dafür gedient, 1918 unabhängig von den Erfolgsaussichten weiterzukämpfen, statt «ehrlos» zu kapitulieren.[43]

Im Rechtsradikalismus der Weimarer Republik waren diese Topoi zu einer Vision der geistig-seelischen Umgestaltung des Volkes durch eine auserwählte Elite umgestaltet worden. So hatte auch Hitlers Aufstieg eine quasireligiöse Legitimation erhalten. Nun, im letzten Stadium des Krieges, griff der «Führer» erneut auf den Topos der Selbstaufopferung zurück und schnitt ihn auf die Rechtfertigung seiner Katastrophenpolitik zu. Er verknüpfte dies mit einer Ästhetik des Todes und der Destruktion, von der in der Sowjetunion hinterlassenen «verbrannten Erde» bis zur Ardennenschlacht gegen die Amerikaner. Seit seiner Jugend hatte Hitler sich mit Wagners Helden identifiziert: Außenseitern, die gegen die etablierte Ordnung aufbegehren und so zu Ruhm und Erfüllung gelangen. Seine Lieblingsoper war das musikalisch unausgereifte Frühwerk des Komponisten, «Rienzi», in der ein spätmittelalterlicher Volkstribun zum Aufstand gegen die römischen Eliten mobilisiert. Er geht schließlich an Intrigen und Unverständnis zu Grunde, ohne dass dieses düstere Finale seinen Glauben an eine göttliche Mission erschüttern würde.

Mit seiner Inszenierung des Untergangs näherte sich der «Führer» der Lösung eines kulturpolitischen Grundproblems, das er allem Anschein nach auch selbst als solches empfand. Einerseits war es stets seine Ambition gewesen, eine genuin nationalsozialistische Kultur zu schaffen, weshalb er periodisch die Schwäche der einschlägigen Gemälde oder Filme beklagte. Andererseits hatte das Dritte Reich sich die populäre und die bürgerliche Kultur zu eigen gemacht, sowohl aus machtpolitischem Pragmatismus als auch aufgrund der geschmacklichen Präferenzen seiner Führungsriege. Dadurch hatte es zwar an Rückhalt in der Bevölkerung, jedoch nicht an Profil gewonnen. Es war darum kein Zufall, dass Hitler bei der Beschwörung deutscher Kulturleistungen immer wieder auf das 19. Jahrhundert zurückkam, statt auf aktuelle Beispiele zu verweisen. Die Bauten und architektonischen Planungen des Dritten Reiches waren die Ausnahme von dieser Regel; zudem bekräftigten sie Hitlers Anspruch, Genie und Visionär zu sein. Weil es ihm um sein Bild bei späteren Generationen ging, blieb der «Führer» unermüdlich mit Plänen für neue Bauten beschäftigt. Gleichzeitig bettete er diese in einen größeren Zusammenhang ein: die Idee eines Reiches, das erst in der Zerstörung des Bestehenden zu sich selbst findet.

Der Verdacht, Hitler steuere auf den Untergang seiner selbst und seines Volkes zu, stand bereits damals im Raum. Er wurde von hohen Militärs vorgebracht, die innerhalb der Wehrmacht für die Unterstützung eines Staatsstreiches warben oder sich nach ihrer Gefangennahme von Moskau aus an die Bevölkerung im Reich wandten. In einer seiner Rundfunkreden sagte Thomas Mann den Deutschen, ihr «sogenannter Heldenmut» laufe auf ein Verbrechen nicht bloß an anderen Völkern, sondern «an Deutschland selbst, an dem deutschen Volk und seinem Kulturwerk» hinaus.[44] Seit der Niederlage von Stalingrad oblag es der nationalsozialistischen Propaganda, diesen Verdacht zu konterkarieren. Ziel war es, dem Opfer des individuellen Lebens einen übergeordneten Sinn zu verleihen. Gleichzeitig musste suggeriert werden, dass sich nach dem «Endsieg» für die Überlebenden attraktive Perspektiven eröffneten. Joseph Goebbels, der während der ersten Kriegshälfte in den kulturpolitischen Konkurrenzkämpfen innerhalb der Führungsriege ins Hintertreffen geraten war, gelangte jetzt zu neuer Machtfülle. Seine Rivalen Rosenberg und Ribbentrop, aber auch Göring und Himmler waren in den besetzten Gebieten Europas einflussreicher gewesen. Doch nun kam es wieder auf die Macht im Reich an, wo Goebbels noch immer Presse, Film und Theater weitgehend kontrollierte. Damit nahm er eine zentrale Stellung im kulturellen «Endkampf» ein, an dem jedoch auch andere Größen des Regimes mitwirkten.

Die radikale Variante der nationalsozialistischen Propaganda bestand darin, ideelle und pseudohistorische Rechtfertigungen für militärisch sinnlose Opfer zu entwickeln oder aufzugreifen. Während die Gefechte in Stalingrad noch andauerten, hielt Göring am 30. Januar 1943 eine Rede vor Wehrmachtsangehörigen. Der Reichsmarschall eignete sich besonders für diese Aufgabe, weil er als früherer Jagdflieger über militärische Legitimation verfügte. Er verwies auf den heroischen Kampf der Burgunder gegen die zahlenmäßig überlegenen Hunnen im Nibelungenlied. Außerdem spielte er auf die Schlacht bei den Thermopylen 480 vor Christus an, in der sich eine kleine Zahl von Spartanern der vordringenden Perser erwehrt hatte und dabei ohne Ausnahme umgekommen war. Solches Durchhalten sei «aussichtslos, aber nicht bedeutungslos», sagte Göring. Er unterstrich dies, indem er die berühmten Zeilen Friedrich Schillers umformulierte: «Und es wird auch einmal heißen: kommst du nach Deutschland, so berichte, du habest uns in Stalingrad liegen sehen, wie das Gesetz, das heißt, das Gesetz der Sicherheit unseres Volkes, es befohlen hat.»[45] Wenige Wochen später rief Goebbels im Berliner Sportpalast den «totalen Krieg» aus und forderte in zehn Fragen nach der Kampfbereitschaft der Deutschen die Akklamation seines Publikums ein. In den folgenden Monaten argumentierte er in immer neuen Formulierungen, die gegenwärtigen Rückschläge und Verluste seien letztlich unerheblich. Die militärische Krise bewirke einen Substanzgewinn, weil sie die «elementarste Kraft unseres Volkstums» zum Vorschein bringe.[46]

Neben solchen Appellen an völkisches Moralempfinden setzte Goebbels auf eindringliche Beschreibungen britischer Bombenangriffe und düstere Szenarien einer sowjetischen Invasion. Diese untermauerten ein Selbstbild als unschuldige Opfer, und sie legten zudem der Zivilbevölkerung neue Formen der Teilhabe am Krieg nahe. Über Reden und Artikel hinaus ließen sie sich zum Thema von Filmen machen. So spielte im Familiendrama «Die Degenhardts» (1944) Heinrich George einen Familienpatriarchen und Lübecker Verwaltungsbeamten. Durch seine Zwangspensionierung gerät Vater Degenhardt in eine Sinnkrise, verschweigt seiner Familie die Demütigung und läuft ziellos durch die Straßen der Stadt. Nach der Bombardierung Lübecks wird er erneut gebraucht und kann sich in seinem angestammten Beruf neuen Herausforderungen stellen. Der Krieg gibt nicht bloß den Kindern der Familie Degenhardt Gelegenheit zur patriotischen Selbsterfüllung, sondern auch ihrem bereits aus dem Berufsleben ausgemusterten Vater.

Neben der Bewährung in der Heimat bot der Einsatz an der Front ebenfalls Ansatzpunkte zur positiven Identifikation. Die

Botschaft lautete hier, der Wille der Deutschen und die Genialität ihres «Führers» könnten selbst numerisch oder materiell stärkere Feinde bezwingen. Zeitungen und Illustrierte waren voll von Porträts tapferer und entscheidungsfreudiger «Einzelkämpfer»: Kampfpiloten, Gebirgsjäger oder Panzerführer, die ihre Kameraden mitrissen und Russen oder Amerikaner besiegten. Sie sollten belegen, dass sich die geistig-seelische Überlegenheit der Deutschen nach wie vor in militärische Erfolge übersetze – und dass Führung keine Frage des Ranges sei, sondern sich bei der richtigen inneren Einstellung aus der Situation ergebe. Die bildungsbürgerliche *Deutsche Allgemeine Zeitung* verkündete: «Der überragende Geist des deutschen Nahkämpfers wird über die starre Materie des bolschewistischen Roboters immer siegreich bleiben!»[47] Der *Berliner Lokal-Anzeiger* brachte die Geschichte eines jungen Unteroffiziers mit dem ortstypischen Nachnamen Klabunde. Als «unerschrockener Draufgänger bekannt», habe er einmal die Führung übernommen, als mehrere Vorgesetzte ausgefallen seien. Bei einer anderen Gelegenheit habe sich Klabunde freiwillig zu einem Spähtrupp gemeldet und einen sowjetischen Stützpunkt «ausgeräuchert»: «In erbittertem Handgranaten-Nahkampf inmitten verschlungenen Schilfgewächses riß der junge Unteroffizier seine Soldaten unter Hurrarufen *im Sturm vorwärts.*»[48]

Dass «Geist» und «Wille» kriegsentscheidend seien, ließ sich ferner über die mythisierte Erinnerung an die «Befreiungskriege» gegen Napoleon vermitteln, auf die in der zweiten Kriegshälfte immer öfter zurückgegriffen wurde. In Veit Harlans ungemein aufwändig produziertem Film «Kolberg» weigert sich die Bevölkerung einer pommerschen Festungsstadt 1807, sich den französischen Truppen zu ergeben. Angeführt vom Bürgerrepräsentanten Joachim Nettelbeck (gespielt von Heinrich George) und von Major Gneisenau verteidigen sich die Kolberger in einem heroischen Kampf, für den sie sowohl ihr Leben als auch die bauliche Substanz ihrer Stadt «rücksichtslos» einsetzen. Allen scheinbar vernünftigen Bedenken und widrigen Umständen zum Trotz fügen sie den Franzosen derart hohe Verluste zu, dass diese am Ende das Feuer einstellen und sich zurückziehen. «Das Größte», sagt Nettelbeck zum Schluss, «wird immer nur in Schmerzen geboren.» Als Gneisenau sechs Jahre später als preußischer Generalfeldmarschall auf dieses Beispiel verweist, um für die Idee eines Volksheeres zu werben, hält ihm König Friedrich Wilhelm III. entgegen: «Sie sind ein Phantast, Poet, deutscher Träumer. Die Wirklichkeit sieht anders aus, Gneisenau.» Dieser entgegnet: «Ich kenne die Wirklichkeit, Majestät. Ich sah ihr ins Gesicht, damals in Kolberg». Am Ende gelingt es dem Generalfeldmarschall, den Monarchen zu überzeugen. Goebbels gab den Film persönlich in Auftrag, griff wiederholt in die Dreharbeiten ein und hatte hierfür die Unterstützung Hitlers. Er wollte die totale Identifikation des Volkes mit dem Krieg propagieren, die mehr wert sei als militärische Professionalität oder wirtschaftliches Kalkül. Allerdings veränderte sich zwischen Planung und Premiere die militärische Lage weiter zuungunsten des Dritten Reiches, so dass man nun befürchtete, der Film könne die Moral der Zuschauer untergraben. Goebbels ordnete daher an, einige besonders drastische Gefechtsszenen zu streichen. «Kolberg» kam zwar Anfang 1945 tatsächlich in die Kinos, aber für Durchhalteparolen gab es dort kaum noch ein Publikum.

Goebbels war sich darüber im Klaren, dass Erzählungen von heroischer Selbstaufopferung nicht bei allen Deutschen verfingen, auch wenn sie an Elemente der deutschen Bildungstradition anschließen mochten. Bereits vor 1939 hatte sein Erfolg als Propagandaminister maßgeblich auf einem feinen Gespür für populäre Unterhaltungsbedürfnisse beruht. Auch später hatte er nach Kräften versucht, Möglichkeiten zur Ablenkung von der hässlichen Realität des Krieges bereitzustellen. Doch seit der Kriegswende wurde dies ungleich schwieriger. Goebbels reagierte darauf, indem er betonte, man könne sich aus der Volksgemeinschaft nicht einfach davonstehlen. Dies sei nicht nur verachtenswert, sondern auch aussichtslos, weil es von den Feinden ohnehin nicht akzeptiert würde – womit er auf die bereits weit vorangeschrittene Ermordung der europäischen Juden anspielte, deren Rassenverwandte nach nationalsozialistischer Lesart hinter den Regierungen in Washington, London und Moskau steckten. Gleichzeitig stellte er weiterhin denjenigen eine schöne Zukunft in Aussicht, welche die Krise ehrenvoll überstehen würden. Und er setzte nach wie vor darauf, persönliche Entbehrungen, Sorgen und Verluste durch Entspannungsangebote kompensieren zu können.

Wie sahen diese Entspannungsangebote in den letzten beiden Kriegsjahren aus? Immer noch dominierten Schlager und Unterhaltungsfilme die Programme von Rundfunk und Kino, selbst wenn sich Goebbels oft mit deren Niveau unzufrieden zeigte. Noch stärker als zuvor ging die Tendenz dahin, aus der immer weniger zu beschönigenden Gegenwart in Fantasiewelten auszuweichen – was es dem Publikum erleichterte, sich die eigene Unschuld zu attestieren. In «Münchhausen» (1943), einem der ersten deutschen Farbfilme, spielt Hans Albers einen Lügenbaron, der im 18. Jahrhundert nach Russland geschickt wird, dort die ewige Jugend geschenkt bekommt und eine Reihe von Abenteuern erlebt. «Die Feuerzangenbowle» (1944) zeigte Heinz Rühmann, wie er als Berliner Schriftsteller Dr. Pfeiffer inkognito in eine Kleinstadt der Jahrhundertwende geht, um dort seine versäumte Pennälerzeit nachzuholen. Nach mancherlei Streichen gewinnt er das Herz der Tochter seines Schuldirektors und trennt sich von seiner großstädtischen Verlobten. Am Ende des Filmes bekennt er, sowohl die Geschichte als auch seine eigene Person erfunden zu haben: «Wahr sind nur die Erinnerungen, die wir mit uns tragen, die Träume, die wir spinnen, und die Sehnsüchte, die uns treiben; damit wollen wir uns bescheiden.»

Allen Appellen an Träume und Sehnsüchte zum Trotz zerfiel nun die kulturelle Synthese des Nationalsozialismus. Sie hatte auf der Vorstellung basiert, völkische Erneuerung, bürgerlicher

Geschmack und populäre Unterhaltung seien vereinbar. Während der ersten Kriegshälfte hatten sich die Möglichkeiten der Deutschen, Kultur zu inszenieren, zu praktizieren und zu konsumieren noch erweitert – auf Kosten anderer Europäer. Doch jetzt wurde diese Entwicklung blockiert und sogar zurückgedreht: In den Städten zerstörten die Bomben Theatergebäude und Konzerthäuser. Fußballspiele mussten häufig abgesagt werden. Immer mehr Zeitungen und Zeitschriften stellten aufgrund von Papierknappheit und bewusster Fusionspolitik des Regimes ihr Erscheinen ein. Weniger gravierend waren die Auswirkungen auf den Film: Trotz der Bombenangriffe blieben zahlreiche Kinos intakt, und Goebbels verschonte Produktion und Spielbetrieb von Verboten oder Einziehungen zur Wehrmacht. Neue Vorführungsstätten ließen sich rasch errichten, teilweise unter freiem Himmel. Evakuierte Großstädter konnten Filme in kleineren Ortschaften sehen. Allerdings konkurrierten sie dort mit den Einheimischen um die knappen Sitzplätze. Überdies gab es empörte Reaktionen, weil auch westeuropäischen «Fremdarbeitern», die für den antibolschewistischen Krieg gewonnen werden sollten, der Kinobesuch gestattet war. Ihr Vorrang beim Konsum, an den sich die Deutschen gewöhnt hatten, stand damit in Frage. Schließlich war auch die Rundfunkunterhaltung nicht unproblematisch: Viele Zuhörer verlangten danach, während andere sie angesichts der Lage für unangemessen hielten. Das Gefühl der Unangemessenheit konnte sich auch kurzfristig einstellen – wie etwa nach einem Bombenangriff auf Essen, als das Radio kurz darauf unabsichtlich den Schlager «Ich tanze mit dir in den Himmel hinein» sendete und damit unter den regionalen Hörern Empörung hervorrief.

Den Deutschen standen also durchaus legitime Alternativen zu den Geschichten über bereitwillige Selbstaufopferung zur Verfügung, welche von den Kriegserfahrungen ablenkten und Überlebenshoffnungen ausdrückten. Dennoch gab es unverkennbare Abgrenzungsbewegungen von der Kultur des Dritten Reiches. So erlebte der österreichische Patriotismus einen Aufschwung: Bevor das Wiener Burgtheater im Sommer 1944 geschlossen wurde, erhob sich Applaus, wenn in den aufgeführten Stücken vom Habsburgerreich die Rede war. Die Orientierung am Ausland kam ebenfalls vor – bei Zarah Leander, die 1943 ins heimische Schweden reiste und dort das Kriegsende abwartete, aber auch bei deutschen Swingliebhabern. Wer sich mit den Jazzadaptionen deutscher Rundfunkorchester nicht zufrieden geben wollte, hatte andere Optionen: Da die Alliierten nun von Italien und (nach der Landung in der Normandie) auch von Frankreich aus senden konnten, war es den Soldaten möglich, Benny Goodman, Glenn Miller und andere amerikanische Musiker zu hören. Auch in Süddeutschland konnte man dies tun, während sich in Norddeutschland die inländische BBC oder die dänischen Stationen empfangen ließen. Die Hamburger Swingjugend ging jedoch erheblich weiter: Sie verband ihre musikalische Vorliebe mit einem betont lässigen Kleidungs-, Tanz- und Verhaltensstil, auch mit gelegentlicher Respektlosigkeit vor den NS-Größen sowie Zweifeln am Krieg. Damit forderte sie Hitlerjugend, Gestapo und schließlich Himmler selbst heraus, bis sie im Herbst 1942 zerschlagen wurde. Dutzende von Swingfans wurden in Konzentrationslager geschickt und dort auf brutalste Weise misshandelt. Dennoch fanden sie Nachahmer in anderen Teilen des Reiches, von denen sich die meisten vorsichtiger verhielten, während einige unter hohem Risiko Rundschreiben über amerikanischen Jazz verbreiteten.

Die entschiedene Abkehr vom nationalsozialistischen Krieg blieb jedoch bei den Deutschen selten. Denn nach verbreiteter Ansicht würde ein ziviles Leben erst nach einem siegreichen Ende des militärischen Konflikts möglich sein – ja, es wurde oft als dessen eigentliches Ziel gesehen. «Dem Konsumenten wird wieder Freiheit gegeben werden, denn hierin liegt das *Grundelement jeder Kultur*», brachte die *Deutsche Allgemeine Zeitung* diese Vision auf den Punkt: «In den vielen Millionen eines Volkes sind

nun ebenso zahlreiche Wünsche, Bedürfnisse und Ideale leben-
dig, die in irgendeiner Form verwirklicht werden sollen.» Solche
individualistischen Erwartungen gingen mit Deutungen einher,
die der Kriegserfahrung selbst einen übergeordneten Sinn verliehen. Das Blatt machte im teilzerstörten und weiter bombardierten Berlin eine «zweckvolle Gradlinigkeit» aus, die sowohl
den aktuellen Herausforderungen als auch dem Wesen der Bevölkerung entspreche. Das schließe Interessen ein, die über die
unmittelbare Lebenssicherung hinausgingen – an Theater, Musik
und Kunst ebenso wie an Filmkomödien: «Besonders gefragt
war der neue Film die ‹Feuerzangenbowle›, was beweist, daß ein
Schuß Humor und eine Stunde gelöste Ausgelassenheit besonders in schweren Tagen notwendig sind und immer ihre Wirkung
tun werden.»[49]

Das Bild des individualistischen Konsumenten der Zukunft
und des schnörkellos-humorvollen Großstädters der Gegenwart
überschnitt sich mit dem des opferbereiten Deutschen, der an
der Front oder in der bombardierten Heimat jederzeit das eigene
Leben verlieren konnte. Die *Deutsche Allgemeine Zeitung* sah darin keinen Anlass für Pathos, denn «je größer die Opfer geworden
sind, die von dem einzelnen verlangt wurden, desto mehr ist
der Wunsch geschwunden, sie in den Himmel einer Heroisierung
hinaufzuheben». Die «große Zeit» bringe außergewöhnliche Ta-
ten hervor, die jedoch «als die bloße Pflichterfüllung verstanden
werden» wollten. So selbstverständlich diese Bescheidenheit erscheinen sollte, so sehr musste ihr ein Sinn zugeschrieben werden: «Hinter diesem Kriege wird kein Umsonst stehen.» Allein
die Tatsache, dass die Deutschen derartige Opfer erbracht hatten,
sprach sie von jeglicher Schuld frei. Der kulturelle Überlegenheitsanspruch, der die gesamte Kriegsrhetorik durchzogen hatte,
half nun dabei, sich selbst moralische Sauberkeit zu bescheinigen. Ein Frontberichterstatter behauptete, deutsche Soldaten
seien sanft zu Frauen, Kindern und Schmetterlingen. Sie läsen
Goethe, statt sich wie die Amerikaner an Nacktbildern zu delek-

tieren: «Die Zartheit der Front ist ohne Ende. Sie ist heiter und ernst. Sie hat nichts mit Rang und Alter, nichts mit Beruf und Bildung zu tun.»[50]

Die Wehrmachtssoldaten selbst beschrieben ihre Existenz selten in derart poetischen Formulierungen, doch auch sie sahen sich überwiegend in einem legitimen Verteidigungskrieg. Günther Krenzin, im Zivilberuf Werkzeugmacher in Berlin, äußerte in seinen Feldpostbriefen keine Neigung, sich selbst zu opfern. Der Gefreite ersehnte ein Ende des Konflikts, weil ihm «das ganze Kommißleben bis zum Hals stand» – und hoffte gerade deshalb auf die mirakulöse Wirkung der «Vergeltungs-Waffe». Kulturkonsum war Teil seiner Hoffnung auf eine friedliche Zukunft, in der er wieder mit seiner Frau «ins Kino gehen» würde. Gleichzeitig hielt er die Erinnerung an eine noch nicht vom Krieg geprägte Welt wach. Während er an der Front war, sah er eine Romanze, die noch kurz vor den ersten massiven Bombenangriffen auf die Hauptstadt hatte gedreht werden können: «Gestern war ich im Kino, habe gesehen Großstadtmelodie, da habe ich noch mal unser kleines Berlin gesehen wie es einmal aussah, es wurde einem ganz weh ums Herz wenn man daran denkt wie es jetzt dort aussieht, und die Sehnsucht war nach dem Film wieder besonders stark.»[51]

Hans-Joachim S., im Zivilberuf Kaufmann und ebenfalls aus Berlin, war deutlich stärker als Günther Krenzin in das nationalsozialistische Projekt involviert. In Russland hatte er sich bemüht, der örtlichen Bevölkerung «mal etwas von deutscher Reinlichkeit und Arbeit zu zeigen», sich jedoch bald desillusioniert über die dortige «Hinterhältigkeit» und «Unkultur» geäußert.[52] Von Görings Rede während der Schlacht von Stalingrad war er «nicht 100%ig erbaut», weil ihm nun klar war, dass er wie jeder Soldat «von vornherein zum Opfertod bereit sein» müsse. Auch für ihn gehörte Konsum zu den Vorstellungen von einem guten zukünftigen Leben. «Wenn wir wieder ein Opelchen besitzen werden», schrieb er an seine Frau, «kaufen wir auch einen Kofferapparat und mit vielen anderen Dingen werden wir uns das Leben ver-

schönern». Solche Gedanken belebten seinen Optimismus –
zusammen mit der Überzeugung, dass «Hitlers Sache» gut sei,
«jedenfalls besser als die der Bolschewisten und Plutokraten und
Juden». In Lehrgängen bereitete sich Hans-Joachim S. auf eine
Offizierskarriere vor. Er lebte sich «in die militärische Gedanken-
welt immer mehr hinein» und schuf sich «eine kleine idealisti-
sche Weltanschauung». Dadurch sah er einerseits «das Leben
bedeutend erleichtert» und erhielt andererseits eine persönliche
Verbindung zum Nationalsozialismus aufrecht.[53] Eine Alternative
sah er nicht. Es war in seinen Augen besser, «mitzuhelfen, den
Endsieg zu erringen, als andernfalls als Sklave für fremde Völker
zu dienen». Nur wenn die Soldaten aushielten «bis zum letzten
Mann», könnten seine Frau und seine Kinder einer «besseren Zukunft» entgegensehen.[54]

Nur wenige Wehrmachtssoldaten verspürten die Neigung, ihr
eigenes Schicksal im Spiegel der Erzählungen von Spartanern,
Nibelungen oder Kolbergern aus der Zeit der napoleonischen
Kriege zu interpretieren. Die Kriegserfahrung legte stattdessen
Gefühle des Ausgeliefertseins nahe, der unheroischen Todesbereitschaft angesichts einer immer verzweifelteren Lage. Auch
in Feldpostbriefen war die Sprache direkter, die Perspektive pragmatischer als in Goebbels' Propagandaformeln. Die Vorstellung
von «Kultur» verband sich statt mit der Ausübung von Herrschaft
zunehmend mit der Sehnsucht nach basaler Körperhygiene oder
entspannender Musik. «Ein Stock tiefer ist ein Radio aufgestellt
worden», schrieb der Berliner Soldat Lutz Raumer aus einem
Feldlazarett an seine Eltern, «so können wir wenigstens etwas
von der Kultur genießen.»[55] Doch noch immer drückte der Begriff
einen Überlegenheitsanspruch aus, wenn auch weit defensiver
als wenige Jahre zuvor – im Sinne moralischer Selbstrechtfertigung. Die Deutschen könnten nicht, so Major Wolfgang Panzer,
Heidelberger Hochschullehrer und NSDAP-Mitglied, «dem Feind
einfach alles überlassen, nur weil er sich über jede Abmachung
hinwegsetzt und Kulturgüter ihm nichts bedeuten».[56] National-

sozialistische Denkweisen und Sprachmuster blieben für viele Soldaten und besonders Offiziere bis kurz vor Kriegsende überzeugend, wie auch die Begriffswahl von Hans-Joachim S. erkennen lässt, wenn er in seinen Briefen von «Weltanschauung» und «Endsieg» schrieb.

An der Heimatfront bestimmten die fortwährenden Bombenangriffe immer mehr das öffentliche Leben. Feuerstürme, Gebäudetrümmer und chaotische Fluchtbewegungen von der Stadt aufs Land addierten sich zu einem Panorama der Zerstörung. Der norwegische Journalist Theo Findahl beschrieb die «sonderbar drückende Stimmung von *Untergang*» in der Halle des Hotels Adlon im Zentrum Berlins und bemühte historische Analogien: «Wahrlich, hier geht eine Weltstadt gerade vor unsern Augen unter. Reminiszenzen an Romane über Karthagos und Roms Fall, über die Katastrophe von Pompeji jagen einem durch den Kopf.»[57] Für große nationalsozialistische Inszenierungen blieb so kaum noch Raum. Das Reden über Vergeltung mit neuartigen Waffentypen und die gelegentlich anklingende Faszination eines radikalen Neuanfangs aus den Ruinen konnten dieses Defizit nicht wirklich kompensieren. Stattdessen gewannen jetzt kirchliche Stimmen an Plausibilität. Bischöfe und Pfarrer beider Konfessionen deuteten die Bombenangriffe als Heimsuchung, Gelegenheit zur Buße und Voraussetzung für eine zukünftige Erlösung. Zwar distanzierten sie sich damit von der nationalsozialistischen Vergeltungsrhetorik. Zugleich vermittelten sie aber das Bild eines Krieges, für den die Deutschen keine konkrete Verantwortung trugen und den sie auch weiterhin zu erdulden hatten.

Überhaupt noch Messen und Gottesdienste abzuhalten, war unter den Bedingungen des Bombenkrieges schwierig. Gleiches galt für kulturelle Veranstaltungen, die gegen Kriegsende immer seltener wurden. Eine Zeitlang versuchte Goebbels noch, das Theater- und Musikleben trotz der zunehmenden Zerstörung von Spielstätten und Konzerthallen aufrechtzuerhalten. Dies mit den Anforderungen des «totalen Krieges» zu vereinbaren, den er unermüdlich propagierte, fiel ihm jedoch immer schwerer. Er beklagte, dass das Personal des Berliner Metropoltheaters «nach den letzten Luftangriffen einfach ausgerissen» sei und dass die Vielzahl von KdF-Veranstaltungen ein «kulturelles Kriegsgewinnlertum» erlaube. Zum 1. September 1944 verfügte Goebbels reichsweit die Schließung der Theater und die Einschränkung des Konzertbetriebs – damit reduzierte sich auch die Zahl derjenigen Künstler, die als «unabkömmlich» vom Wehrdienst freigestellt waren. In kulturpolitischer Hinsicht konzentrierte sich der immer mehr in die Kriegführung involvierte Minister entweder auf Durchhaltepropaganda im Stile von «Kolberg» oder auf Planungen für die Nachkriegszeit. Er, der den großen Auftritt in der Oper oder im Konzertsaal so sehr geliebt hatte, nutzte Musik nun wie viele andere Deutsche zur privaten Besinnung. Nach abendlichem Radiohören notierte er: «Beethovensche Musik ist für diese Zeit wie geschaffen.»[58]

Die sowohl bei Hitler als auch bei Goebbels festzustellende Vermischung von Improvisation und Vision prägte auch den Bereich der Kultur, der vom Bombenkrieg am unmittelbarsten betroffen war: Architektur und Stadtplanung. Zwischenzeitlich hatte der «Führer» die Entwicklung von Plänen für die Nachkriegszeit untersagt. Doch später ließ er sich von dem Argument überzeugen, man könne nicht nur die Zerstörungen behelfsmäßig ausgleichen, sondern müsse beizeiten den Wiederaufbau vorbereiten. In diesem Bereich konkurrierte Albert Speer mit Robert Ley, dem Reichswohnungskommissar und Leiter der Deutschen Arbeitsfront. Ley und andere radikale Nationalsozialisten wollten die Gesundheit des Volkes durch aufgelockerte, von Einfamilienhäusern mit Garten geprägte Stadtlandschaften fördern. Dagegen äußerten Speer und seine Mitarbeiter eher technokratische Präferenzen; sie waren froh, dass die Bombenangriffe große Teile der aus dem 19. Jahrhundert stammenden Bausubstanz beseitigt hatten. Von monumentalen Bauten und geometrischen Achsen war aber kaum noch die Rede. Es gehe nicht darum, so Speer im

November 1943, «das Stadtzentrum in irgendwelchen hochkünst-
lerischen Ideen neu entstehen zu lassen», sondern zügig zu
bauen und dabei zukünftige Verkehrsinfarkte zu vermeiden:
«Wir müssen in irgendeiner Form, soweit es geht, uns an die vorhandenen Straßenzüge halten und versuchen, diese Straßenzüge
zu verbreitern.»[59]

Architekten und Stadtplaner setzten also einerseits ihre Mitwirkung am nationalsozialistischen Krieg fort, entwickelten aber
andererseits konkrete Vorstellungen, die vom Kontext des Dritten Reiches unabhängig waren. Mit dieser Haltung fügten sie sich
in eine Kultur, die von Zerstörung bestimmt war und sich in
der Praxis defensiv und stückwerkartig ausnahm. Der Bombenkrieg und die alliierte Invasion entzogen der kulturellen Synthese, wie sie sich Mitte der dreißiger Jahre formiert und dann im
Zeichen des Krieges radikalisiert hatte, den Boden. Der Rückgriff
auf die Entscheidungs- und Erneuerungsrhetorik von 1933/34
überzeugte angesichts der desolaten militärischen Lage nur noch
eine Minderheit der Deutschen. Doch blieb die nationalsozialistische Ideologie, oft vermischt mit bürgerlichen Traditionen oder
konsumistischen Orientierungen, bis zum Ende des Dritten Reiches präsent. Sie konnte sich halten, weil sie seit zwölf Jahren
über verschiedene Kanäle vermittelt und auch von den Deutschen rezipiert worden war. Dagegen gab es starke Vorbehalte bei
denjenigen, die noch im Kaiserreich und in der Weimarer Republik andere Prägungen erfahren hatten als den Nationalismus.
Doch unter den Bedingungen einer Diktatur mit breiter Unterstützung in der Bevölkerung ließen sich diese Vorbehalte kaum
öffentlich artikulieren. Ein alternatives Bewusstsein zum Nationalsozialismus konnte nur in begrenzten Zirkeln bewahrt oder
herausgebildet werden – wie in der Familie des jungen Berliner
Soldaten und späteren Deserteurs Hans Stock, der seinen Eltern
von Plünderungen slowenischer Ortschaften und Erschießungen
angeblicher Partisanen berichtete: «Es war ein unbeschreibliches
Bild unserer ‹Kultur›, an das ich mich jetzt bald gewöhnt habe.»[60]

Schluss

Mit dem Dritten Reich zerfiel auch seine Kultur. Hastig wurden in den letzten Kriegsmonaten geraubte Kunstwerke in Bunker und Bergwerksstollen gebracht. Das Konzertleben, die Filmproduktion und der Theaterbetrieb kamen nahezu zum Erliegen. Wie alle anderen Deutschen waren Musiker und Schauspieler durch die Bombenangriffe an Leib und Leben bedroht, mussten in der Wehrmacht oder im Volkssturm kämpfen. Selbst die Berliner Philharmoniker, die als Bannerträger des deutschen Musiklebens bis zum Kriegsende «unabkömmlich» gestellt waren, konnten kaum noch auftreten. Ihre letzten Konzerte vor der Kapitulation fanden an Ausweichorten vor eher untypischem Publikum statt: Hitlerjugend, Wehrmachtssoldaten und NS-Führungsoffizieren. Noch am 11. April 1945 gab das Reichsorchester in verkleinerter Besetzung – einige Mitglieder waren geflüchtet, andere hatten Selbstmord begangen – ein Privatkonzert für Albert Speer. So konnte sich der Rüstungsminister an der Musik Beethovens, Bruckners und Wagners erfreuen, während die Rote Armee bereits zur Eroberung von Berlin ansetzte. Wilhelm Furtwängler, der so viel zum kulturellen Prestige des Dritten Reiches beigetragen hatte, war allerdings schon seit Ende Januar nicht mehr dabei: Der Stammdirigent der Philharmoniker zog es zum Ärger von Goebbels vor, das Kriegsende in der Schweiz abzuwarten.

Nach zwölf Jahren «wie in einem Traum» löste sich die Verbindung von deutscher Kultur und nationalsozialistischer Herrschaft. Was für Millionen von Menschen plausibel gewesen war, konnte ohne diktatorische Macht und militärischen Erfolg keinen Bestand mehr haben. In Hitlers letzten Äußerungen war von Kultur kaum noch die Rede. Vielmehr konzentrierte er sich darauf, sein Image als politisches Genie aufrechtzuerhalten. Während er körperlich immer weiter verfiel, berief sich der «Führer» auf Friedrich den Großen, den er in Haltung und Gebärden imitierte. Den imperialistischen Krieg und den Massenmord an den europäischen Juden stellte Hitler als unvermeidlich dar – wollte er doch nach seinem Tode als Vollstrecker «völkischer Realpolitik» dastehen: «Die einen erstreben das Wohl des abstrakten Individuums und sie jagen dem Trugbild einer universalistischen Lösung nach», diktierte er seinem Getreuen Martin Bormann, «die anderen sind die Tat- und Wirklichkeitsmenschen. Der Nationalsozialismus kennt nur das Deutschtum und ihn interessiert nur das Wohl des deutschen Volkes.»[1]

Hitlers Mahnung, gerade auch in der Niederlage an der nationalsozialistischen Weltanschauung festzuhalten, wurde von den allermeisten «Volksgenossen» nicht befolgt. Ausländischen Beobachtern, die mit den alliierten Armeen deutschen Boden betraten, fiel etwas anderes auf: die Neigung, das Dritte Reich einerseits trotzig-defensiv zu rechtfertigen und andererseits jede Mitverantwortung für seine Politik zu leugnen. Saul K. Padover hatte als amerikanischer Offizier den Auftrag, durch ausführliche Vernehmungen ein klareres Bild von der Haltung der Bevölkerung zu gewinnen. Weil er aus Wien stammte, konnte er ohne sprachliche Schwierigkeiten Gespräche führen, die ihm ebenso wichtige wie bestürzende Einsichten verschafften. Besonders gebildete Deutsche waren «von arrogantem Stolz auf die deutsche Kultur durchdrungen», der ihre Beteiligung am nationalsozialistischen Projekt legitimiert hatte und auch nach dessen Scheitern nicht in Frage gestellt wurde. Ein Philosoph und Kunsthistoriker wollte keinen Zusammenhang zwischen seiner Unterstützung Hitlers und der Zerstörung seines geliebten Aachen erkennen. «‹Von Politik›, murmelte er, ‹verstehe ich nichts›», gab Padover die Selbstrechtfertigung des Bildungsbürgers wieder, «‹ich beschäftige mich mit dem Schönen und Wahren.›» Gegenüber einem pensionierten Militär, der sich im Gespräch auf die deutsche «Kulturnation» berief, verlor der amerikanische Offizier schließlich die Beherrschung: «Herr General, Sie reden von Kultur. Wissen Sie von den Mordfabriken? Wissen Sie, was die Deutschen in Europa angerichtet haben?»[2]

So berechtigt Padovers Kritik an der Idee der deutschen Kultur war – dass diese sich jemals wieder mit totalem Krieg und mörderischem Rassismus verbinden würde, erschien rasch unwahrscheinlich. Eine Neuauflage des Dritten Reiches war nach dem Mai 1945 unmöglich, aufgrund der alliierten Kontrolle und weil die Konsequenzen seiner Politik für die Deutschen offensichtlich geworden waren. Die zerstörerische Dynamik der nationalsozialistischen Herrschaft mit ihren gravierenden Auswirkungen auf die deutsche und die europäische Kultur war an ihr Ende gelangt.

Kultur im Dritten Reich war von einer besonderen Konstellation abhängig gewesen: Hitlers politische Impulse und kulturelle Präferenzen hatten einen permanenten Konkurrenzkampf unter seinen Gefolgsleuten angefacht. Die Feindschaft zwischen Rosenberg, der sich auf völkische Aktivisten und später seinen Einsatzstab stützen konnte, und Goebbels, der das Propagandaministerium und das Reichskammersystem kontrollierte, war beiden Motivation zu immer neuen Initiativen gewesen. Mit dem Germanenkult und der Stadtplanung hatten sich Himmler und Speer jeweils eigene kulturelle Felder erschlossen. Göring bewahrte sich mit den Preußischen Staatstheatern kulturpolitischen Einfluss und profilierte sich zudem als Renaissancemensch. Alle diese Größen des Dritten Reiches hatten es ebenso wie Hitler selbst auf repräsentativen Kunstbesitz abgesehen und dafür in großem Stil Raub betrieben. Und sie alle bemühten sich – trotz vieler pragmatischer Entscheidungen in Einzelfragen –, vor ihrem «Führer» als radikal und antisemitisch zu erscheinen.

Diese Konstellation hatte sich bis in die einzelnen Gaue des Reiches und später auch bis in die besetzten europäischen Gebiete ausgewirkt. Persönliche Ambitionen, bürokratische Anstrengungen und diktatorische Machtmittel waren für die kulturelle «Reinigung» mobilisiert worden. Rassistische Ideen hatten sich dadurch entfalten und mit anderen Strömungen vermischen können. Die deutsche Kultur war expandiert – bei aller zeitweiligen Attraktivität gewaltsam, auf Kosten anderer Kulturen. Erst die vollständige militärische Niederlage machte dem ein Ende. Die führenden Protagonisten des Dritten Reiches begingen Selbstmord – mit Ausnahme von Speer, der lange im Spandauer Gefängnis saß und danach für viel Geld seine Memoiren veröffentlichte –, die von ihnen gegründeten Institutionen wurden aufgelöst. Zwischen deutscher und nationalsozialistischer Kultur ließ sich nach 1945 wieder unterscheiden – was sowohl der Selbstentlastung der vormaligen «Volksgenossen» zugute kam als auch den Bemühungen der Besatzungsmächte um einen Brückenschlag zu einheimischen Traditionen.

Dennoch prägte das Dritte Reich über sein Ende hinaus die deutsche Kultur. Unter seiner Herrschaft waren Millionen von Menschen ihrer politischen und kulturellen Artikulationsfähigkeit beraubt worden. Sozialdemokraten und Kommunisten hatten allenfalls noch im privaten Kreis ihre Lieder singen können. Der antifaschistische Humanismus hatte nur im Exil überdauern und kaum Einfluss auf die Einstellungen der Deutschen im Reich ausüben können. Nach 1945 blieb er marginalisiert, in der Bundesrepublik und bald auch in der – das Kulturleben immer rigider kontrollierenden – DDR. Seit 1933 waren Juden aus Konzertsälen und Theatern verbannt worden, von der Bühne ebenso wie von den Publikumsrängen. Unter zunehmend schwierigeren Bedingungen hatten sie um kulturelle Freiräume gerungen, von den Kulturbünden der Vorkriegszeit bis in die Gettos der Kriegsjahre, durch Musizieren, Lesen oder Tagebuchschreiben. Nach dem Holocaust konnte es einen Wiederaufschwung der jüdischen Kultur allenfalls in Ansätzen geben.

Die Ausgrenzung von Minderheiten und politischen Gegnern in Deutschland wäre nicht möglich gewesen, hätte das Dritte Reich nicht gleichzeitig so erfolgreich um die Unterstützung der

«Volksgenossen» geworben. In seiner Kultur hatten sich spezifisch nationalsozialistische Elemente mit bürgerlich-nationalen Traditionen überschnitten und vermischt. Nach dem Krieg ließ sich diese Synthese allerdings recht einfach verdrängen und eine Kontinuität deutscher Kultur über den Zusammenbruch hinweg beschwören. Die vormaligen Kritiker des Dritten Reiches hatten daher in Westdeutschland lange einen schweren Stand. Auch deswegen lebte Thomas Mann nach seiner Rückkehr aus Kalifornien bis zu seinem Tod im schweizerischen Kilchberg statt im vertrauten München oder Lübeck. Victor Klemperer blieb dagegen trotz seiner dezidiert bürgerlichen Einstellung in der Sowjetischen Besatzungszone; später wurde er sogar Abgeordneter in der Volkskammer der DDR. In das Kulturleben der Bundesrepublik wollten aber auch dezidiert rechte Intellektuelle nicht recht passen, obwohl sie gerade deshalb eine gewisse Faszination ausübten: Sowohl Carl Schmitt als auch Ernst Jünger lebten zurückgezogen, pflegten jedoch zahlreiche Kontakte und wurden viel gelesen. Dagegen konnten sich die Unterhaltungskünstler, die so viel zur Popularität des Dritten Reiches beigetragen hatten, nicht über Marginalisierung beschweren. Ihre scheinbar unpolitischen Schlager und Komödien wurden weiterhin geschätzt, und sie konnten – wie etwa Heinz Rühmann – ihre Karrieren bruchlos fortsetzen.

Obwohl die Kultur des Dritten Reiches 1945 an ihr Ende gelangte, wirkt sie doch bis in unsere Zeit fort – so tief der Einschnitt auch war, den Hitlers Tod markierte, und so wenig Arno Breker, Wilhelm Furtwängler oder Zarah Leander jüngeren Deutschen noch sagen mögen. Auch noch im 21. Jahrhundert sehen wir uns immer wieder mit dem Erbe dieser Kultur konfrontiert. Nationalsozialistische oder von Nationalsozialisten geraubte Kunst taucht an unerwarteten Orten auf – wie etwa in Bad Dürkheim, wo Kriminalpolizisten im Mai 2015 einen sensationellen Fund machten: die bronzenen Pferde Josef Thoraks, die vor der Neuen Reichskanzlei gestanden hatten, und ein für den Triumphbogen der neuen Hauptstadt vorgesehenes Großrelief von Arno Breker. Fernsehdokumentationen zeigen immer wieder, wie sehr unser heutiges Bild des Nationalsozialismus von Fotografien und Filmaufnahmen geprägt bleibt, welche die Nationalsozialisten selbst aus propagandistischen Motiven in Auftrag gaben. Und Versatzstücke der Kultur des Dritten Reiches werden immer noch aufgegriffen, sei es ohne erkennbare politische Absicht in der Populärkultur oder sehr bewusst von rechtsextremen Bewegungen in Deutschland und anderswo.

Eine zentrale Ursache für die Entstehung des Dritten Reiches war der nationalistische Überlegenheitsanspruch der deutschen Kultur im ersten Drittel des 20. Jahrhunderts. Er ging auf das Kaiserreich zurück, verstärkte sich im Ersten Weltkrieg und setzte sich in der Weimarer Republik allen modernistischen und demokratischen Gegentendenzen zum Trotz fort. Die Visionen, die sich daraus ergaben, vertrugen sich weder mit kultureller Vielfalt im Inneren noch mit der Daseinsberechtigung anderer Kulturen. Aufgrund der vielfältigen transnationalen Einflüsse auf die deutsche Kultur seit 1945 hat dieser Überlegenheitsanspruch zwar längst seine Plausibilität verloren. Aber auch heute noch bleibt wichtig, was Thomas Mann den Deutschen ein Jahr vor Kriegsende in einer seiner Radioansprachen mitteilte: «Die deutsche Kultur ist nicht die höchste und einzige, sondern sie ist eine unter anderen, und Bewunderung war immer ihr tiefster Impuls; am Dünkel stirbt sie. Nicht um Deutschland dreht sich die Welt; es ist nur ein kleiner Teil dieser weiten Erde, und größere Fragen sind an der Tagesordnung als die Probleme der deutschen Seele.»[3]

Anmerkungen

«Ein Leben wie im Traum»

1 Die Tagebücher von Joseph Goebbels, Teil I. Aufzeichnungen 1923–1941, hrsg. Elke Fröhlich, München 1998–2006, Bd. 8, S. 200 (1./2.7.1940).

2 Vgl. die klassischen Darstellungen von George Mosse: Nazi Culture. Intellectual, Cultural and Social Life in the Third Reich, New York 1966 u. ö.; Peter Gay: Weimar Culture. The Outsider as Insider, New York 1968 u. ö.; zuletzt Jost Hermand: Kultur in finsteren Zeiten. Nazifaschismus, Innere Emigration, Exil, Köln 2010, S. 13–174.

3 Peter Reichel: Der schöne Schein des Dritten Reiches. Gewalt und Faszination des Faschismus, München 1991 u. ö.

I. Von der Weimarer zur «deutschen» Kultur

1 Deutsche Illustrierte, 23.10.1928, 28.2.1928.

2 Daheim, 21.4.1928, 28.7.1928.

3 Hedda Kalshoven: Ich denk so viel an Euch. Ein deutsch-holländischer Briefwechsel 1920–1949, München 1995, S. 93 (21.1.1930).

4 Ebd., S. 71 (19.8.1924).

5 Ebd., S. 108 (22.6.1931).

6 Peter Longerich: Heinrich Himmler. Biographie, München 2008; Robert Gerwarth: Reinhard Heydrich. Biographie, München 2011.

7 Kalshoven: Ich denk so viel an Euch, S. 101 (21.2.1931).

8 B. Z. am Mittag, 7.5.1932.

9 Kalshoven: Ich denk so viel an Euch, S. 106 (15.4.1931), 132 (18.1.1932).

10 David Imhoof: Blue Angel, Brown Culture: The Politics of Film Reception in Göttingen, in: John Alexander Williams (Hrsg.): Weimar Culture Revisited, New York 2011, S. 49–72, Zitat: 64 [mit Dank an den Autor für die Originalquelle].

11 Die Tat 23 (1931/32), S. 928.

12 Mathias Rösch: Die Münchner NSDAP 1925–1933. Eine Untersuchung zur inneren Struktur der NSDAP in der Weimarer Republik, München 2002, S. 156, 292 ff.

Anmerkungen

13 Völkischer Beobachter, 1./2.3.1931, 29./30.3.1931, 22.8.1931.

14 Der Angriff, 2.5.1931, 12.1.1931.

15 Völkischer Beobachter, 11.3.1931, 13.3.1931.

16 Ebd., 20.11.1931.

17 Tagebücher der Luise Solmitz, 4.2.1932, 16.2.1932, 28.8.1932, Archiv der Forschungsstelle für Zeitgeschichte Hamburg, 11/S11.

18 Victor Klemperer: Ich will Zeugnis ablegen bis zum letzten. Tagebücher 1933–1945, hrsg. von Walter Nojowski, Berlin 1995⁴, Bd. 1, S. 39.

19 Victor Klemperer: Leben sammeln, nicht fragen wozu und warum. Tagebücher 1925–1932, hrsg. von Walter Nojowski, Berlin 1996, Bd. 2, S. 525 (19.5.1929), 620 (20.12.1929), 717 (21.6.1931).

20 Klemperer: Ich will Zeugnis ablegen, Bd. 1, S. 45 (28.7.1933), 54 (6.9.1933), 116 (13.6.1934), 102 (2.4.1934).

21 Ebd., S. 12 (17.3.1933), 13 (20.3.1933), 14 (22.3.1933).

22 Zum Folgenden Peter Jelavich: Berlin Alexanderplatz. Radio, Film, and the Death of Weimar Culture, Berkeley 2006, S. 62–92, 126–190.

23 Bärbel Schrader (Hrsg.): Der Fall Remarque. Im Westen nichts Neues. Eine Dokumentation, Leipzig 1992, S. 167, 161, 167 [alle Hervorhebungen im Original].

24 Tempo, 1.7.1931.

25 Thomas Balistier: Gewalt und Ordnung. Kalkül und Faszination der SA, Münster 1989, Zitat: S. 141.

26 «Hass und Begeisterung bilden Spalier». Die politische Autobiografie von Horst Wessel, hrsg. Manfred Gailus/Daniel Siemens, Berlin-Brandenburg 2011, S. 109 ff.

27 Daniel Siemens: Horst Wessel. Tod und Verklärung eines Nationalsozialisten, Berlin 2009, Zitate: S. 29, 133.

28 Gerhard Paul: Aufstand der Bilder. Die NS-Propaganda vor 1933, Bonn 1990, S. 240.

29 Kurt Kreiler: Vom zufälligen Tod eines Anarchisten. Leben und Tod des Schriftstellers Erich Mühsam, in: Günter Morsch (Hrsg.): Konzentrationslager Oranienburg, Berlin 1994, S. 95–107.

30 Norbert Frei/Johannes Schmitz: Journalismus im Dritten Reich, München 1999³, S. 30.

31 «Schreiben, wie es wirklich war …» Aufzeichnungen Karl Dürkefäldens aus den Jahren 1933–1945, hrsg. Herbert und Sibylle Obenaus, Hannover 1985, S. 35 (12.3.1933), 51 (12.5.1933).

32 Kalshoven: Ich denk so viel an Euch, S. 175 f., 177 (14.3.1933).

33 Ebd., S. 190 (6.4.1933), 199 (17.5.1933) [Hervorhebung im Original].

34 Solmitz-Tagebücher, 6.2.1933, 16.3.1933, 1.3.1933.

35 Carl Schmitt: Tagebücher 1930 bis 1934, hrsg. Wolfgang Schuller, Berlin 2010, S. 257 (31.1.1933), 271 (19.3.1933).

36 Raphael Gross: Carl Schmitt und die Juden. Eine deutsche Rechtslehre, Frankfurt am Main 2000, S. 49, 60, 62, 65.

37 Schmitt-Tagebücher, S. 287 (29.4.1933).

38 Dirk Blasius: Carl Schmitt. Preußischer Staatsrat in Hitlers Reich, Göttingen 2001, S. 89, 110 f.

39 Carl Schmitt: Reich – Staat – Bund (1933), in: ders.: Positionen und Begriffe im Kampf mit Weimar – Genf – Versailles 1923–1939, Berlin 1988, S. 190–198, Zitat: 198.

40 Martin Heidegger: Die Selbstbehauptung der deutschen Universität. Rede, gehalten bei der freien Übernahme des Rektorats der Universität Freiburg i. Br. am 27.5.1933, Frankfurt am Main 1983, S. 13, 15, 18.

41 Albrecht Schöne: Göttinger Bücherverbrennung 1933, Göttingen 1983, S. 19.

42 Manfred Gailus: 1933 als protestantisches Erlebnis: emphatische Selbsttransformation und Spaltung, in: Geschichte und Gesellschaft 29 (2003), S. 481–511, Zitate: 484 f., 494 f.

43 Doris Bergen: Die «Deutschen Christen» 1933–1945: ganz normale Gläubige und eifrige Komplizen?, in: ebd., S. 542–574, Zitat: 561.

44 Bernhard Fulda/Aya Soika: Emil Nolde and the National Socialist Dictatorship, in: Olaf Peters/Neue Galerie (Hrsg.): Degenerate Art. The Attack on Modern Art in Nazi Germany, München 2014, S. 184–193.

45 Joachim Dyck: Der Zeitzeuge. Gottfried Benn 1929–1949, Göttingen 2006, S. 20, 27, 84, 110.

46 «Schreiben, wie es wirklich war ...», S. 53 (24.5.1933), 66 (Ende August 1933).

47 Kalshoven: Ich denk so viel an Euch, S. 196 (4.5.1933), 199 (17.5.1933), 215 (18.10. 1933).

48 Solmitz-Tagebücher, 28.2.1933, 4.7.1933, 8.4.1933, 8.6.1933. Die letzten beiden Zitate fehlen in der abgetippten Version, die Solmitz in den fünfziger Jahren erstellte, sind aber nun zugänglich in: Frank Bajohr/Beate Meyer/Joachim Szodrynski (Hrsg.): Bedrohung, Hoffnung, Skepsis. Vier Tagebücher des Jahres 1933, Göttingen 2013, S. 189, 215.

49 Martin Heidegger: Überlegungen II–VI (Schwarze Hefte 1931–1938), hrsg. Peter Trawny, Frankfurt 2014, S. 111.

II. Nationalsozialismus als kulturelle Synthese

1 Angela Schwarz: Reisen ins Dritte Reich. Britische Augenzeugen im nationalsozialistischen Deutschland (1933–39), Göttingen 1993, S. 97.

2 Goebbels-Tagebücher, Teil I, Bd. 3/I, S. 170 (20.1.1935), 173 (24.1.1935).

3 Ebd., S. 164 (6.1.1935), 177 (31.1.1935).

4 Ebd., S. 177 (31.1.1935), 165 (8.1.1935), 173, 170 (18.1.1935).

5 Ebd., S. 55 (30.5.1934); ebd., Bd. 4, S. 90 (13.4.1937).

6 Ebd., Bd. 3/II, S. 250 (21.11.1936); Bd. 4, S. 71 (29.3.1937), 57 (18.3.1937).

7 Ebd., Bd. 3/II, S. 250 (14.11.1936); Bd. 3/I, S. 292 (13.9.1935).

8 Ebd., Bd. 3/II, S. 251 (15.11.1936); Bd. 3/I, S. 366 (21.1.1936); Bd. 4, S. 194 (24.6.1937).

9 Ebd., Bd. 3/II, S. 229 (28.10.1936).

10 Michael H. Kater: Die mißbrauchte Muse. Musiker im Dritten Reich, München 1998, S. 43.

11 Alle Zitate in: Alfred Rosenberg: Die Tagebücher von 1934 bis 1944, hrsg. Jürgen Matthäus/Frank Bajohr, Frankfurt am Main 2015, S. 133 (5.6.1934).

12 Goebbels-Tagebücher, Teil I, Bd. 4, S. 32 (3.3.1937).

13 Joseph Wulf: Theater und Film im Dritten Reich. Eine Dokumentation, Gütersloh 1963, S. 77.

14 Jan-Pieter Barbian: Literaturpolitik im «Dritten Reich». Institutionen, Kompetenzen, Betätigungsfelder, München 1995, S. 429.

15 Jenny Williams: Mehr Leben als eins. Hans Fallada. Biographie, Berlin 2011, Zitat: S. 237.

16 Ernst Wiechert: Der Totenwald/Eine Mauer um uns bauen/Tagebuchnotizen und Briefe, München 1979, S. 36, 37, 46.

17 Goebbels-Tagebücher, Teil I, Bd. 6, S. 522 (30.8.1938).

18 Solmitz-Tagebücher, 28.2.1935.

19 Kalshoven: Ich denk so viel an Euch, S. 238 (6.8.1934).

20 Völkischer Beobachter, 10.9.1936.

21 Goebbels-Tagebücher, Teil I, Bd. 4, S. 32 (3.3.1937).

22 Franz Josef Görtz/Hans Sarkowicz: Heinz Rühmann 1902–1994. Der Schauspieler und sein Jahrhundert, München 2001, S. 189, 164, 172.

23 Heinz Rühmann: Das war's. Erinnerungen, Berlin 1982, S. 146.

24 Clemens Zimmermann: Landkino im Nationalsozialismus, in: Archiv für Sozialgeschichte 41 (2001), S. 231–243 hier: S. 240 ff.

25 Florian Cebulla: Rundfunk und ländliche Gesellschaft 1924–1945, Göttingen 2004, S. 51, 210.

26 Berliner Lokal-Anzeiger, 31.3.1935 (Sonntagsausgabe).

27 Ebd., 20.3.1935 (Abendausgabe), 16.7.1935 (Abendausgabe), 17.7.1935 (Abendausgabe), 2.11.1935 (Morgenausgabe).

28 Klemperer: Ich will Zeugnis ablegen, Bd. 1, S. 356 (22.5.1937).

29 Deutschland-Berichte der Sozialdemokratischen Partei Deutschlands (Sopade), Salzhausen 1982[6], 2 (1935), S. 1075, 1459, 1456.

30 Solmitz-Tagebücher, 11.8.1935.

31 Wilhelm Henze: «Hochverräter raus!» Geschichte, Gedichte und Zeichnungen eines Moorsoldaten, hrsg. Habbo Knoch, Bremen 1992, S. 17, 130.

32 Ebd., S. 107, 154, 208 (15.7.1934).

33 Ebd., S. 133, 135, 65.

34 Habbo Knoch: Schreiben im Verborgenen. Ein biographischer Versuch über Wilhelm Henze, in: ebd., S. 247–283, hier: 265 f., 268.

35 Guido Fackler: Cultural Behaviour and the Invention of Traditions. Music and Musical Practices in the Early Concentration Camps, 1933–6/7, in: Journal of Contemporary History 45 (2010), S. 601–627.

36 Henze: «Hochverräter raus!», S. 245 (29.11.1935).

37 Sopade-Berichte 2 (1935), S. 422 f.

38 Ebd., S. 664, 666.

39 Joachim Fest: Ich nicht. Erinnerungen an eine Kindheit und Jugend, Reinbek bei Hamburg 2006, S. 73–101.

40 Charlotte Beradt: Das Dritte Reich des Traums, Frankfurt am Main 1994, S. 21 f.

41 Henze: «Hochverräter raus!», S. 275.

42 Irmgard Keun: Ich lebe in einem wilden Wirbel. Briefe an Arnold Strauss 1933 bis 1947, hrsg. Gabriele Kreis/Marjory S. Strauss, Düsseldorf 1988, S. 165 f. (5.5.1936).

43 Ebd., S. 169 (6.5.1936), 183 (11.8.1936), 248 f. (28.7.1938).

44 Dan Stone: Responses to Nazism in Britain, 1933–1939. Before War and the Holocaust, Basingstoke 2003, S. 115.

45 John F. Kennedy: Unter Deutschen. Reisetagebücher und Briefe 1937–1945, hrsg. Oliver Lubrich, Berlin 2013, S. 106 (18.8.1937).

III. Auf dem Weg zur «reinen» Kultur

1 Stefan Schweizer: «Unserer Weltanschauung sichtbaren Ausdruck geben». Nationalsozialistische Geschichtsbilder in historischen Festzügen zum ‹Tag der deutschen Kunst›, Göttingen 2007, S. 143 f.

2 Ebd., S. 146, 206.

3 Ebd., S. 250, 240.

4 Goebbels-Tagebücher, Teil I, Bd. 3, S. 245 (10.1.1936).

5 Himmler privat. Briefe eines Massenmörders, hrsg. Katrin Himmler/Michael Wildt, München 2014, S. 201 (16.11.1937), 191 (8.1.1938 und 4.4.1939), 207 (3.7.1938).

6 Ebd., S. 207 (3.7.1938), 210 (14.11./3.12.1938).

7 Longerich: Himmler, S. 253, 234, 245, 246.

8 Ebd., S. 277.

9 Uta Halle: Ur- und Frühgeschichte, in: Jürgen Elvert/Jürgen Nielsen-Sikora (Hrsg.): Kulturwissenschaften und Nationalsozialismus, Stuttgart 2008, S. 109–166, Zitat: 144.

10 Michael Zimmermann: Rassenutopie und Genozid. Die nationalsozialistische «Lösung der Zigeunerfrage», Hamburg 1996, Zitate: S. 132, 134, 138.

11 Peter-Heinz Seraphim: Das Judentum im osteuropäischen Raum, Essen 1938, S. 14, 673 [Hervorhebungen im Original].

12 Goebbels-Tagebücher, Teil I, Bd. 4, S. 306 (18.5.1938).

13 Klemperer: Ich will Zeugnis ablegen, Bd. 1, S. 415 (12.7.1938), 467 (7.4.1939).

14 Alon Confino: A World Without Jews. The Nazi Imagination from Persecution to Genocide, New Haven 2014, S. 62.

15 Michael Wildt: Volksgemeinschaft als Selbstermächtigung. Gewalt gegen Juden in der deutschen Provinz 1919 bis 1939, Hamburg 2007, Zitate: S. 171, 305, 328.

16 Abgedruckt in: Peter-Klaus Schuster (Hrsg.): Nationalsozialismus und ‹Entartete Kunst›. Die ‹Kunststadt› München 1937, München 1987, S. 242–252.

17 William Gould: Hindu Nationalism and the Language of Politics in Late Colonial India, Cambridge 2004, S. 158.

18 Olaf Gaudig/Peter Veit: Der Widerschein des Nazismus. Das Bild des Nationalsozialismus in der deutschsprachigen Presse Argentiniens, Brasiliens und Chiles 1932–1945, Berlin 1997, S. 188, 249.

19 Gitta Sereny: Albert Speer. Das Ringen mit der Wahrheit und das deutsche Trauma, München 1997, S. 133.

20 Albert Speer: Erinnerungen, Frankfurt am Main 1969, S. 149.

21 Ebd., S. 83.

22 Helmut Weihsmann: Bauen unterm Hakenkreuz. Architektur des Untergangs, Wien 1998, S. 19.

23 Dieter Bartetzko: Illusionen in Stein. Stimmungsarchitektur im deutschen Faschismus. Ihre Vorgeschichte in Theater- und Filmbauten, Reinbek 1985, Zitat: S. 11.

24 Sopade-Berichte 4 (1938), S. 970.

25 Gisela Graichen/Horst Gründer: Deutsche Kolonien. Traum und Trauma, Berlin 2005³, S. 417 f.

26 Willi Oberkrome: Volksgeschichte. Methodische Innovation und völkische Ideologisierung in der deutschen Geschichtswissenschaft 1918–1945, Göttingen 1993, S. 176, 178.

27 Frank Reichherzer: «Alles ist Front!» Wehrwissenschaften in Deutschland und die Bellifizierung der Gesellschaft vom Ersten Weltkrieg bis in den Kalten Krieg, Paderborn 2012, Zitat: S. 348.

28 Helmut Maier (Hrsg.): Gemeinschaftsforschung, Bevollmächtigte und der Wissenstransfer. Die Rolle der Kaiser-Wilhelm-Gesellschaft im System kriegsrelevanter Forschung des Nationalsozialismus, Göttingen 2007.

29 Alf Lüdtke: Eigen-Sinn. Fabrikalltag, Arbeiterfahrungen und Politik vom Kaiserreich bis in den Faschismus, Hamburg 1993, S. 328.

30 Sopade-Berichte 5 (1938), S. 277, 685.

31 Ebd., S. 421, 944, 262, 267.

32 Klemperer: Ich will Zeugnis ablegen, Bd. 1, S. 395 (31.1.1938).

33 Josef Mooser: Die «Geistige Landesverteidigung» in den 1930er Jahren. Profile und Kontexte eines vielschichtigen Phänomens der schweizerischen politischen Kultur in der Zwischenkriegszeit, in: Schweizerische Zeitschrift für Geschichte 47 (1997), S. 685–708, hier: 690, 697.

34 Ira Katznelson: Fear Itself. The New Deal and the Origins of Our Time, New York 2013, S. 281–291.

35 Zum Folgenden Maurice Friedman: Martin Buber's Life and Work. The Middle Years 1923–1945, New York 1983, S. 157–294.

36 Martin Buber an Eduard Strauss, 31.7.1938, in: ders.: Briefwechsel aus sieben Jahrzehnten, hrsg. Grete Schaeder, Bd. 3: 1938–1965, Heidelberg 1975, S. 13.

37 Martin Buber: Das Ende der deutsch-jüdischen Symbiose (Januar 1939), in:

ders.: Der Jude und sein Judentum. Gesammelte Aufsätze und Reden, Köln 1963, S. 644–647.

38 Martin Buber: Die Kinder, in: ders.: Der Jude, S. 583 ff.

39 Martin Buber an Otto Hirsch, 5.12.1933, in: ders.: Briefwechsel aus sieben Jahrzehnten, Bd. 2: 1918–1938, hrsg. Grete Schaeder, Heidelberg 1973, S. 508.

40 Martin Buber: Die Frage an den Einzelnen, in: ders.: Werke, Bd. 1. Schriften zur Philosophie, München 1962, S. 215–265, Zitat: 250.

41 Klemperer: Ich will Zeugnis ablegen, Bd. 1, S. 196 (2.5.1935).

42 Das Tagebuch der Hertha Nathorff. Berlin–New York. Aufzeichnungen 1933–1945, hrsg. Wolfgang Benz, Frankfurt am Main 1988, S. 86 (8.8.1936).

43 Marcel Reich-Ranicki: Mein Leben, Stuttgart 1999, S. 111.

44 Saul Friedländer: Das Dritte Reich und die Juden, Bd. 1. Die Jahre der Verfolgung 1933–1939, München 1997, S. 81.

45 Eike Geisel/Henryk M. Broder: Premiere und Pogrom. Der Jüdische Kulturbund 1933–1941, Berlin 1992, S. 80, 91, 177.

46 Jüdische Rundschau, 10.1.1936.

47 C.[entral]V.[erein]-Zeitung, 3.3.1938.

48 Klemperer: Ich will Zeugnis ablegen, Bd. 1, S. 439 (3.12.1938), 443 (15.12.1938).

49 Nathorff-Tagebuch, S. 161 (27./28.4.1939).

IV. Krieg der Kulturen

1 Hans-Eugen Bühler i. Verb. mit Edelgard Bühler: Der Frontbuchhandel 1939–1945. Organisationen, Kompetenzen, Verlage, Bücher, Frankfurt am Main 2002, Zitat: S. 51 f.

2 Laura Fahnenbruck: Ein(ver)nehmen. Sexualität und Alltag von Wehrmachtsoldaten in den besetzten Niederlanden 1940–1945, Dissertation Universität Groningen 2015, S. 115.

3 Die Tagebücher von Joseph Goebbels, Teil II. Diktate 1941–1945, hrsg. Elke Fröhlich, München 1993–1996, Bd. 3, S. 377 (26.2.1942).

4 Jana Bruns: Nazi Cinema's New Women, Cambridge 2009, S. 109–170.

5 Zarah Leander: Es war so wunderbar! Mein Leben, Hamburg 1973, S. 126, 14, 170.

6 Gerhard Stahr: Volksgemeinschaft vor der Leinwand? Der nationalsozialistische Film und sein Publikum, Berlin 2001, S. 210.

7 Sopade-Berichte 7 (1940), S. 97, 221.

8 Völkischer Beobachter, 7.3.1940, 28.7.1940, 25.7.1940 [Hervorhebung im Original], 18.3.1940.

9 Alexander B. Rossino: Hitler Strikes Poland. Blitzkrieg, Ideology, and Atrocity, Lawrence 2003, Zitat: S. 191.

10 Ebd., S. 145–152, 187–190.

11 Karsten Linne: Deutschland jenseits des Äquators? Die NS-Kolonialplanungen für Afrika, Berlin 2008, S. 79.

12 Klemperer: Ich will Zeugnis ablegen, Bd. 1, S. 494 (6.10.1939), 530 f. (26.5.1940), 550 (30.8.1940), 596 (27.5.1941).

13 Solmitz-Tagebücher, 19.10.1939, 17.6.1940, 20.10.1940, 14.2.1941.

14 Karl Heinz Roth: «Ich klage an». Aus der Enstehungsgeschichte eines Propaganda-Filmes, in: Götz Aly (Hrsg.): Aktion T4 1939–1945. Die «Euthanasie»-Zentrale in der Tiergartenstraße 4, Berlin 1989, S. 93–119, Zitat: 93.

15 Christian Kuchler: Bischöflicher Protest gegen nationalsozialistische «Euthanasie»-Propaganda im Kino: «Ich klage an», in: Historisches Jahrbuch 126 (2006), S. 269–294, Zitat: 286.

16 Das Schwarze Korps, 20.2.1940, 2.5.1940, 25.7.1940.

17 Frank Bajohr/Christoph Strupp (Hrsg.): Fremde Blicke auf das «Dritte Reich». Berichte ausländischer Diplomaten über Herrschaft und Gesellschaft in Deutschland 1933–1945, Göttingen 2011, S. 544.

18 Sopade-Berichte 7 (1940), S. 177.

19 Hans-Jörg Koch: Das Wunschkonzert im NS-Rundfunk, Köln 2003, Zitate: S. 187 f.

20 Ernst Jünger: Tagebücher II. Strahlungen. Erster Teil, Stuttgart o.D., S. 256 (30.5. 1941), 374 (2.8.1942).

21 Ebd., S. 240 (6.4.1941).

22 Ebd., S. 293 (8.12.1941), 384 (18.8.1942), 335 (15.3.1942).

23 Sven Olaf Berggötz: Ernst Jünger und die Geiseln. Die Denkschrift von Ernst Jünger über die Geiselerschießungen in Frankreich 1941/42, in: Vierteljahrshefte für Zeitgeschichte 51 (2003), S. 405–472.

24 Jünger: Tagebücher II, S. 293 (8.12.1941).

25 Allan Mitchell: Nazi Paris. The History of an Occupation, New York 2008, S. 27–34, Bilder nach S. 44.

26 Franka Maubach: Die Stellung halten. Kriegserfahrungen und Lebensgeschichten von Wehrmachthelferinnen, Göttingen 2009, S. 121, 112.

27 Heinrich Böll an seine Verlobte und spätere Ehefrau Annemarie, in: ders.: Briefe aus dem Krieg 1939–1945, hrsg. Jochen Schubert, Köln 2001, Bd. 1, S. 250 (12.9.1941), 280 f. (1.1.1942), 353 (28.5.1942), 464 (9.9.1942).

28 Ebd., S. 205 (29.6.1941).

29 Jünger: Tagebücher II, S. 440 (22.11.1942), 441 (23.11.1942).

30 Sven Oliver Müller: Deutsche Soldaten und ihre Feinde. Nationalismus an Front und Heimatfront im Zweiten Weltkrieg, Frankfurt am Main 2007, S. 190, 187.

31 Arthur Greiser: Der Aufbau im Osten, Jena 1942, S. 8, 9, 15.

32 Catherine Epstein: Model Nazi. Arthur Greiser and the Occupation of Western Poland, Oxford 2010, S. 242 ff., 247 f.

33 Ebd., S. 235, 269.

34 Rosenberg-Tagebücher, S. 336 (6.9.1940).

35 Ebd., S. 372 (2.4.1941), 598 (16.5.1942).

36 Völkischer Beobachter, 5.7.1940.

37 R. S. Tazelaar: Prof. dr. Willem Mengelberg. Het tragische Heldenleben van een dirigent 1871–1951, Masterarbeit Universität Amsterdam 2014, Zitat: S. 77.

38 Das Reich, 7.7.1940.

39 Zum Folgenden Julian Jackson: France. The Dark Years 1940–1944, Oxford 2001, S. 190–212, 300–326.

40 Jacques Chardonne: Voir la figure, Paris 1941, S. 13, 14 f.

41 Lucien Rebatet: Les mémoires d'un fasciste I. Les Décombres 1938–1940, Paris 1976, S. 532, 588.

42 François Dufay: Die Herbstreise. Französische Schriftsteller im Oktober 1941 in Deutschland, Berlin 2001, S. 48.

43 Goebbels-Tagebücher, Teil II, Bd. 3, S. 317 (15.2.1942).

44 Rosenberg-Tagebücher, S. 359 (2.2.1941).

45 Aneta Mihaylova: Right-Wing Ideology and the Intellectuals in Romania during the Second World War, in: New Europe College Yearbook 9 (2001/2), S. 107–137, Zitat: 121.

46 Das Reich, 26.5.1940, 16.6.1940, 14.7.1940.

47 Ebd., 8.9.1940, 9.6.1940, 25.8.1940, 6.4.1941.

48 Ebd., 3.8.1941, 17.8.1941, 30.11.1941.

49 Benjamin George Martin: ‹European Literature› in the Nazi New Order. The Cultural Politics of the European Writers' Union, 1941–3, in: Journal of Contemporary History 48 (2013), S. 486–508.

50 Signal, Anfang Juni 1941, Anfang Februar 1942, Ende Mai 1942.

51 Mark Walker: Eine Waffenschmiede? Kernwaffen- und Reaktorforschung am Kaiser-Wilhelm-Institut für Physik, in: Maier (Hrsg.): Gemeinschaftsforschung, S. 352–394, Zitat: 369.

V. Kultur der Zerstörung

1 Goebbels-Tagebücher, Teil II, Bd. 11, S. 62 (7.1.1944), 184 (28.1.1944), 229 (13.2.1944).

2 Misha Ashter: «Das Reichsorchester». Die Berliner Philharmoniker und der Nationalsozialismus, München 2007, S. 130.

3 Philipp Manes: Als ob's ein Leben wär. Tatsachenbericht Theresienstadt 1942–1944, hrsg. Ben Barkow/Klaus Leist, Berlin 2005, S. 93, 134 [Hervorhebung im Original].

4 Ebd., S. 152, 116, 174, 193.

5 Ebd., S. 308.

6 Ebd., S. 389, 461–465.

7 Zum folgenden Andrea Löw: Juden im Getto Litzmannstadt. Lebensbedingungen, Selbstwahrnehmung, Verhalten, Göttingen 2006, S. 194–223, 393–442; Markus Roth/dies.: Das Warschauer Getto. Alltag und Widerstand im Angesicht der Vernichtung, München 2013, S. 52–64, 130–151.

8 Reich-Ranicki: Mein Leben, S. 219.

9 Löw: Juden, S. 210.

10 Saul Friedländer: Das Dritte Reich und die Juden, Bd. 2. Die Jahre der Vernichtung 1939–1945, München 2006, S. 423.

11 Reich-Ranicki: Mein Leben, S. 259.

12 Löw: Juden, S. 418.

13 Victor Klemperer: Ich will Zeugnis ablegen, Bd. 2, S. 225 (29.8.1942) [Hervor-hebung im Original].

14 Ebd., S. 182 (26.7.1942), 12 (17.1.1942), 124 (11.6.1942).

15 Ebd., S. 84 (11.5.1942), 140 f. (23.6.1942) [Hervorhebungen im Original].

16 Anne Frank: Gesamtausgabe. Tagebücher – Geschichten und Ereignisse aus dem Hinterhaus – Erzählungen – Briefe – Fotos und Dokumente, hrsg. Anne Frank Fonds, Frankfurt am Main 2013, S. 58 (29.10.1942), 63 f. (17.11.1942), 209 (11.4.1944).

17 Willy Lindwer: Anne Frank. Die letzten sieben Monate. Augenzeugen berich-ten, Frankfurt am Main 1993.

18 Ana Novac: Die schönen Tage meiner Jugend, München 2010, S. 23, 45.

19 Gabriele Knapp: «Befohlene Musik». Musik und Musikmißbrauch im Frauen-lager von Auschwitz-Birkenau, in: Acta Musicologica 68 (1996), S. 149–166.

20 Max Domarus: Hitler. Reden und Proklamationen 1932–1945, Bd. 2, Neustadt a.d. Aisch 1963, S. 1867.

21 Müller: Deutsche Soldaten, S. 148 f.

22 Mechtild Rössler/Sabine Schleiermacher (Hrsg.): Der «Generalplan Ost». Hauptlinien der nationalsozialistischen Planungs- und Vernichtungspolitik, Berlin 1993, S. 263.

23 Longerich: Himmler, S. 681.

24 Thomas Mann: Tagebücher 1940–1943, hrsg. Peter de Mendelssohn, Frankfurt am Main 1982, S. 394 (18.2.1942), 430 (16.5.1942).

25 Ebd., S. 440 (12.6.1942), 476 (21.9.1942), 534 (8.2.1943).

26 Thomas Mann/Agnes E. Meyer: Briefwechsel 1937–1955, hrsg. Hans Rudolf Vaget, Frankfurt am Main 1992, S. 353 (11.1.1942) [Hervorhebung im Original], 367 f. (16.2.1942).

27 Jochen Strobel: Entzauberung der Nation. Die Repräsentation Deutschlands im Werk Thomas Manns, Dresden 2000, Zitate: S. 232 Anm. 270, 233 f.

28 Wendy L. Wall: Inventing the «American Way». The Politics of Consensus from the New Deal to the Civil Rights Movement, Oxford 2008, S. 101–159, Zitat: 115.

29 Michaela Hoenicke Moore: Know Your Enemy. The American Debate on Na-zism, 1933–1945, New York 2010, S. 169 [Hervorhebung im Original].

30 Erich Fromm: Die Furcht vor der Freiheit (1941), Berlin 1983, S. 188.

31 Wendy Webster: ‹The Whim of Foreigners›. Language, Speech, and Sound in Second World War British Film and Radio, in: Twentieth Century British His-tory 23 (2012), S. 359–382, hier: 372 ff.

32 Vrij Nederland, 21.3.1943.

33 Albert Camus: Journalist in der Résistance, Bd. 1. Leitartikel und Artikel in der Untergrund- und Tageszeitung *Combat* von 1944 bis 1947, hrsg. Jacqueline Lévi-Valensi, Hamburg 2014, S. 116.

34 Jochen Hellbeck: Die Stalingrad-Protokolle. Sowjetische Augenzeugen berich-ten aus der Schlacht, Frankfurt am Main 2012, S. 176.

35 Geoffrey Hosking: The Second World War and Russian National Consciousness, in: Past and Present 175 (Mai 2002), S. 162–187, Zitate: 168 f.

36 Völkischer Beobachter, 27.6.1943 [Hervorhebung im Original].

37 Mann-Tagebücher, S. 594 (29.6.1943).

38 Völkischer Beobachter, 30.6.1943.

39 Hagen Fleischer: Die «Viehmenschen» und das «Sauvolk». Feindbilder einer dreifachen Okkupation: der Fall Griechenland, in: Wolfgang Benz/Gerhard Otto/Anabella Weismann (Hrsg.): Kultur – Propaganda – Öffentlichkeit. Intentionen deutscher Besatzungspolitik und Reaktionen auf die Okkupation, Berlin 1998, S. 135–169, Zitat: 157.

40 Domarus: Hitler, Bd. 2, S. 2083 (30.1.1944), 2072 (1.1.1944).

41 Adolf Hitler: Monologe im Führerhauptquartier 1941–1944, hrsg. Werner Jochmann, Hamburg 1980, S. 398 (13.6.1943).

42 Zum Folgenden Bernd Wegner: Hitler, der Zweite Weltkrieg und die Choreographie des Untergangs, in: Geschichte und Gesellschaft 26 (2000), S. 493–518.

43 Michael Geyer: «There is a Land Where Everything is Pure: Its Name Is Land of Death.» Some Observations on Catastrophic Nationalism, in: Greg Eghigian/Matthew Paul Berg (Hrsg.): Sacrifice and National Belonging in Twentieth-Century Germany, College Station 2002, S. 118–147.

44 Thomas Mann: Deutsche Hörer! 55 Radiosendungen nach Deutschland, Stockholm 1945², S. 104 (31.12.1943).

45 Wolfram Pyta: Hitler. Der Künstler als Politiker und Feldherr. Eine Herrschaftsanalyse, München 2015, S. 434 f.

46 Das Reich, 12.12.1943.

47 Deutsche Allgemeine Zeitung, 26.7.1943.

48 Berliner Lokal-Anzeiger, 2.7.1943 [Hervorhebung im Original].

49 Deutsche Allgemeine Zeitung, 25.7.1943 [Hervorhebung im Original], 22.2.1944.

50 Ebd., 12.3.1944, 12.7.1944.

51 Günther Krenzin an seine Frau, 17.6.1944, 21.6.1944, 12.7.1944, Feldpostarchiv im Museum für Kommunikation Berlin, 3.2002.858.2.

52 Hans-Joachim S. an seine Frau, 25.6.1942, 26.7.1942, 3.10.1942, Feldpostarchiv im Museum für Kommunikation Berlin, 3.2002.1214.0.

53 Hans-Joachim S. an seine Frau, 31.1.1943, 8.5.1943, 14.5.1943, 22.6.1943, ebd.

54 Hans-Joachim S. an seine Frau, 16.10.1944, ebd.

55 Lutz Raumer an seine Eltern, 29.3.1944, Feldpostarchiv im Museum für Kommunikation Berlin, 3.2002.7404, www.museumsstiftung.de/briefsammlung/feldpost-zweiter-weltkrieg/brief.html?action=detail&what=letter&id=362&le_fulltext=Lutz Raumer [Zugriff 25.8.2015].

56 Wolfgang Panzer an seine Frau, 5.8.1944, Feldpostarchiv im Museum für Kommunikation Berlin, 3.2013.355, www.museumsstiftung.de/briefsammlung/feldpost-zweiter-weltkrieg/brief.html?action=detail&what=letter&id=1593&le_keyword=USA [Zugriff 25.8.2015].

57 Theo Findahl: Teppichangriff, in: Oliver Lubrich (Hrsg.): Reisen ins Reich 1933

Anmerkungen

bis 1945. Ausländische Autoren berichten aus Deutschland, München 2009, S. 362–366, Zitat: 365 (22.11.1943) [Hervorhebung im Original].

58 Goebbels-Tagebücher, Teil II, Bd. 11, S. 448 (10.3.1944); Bd. 12, S. 59 (6.4.1944); Bd. 13, S. 81 (10.7.1944).

59 Werner Durth/Niels Gutschow: Träume in Trümmern. Stadtplanung 1940–1950, München 1993, S. 53.

60 Jens Ebert/Thomas Jander (Hrsg.): Endlich wieder Mensch sein. Feldpostbriefe und Gefangenenpost des Deserteurs Hans Stock 1943/1944, Berlin 2009, S. 165 (29.9.1943).

Schluss

1 Hitlers politisches Testament. Die Bormann Diktate vom Februar und April 1945, Hamburg 1981, S. 98 (21.2.1945).

2 Saul K. Padover: Lügendetektor. Vernehmungen im besetzten Deutschland 1944/45, München 2001, S. 123, 114, 299.

3 Mann: Deutsche Hörer, S. 112 (1.5.1944).

Auswahlbibliografie

Auf die hier aufgeführten Studien stützt sich das vorliegende Buch auch dort, wo dies nicht eigens nachgewiesen werden konnte. Die bewusst knapp gehaltenen Anmerkungen dienen dem Beleg von Quellenzitaten sowie von spezifischeren oder über seit langem gesichertes Wissen hinausgehenden Informationen.

Adam, Christian: Lesen unter Hitler. Autoren, Bestseller, Leser im Dritten Reich, Frankfurt am Main 2013

Ashter, Misha: «Das Reichsorchester». Die Berliner Philharmoniker und der Nationalsozialismus, München 2007

Baranowski, Shelley: Strength through Joy. Consumerism and Mass Tourism in the Third Reich, Cambridge 2004

Barbian, Jan-Pieter: Literaturpolitik im «Dritten Reich». Institutionen, Kompetenzen, Betätigungsfelder, München 1995

Barron, Stephanie (Hrsg.): «Entartete Kunst». Das Schicksal der Avantgarde im Nazi-Deutschland, München 1992

Behrenbeck, Sabine: Der Kult um die toten Helden. Nationalsozialistische Mythen, Rituale und Symbole 1923 bis 1945, Vierow bei Greifswald 1996

Benz, Wolfgang/Otto, Gerhard/Weismann, Anabella (Hrsg.): Kultur – Propaganda – Öffentlichkeit. Intentionen deutscher Besatzungspolitik und Reaktionen auf die Okkupation, Berlin 1998

Bergen, Doris: Twisted Cross. The German Christian Movement in the Third Reich, Chapel Hill 1996

Birdsall, Carolyn: Nazi Soundscapes. Sound, Technology and Urban Space in Germany, 1933–1945, Amsterdam 2012

Bollenbeck, Georg: Bildung und Kultur. Glanz und Elend eines deutschen Deutungsmusters, Frankfurt am Main 1993

Bollmus, Reinhard: Das Amt Rosenberg und seine Gegner. Studien zum Machtkampf im nationalsozialistischen Herrschaftssystem, München 2006[2]

Brenner, Hildegard: Die Kunstpolitik des Nationalsozialismus, Reinbek bei Hamburg 1963

Brockhaus, Gudrun (Hrsg.): Attraktion der NS-Bewegung, Essen 2014

Dies.: Schauder und Idylle. Faschismus als Erlebnisangebot, München 1997

Carter, Erica: Dietrich's Ghosts. The Sublime and the Beautiful in Third Reich Film, London 2004

Confino, Alon: A World Without Jews. The Nazi Imagination from Persecution to Genocide, New Haven 2014

Dahm, Volker: Das jüdische Buch im Dritten Reich, 2 Bde., Frankfurt am Main 1979–1981

Dietmar, Carl/Leifeld, Marcus: Alaaf und Heil Hitler. Karneval im Dritten Reich, München 2010

Engel, Kathrin: Deutsche Kulturpolitik im besetzten Paris 1940–1944: Film und Theater, München 2003

Föllmer, Moritz/Graf, Rüdiger (Hrsg.): Die «Krise» der Weimarer Republik. Zur Kritik eines Deutungsmusters, Frankfurt am Main 2005

Frei, Norbert/Schmitz, Johannes: Journalismus im Dritten Reich, München 1999[3]

Friedländer, Saul: Das Dritte Reich und die Juden, Bd. 1, Die Jahre der Verfolgung 1933–1939, München 1997; Bd. 2. Die Jahre der Vernichtung, 1939–1945, München 2006

Ders./Rüsen, Jörn (Hrsg.): Richard Wagner im Dritten Reich, München 2000

Fritzsche, Peter: Wie aus Deutschen Nazis wurden, München 2002[2]

Ders.: Life and Death in the Third Reich, Cambridge, Mass. 2008

Ders.: Nazi Modern, in: Modernism/Modernity 3/1 (1996), S. 1–22

Führer, Karl Christian: High Brow and Low Brow Culture, in: Anthony McElligott (Hrsg.): Weimar Germany, Oxford 2009, S. 260–281

Ders.: Medienmetropole Hamburg. Mediale Öffentlichkeiten 1930–1960, München 2008

Gay, Peter: Weimar Culture. The Outsider as Insider, New York 1968 u. ö. (dt. Die Republik der Außenseiter. Geist und Kultur der Weimarer Zeit, Frankfurt am Main 2004)

Graf, Rüdiger: Die Zukunft der Weimarer Republik. Krisen und Zukunftsaneignungen in Deutschland 1918–1933, München 2008

Hake, Sabine: Popular Cinema of the Third Reich, Austin 2000

Hausmann, Frank-Rutger: Die Geisteswissenschaften im «Dritten Reich», Frankfurt am Main 2011

Heinrich, Anselm: Brüche und Kontinuitäten. Theater im «Dritten Reich» und in der Bundesrepublik, in: Zeitgeschichte online (Dezember 2012)

Herf, Jeffrey: Reactionary Modernism. Technology, Culture, and Politics in Weimar and the Third Reich, Cambridge 1984

Hermand, Jost: Kultur in finsteren Zeiten. Nazifaschismus, innere Emigration, Exil, Köln 2010

Ders.: Der alte Traum vom neuen Reich. Völkische Utopien und Nationalsozialismus, Frankfurt am Main 1988

Heuss, Anja: Kunst- und Kulturgutraub. Eine vergleichende Studie zur Besatzungspolitik der Nationalsozialisten in Frankreich und der Sowjetunion, Heidelberg 2000

Hirsch, Lilly E.: A Jewish Orchestra in Nazi Germany. Musical Politics and the Berlin Jewish Cultural League, Ann Arbor 2010

Hoenicke Moore, Michaela: Know Your Enemy. The American Debate on Nazism, 1933–1945, New York 2010

Hoffend, Andrea: Zwischen Kultur-Achse und Kulturkampf. Die Beziehungen zwischen ‹Drittem Reich› und faschistischem Italien in den Bereichen Medien, Kunst, Wissenschaft und Rassenpolitik, Frankfurt am Main 1998

Hummel, Karl-Joseph/Kißener, Michael (Hrsg.): Die Katholiken und das Dritte Reich. Kontroversen und Debatten, Paderborn 2009

Imhoof, David M.: Becoming a Nazi Town. Culture and Politics in Göttingen during the Weimar and Nazi Eras, Ann Arbor 2013

Jaskot, Paul B.: The Architecture of Oppression: The SS, Forced Labor and the Nazi Monumental Building Economy, London 2000

Jelavich, Peter: Berlin Alexanderplatz. Radio, Film, and the Death of Weimar Culture, Berkeley 2006

Kater, Michael H.: Das «Ahnenerbe» der SS 1935–1945. Ein Beitrag zur Kulturpolitik des Dritten Reiches, München 2006[4]

Ders.: Komponisten im Nationalsozialismus. Acht Porträts, Berlin 2004

Ders.: Die mißbrauchte Muse. Musiker im Dritten Reich, München 1998

Ders.: Gewagtes Spiel. Jazz im Nationalsozialismus, München 1998

Koch, Hans-Jörg: Das Wunschkonzert im NS-Rundfunk, Köln 2003

Krockow, Christian von: Die Entscheidung. Eine Untersuchung über Ernst Jünger, Carl Schmitt, Martin Heidegger, Stuttgart 1958

Kroll, Frank-Lothar: Utopie als Ideologie. Geschichtsdenken und politisches Handeln im Dritten Reich, Paderborn 1999[2]

Krumeich, Gerd (Hrsg.): Nationalsozialismus und Erster Weltkrieg, Essen 2010

Kundrus, Birthe: Totale Unterhaltung? Die kulturelle Kriegführung 1939 bis 1945 in Film, Rundfunk und Theater, in: Jörg Echternkamp (Hrsg.): Das Deutsche Reich und der Zweite Weltkrieg, Band 9/2: Die deutsche Kriegsgesellschaft 1939 bis 1945, München 2005, S. 93–158

Large, David Clay: Hitlers München. Aufstieg und Fall der Hauptstadt der Bewegung, München 1998

Latzel, Klaus: Deutsche Soldaten – nationalsozialistischer Krieg? Kriegserlebnis – Kriegserfahrung 1939–1945, Paderborn 1998

Leo, Per: Der Wille zum Wesen. Weltanschauungskultur, charakterologisches Denken und Judenfeindschaft 1890–1940, Berlin 2013

Löhr, Hanns Christian: Hitlers Linz. Der «Heimatgau des Führers», Berlin 2013

Longerich, Peter: «Davon haben wir nichts gewusst!» Die Deutschen und die Judenverfolgung 1933–1945, Berlin 2006

Ders.: Goebbels. Biographie, München 2010

Ders.: Himmler. Biographie, München 2008

Auswahlbibliografie

Marßolek, Inge/Saldern, Adelheid von (Hrsg.): Radiozeiten. Herrschaft, Alltag, Gesellschaft (1924–1960), Potsdam 1999

Mathieu, Thomas: Kunstauffassungen und Kulturpolitik im Nationalsozialismus. Studien zu Adolf Hitler, Joseph Goebbels, Alfred Rosenberg, Baldur von Schirach, Heinrich Himmler, Albert Speer, Wilhelm Frick, Saarbrücken 1997

Miller Lane, Barbara: Architektur und Politik in Deutschland 1918–1945, Berlin 1986

Moeller, Felix: Der Filmminister. Goebbels und der Film im Dritten Reich, Berlin 1998

Möller, Horst: Exodus der Kultur. Schriftsteller, Wissenschaftler und Künstler in der Emigration nach 1933, München 1984

Mosse, George: Nazi Culture. Intellectual, Cultural and Social Life in the Third Reich, New York 1966 u.ö (dt. Der nationalsozialistische Alltag. So lebte man unter Hitler, Königsstein/Ts. 1979)

Müller, Sven Oliver: Deutsche Soldaten und ihre Feinde. Nationalismus an Front und Heimatfront im Zweiten Weltkrieg, Frankfurt am Main 2007

O'Brien, Mary-Elizabeth: Nazi Cinema as Enchantment: The Politics of Entertainment in the Third Reich, Rochester 2004

Oswald, Rudolf: «Fußball-Volksgemeinschaft». Ideologie, Politik und Fanatismus im deutschen Fußball 1919–1964, Frankfurt am Main 2008

Paret, Peter: An Artist against the Third Reich. Ernst Barlach, 1933–1938, Cambridge 2003

Paul, Gerhard: Aufstand der Bilder. Die NS-Propaganda vor 1933, Bonn 1990

Petropoulos, Jonathan: The Faustian Bargain. The Art World in Nazi Germany, Oxford 2000

Ders.: Kunstraub und Sammelwahn. Kunst und Politik im Dritten Reich, Berlin 1999

Petsch, Joachim: Baukunst und Stadtplanung im Dritten Reich. Herleitung/Bestandsaufnahme/Entwicklung/Nachfolge, München 1976

Proctor, Robert: Racial Hygiene. Medicine under the Nazis, Cambridge, Mass. 1988

Pyta, Wolfgang: Hitler. Der Künstler als Politiker und Feldherr. Eine Herrschaftsanalyse, München 2015

Raphael, Lutz: Radikales Ordnungsdenken und die Organisation totalitärer Herrschaft: Weltanschauungseliten und Humanwissenschaftler im NS-Regime, in: Geschichte und Gesellschaft 27 (2001), S. 5–40

Reichel, Peter: Der schöne Schein des Dritten Reiches. Gewalt und Faszination des Faschismus, München 1991 u.ö.

Rentschler, Eric: The Ministry of Illusion. Nazi Cinema and Its Afterlife, Cambridge, Mass. 1996

Reuveni, Gideon: Reading Germany. Literature and Consumer Culture in Germany before 1933, New York 2005

Rovit, Rebecca: The Jewish Kulturbund Theatre Company in Nazi Berlin, Iowa City 2012

Rupnow, Dirk: Täter, Gedächtnis, Opfer. Das «Jüdische Zentralmuseum» in Prag 1942–1945, Wien 2000

Rutz, Rainer: Signal. Eine deutsche Auslandsillustrierte als Propagandainstrument im Zweiten Weltkrieg, Essen 2007

Sarkowicz, Hans (Hrsg.): Hitlers Künstler. Die Kultur im Dienst des Nationalsozialismus, Frankfurt am Main 2004

Schäfer, Hans Dieter: Das gespaltene Bewusstsein. Vom Dritten Reich bis zu den langen Fünfziger Jahren, Göttingen 2009

Schütz, Erhard/Gruber, Eckhard: Mythos Reichsautobahn. Bau und Inszenierung der «Straßen des Führers» 1933–1941, Berlin 2000²

Semmens, Kristin: Seeing Hitler's Germany. Tourism in the Third Reich, Basingstoke 2005

Stahr, Gerhard: Volksgemeinschaft vor der Leinwand? Der nationalsozialistische Film und sein Publikum, Berlin 2001

Steigmann-Gall, Richard: The Holy Reich. Nazi Conceptions of Christianity, 1919–1945, Cambridge 2003

Steinweis, Alan E.: Art, Ideology and Economics in Nazi Germany. The Reich Chambers of Music, Theater, and the Visual Arts, Chapel Hill 1993

Ders.: Studying the Jew. Scholarly Antisemitism in Nazi Germany, Cambridge, Mass. 2006

Strobl, Gerwin: The Swastika and the Stage. German Theatre and Society, 1933–1945, Cambridge 2009

Süß, Dietmar: Tod aus der Luft. Kriegsgesellschaft und Luftkrieg in Deutschland und England, München 2011

Swett, Pamela E./Ross, Corey/d'Almeida, Fabrice (Hrsg.): Pleasure and Power in Nazi Germany, Basingstoke 2011

Urban, Markus: Die Konsensfabrik. Funktion und Wahrnehmung der NS-Reichsparteitage, 1933–1941, Göttingen 2007

Williams, John Alexander (Hrsg.): Weimar Culture Revisited, New York 2010

Winkel, Roel Vande/Welch, David (Hrsg.): Cinema and the Swastika. The International Expansion of Third Reich Cinema, Basingstoke 2011²

Witte, Carsten: Lachende Erben, toller Tag. Filmkomödie im Dritten Reich, Berlin 1995

Bildnachweis

S. 12   bpk/Friedrich Seidenstücker

S. 60   bpk/Presseamt DAF

S. 112   bpk/Heinrich Hoffmann

S. 162   bpk

S. 214   bpk/Hanns Hubmann

Register

Register